JN412398

시인, "삶을 넘어선 삶"을 말하다

이해인 수녀의 문학적 시선을 통한 삶의 해석

시인, "삶을 넘어선 삶"을 말하다
-이해인 수녀의 문학적 시선을 통한 삶의 해석

초판 1쇄 2025년 12월 15일

지은이 김대식
펴낸이 김기창
디자인 김현체

펴낸곳 도서출판 나비꿈
주소 서울 종로구 창경궁로 265 상가동 3층 3호
전화 02 741 7719 • 팩스 0303 0300 7719
홈페이지 wwww.lihiphi.com • 전자우편 lihiphi@lihiphi.com
출판등록 제2010-000004호

ISBN 979 11 85429 28 1 (03800)

* 값은 뒤표지에 있습니다.

시인, "삶을 넘어선 삶"을 말하다

이해인 수녀의 문학적 시선을 통한 삶의 해석

머리말 시詩, 마음이 머물고 삶을 푸는 언어言語

"사람은 시를 먹고 산다", "혼에는 지음이 먹음이다" 함석헌

"쓴다는 것: 쓰기를 거부한다는 것-거부에 따라 쓴다는 것. 그에 따라, 마치 그에게 덧붙여진 삶을 살아가고 죽어가기를 계속하기 위한 삶을 내주기를 강요하는 것처럼, 그에게 일종의 배제된 것이 표명되도록 몇 마디 말만을 요구하는 것으로 충분하게 된다. 결여에 따라 쓴다는 것."
(Mourice Blanchot, 박준상 옮김, 카오스의 글쓰기, 그린비, 2012, 36-37)

*'글을 쓴다는 것은 인간의 본성을 말하는 것이다. 이전에 없었던 어떤 것을 인간 정신의 질료로부터 창조하는 것이 작가의 필생의 과제이다.' 작가 윌리엄 포크너(W. Faulkner)의 지론입니다. 필자는 이 말에 근접하려고 글을 써왔다고 생각합니다. 물론 지난한 일입니다. 울리엄 포크너가 말했듯이, "이전에 없었던"이라는 문장에 오래 머물게 되는 것은, 바로 그와 같은 정신을 가장 맑고 깨끗하되 책임감을 가지고 비판적으로 기술하려고 했는지를 곱씹게 하기 때문입니다.

오래 전부터 이해인 수녀님의 글을 눈여겨보기도 하고 읽기도 하였습니다. 수도자로서 평생을 살아오시면서 가장 깊은 심미안으로 무한자와 사물, 그리고 세계와 인간을 문학적인 신앙언어로 그려내신 분입니다. 필자는 그것을 '삶'이라는 묵직한 말로 담아보려고 하였습니다. 성서의 언어도 삶의 언어요, 수녀님이 수도자로서 살아오신 생애

도 삶의 궤적에 따른 언어 속에서 촘촘한 여백이 드러난다고 보았기 때문입니다. '당신의 삶에서 길어 올린 언어가 신학적으로, 철학적으로 어떤 함의가 있을까?' '그리고 그 언어적 삶과 성서의 언어와는 어떻게 맞닿아 있을까?' '독자는 이 두 세계의 언어를 종합, 해석하고 있는 필자의 언어에서 무엇을 느낄 수 있을까?' 이것이 이 글의 꼭짓점이 형성된 얼개라 할 수 있을 것입니다.

다시 윌리엄 포크너로 돌아가서 말한다면, 이전에 존재하지 않았던 인간의 정신 그 어느 지점을 계속 말하고자 했던 이 글의 중심 주제, 곧 삶의 보편성, 혹은 인간의 정신을 톺아보고 문장이나 개념에 오래 머물기를 바랄 뿐입니다. 오늘날 사람들은 시대가 번잡하고 빠를수록 휘발성의 삶을 당연한 듯이 생각하는 것 같습니다. 풍경에 머물고, 현상에 머물고, 사건에 머물고, 사물에 머물고, 단어와 연결된 문장에 머물고, 친구와 머물고, 가족과 머물고, 묘소에 머물고, 거룩한 공간에 머물고, 고통이나 웃음에 머물고, 무한자 안에 머무는 것과 같은 시선이 머무는 시간을 애틋하게 여기지 않습니다.

시는 문득 지금 여기의 삶에 머물도록 합니다. 시어가 파고드는 심장으로 삶을 곧추세우는 감성의 힘이 생기면서 시선은 돌연 내 맘을 향합니다. 시어 하나를 통하여 지금까지 존재하지 않았던 질료 속에서 인간의 본성을 읽고, '나'라는 인간 자신의 삶의 본질을 세세하게 들여다보는 시인의 시선과 마주하게 됩니다. 이해인 수녀님의 시어와 문장 속에서 머무는 순수성은 종교학자 루돌프 오토(R. Otto)가 말한, 마치 누미노제(the numinous)와 같은 체험을 가능하게 하는 것도, 그 존재에 머문 영혼이 승화된 언어로 말하기 때문입니다.

민들레꽃뿐만 아니라 장미, 백합, 코스모스, 패랭이, 백일홍과 같은 미적 소재들과 바다, 산, 기도, 어머니, 선물, 이름 모를 텃밭의 향기와 같은 일상 속 영성생활의 소재 안에서 누미노제가 어떻게 현현하는가를 담백한 맛으로 소백하게 표현한 수녀님은, 그 누미노제조차도 지나치지 않습니다. 성서의 언어가 인간에게 위압적인 누미노제로 다가온다면, 수녀님의 언어는 은밀하게 감춰진 신비로 누미노제를 지시함으로써, 글을 쓰고 해석하는 내내 상쇄되는 누미노제 사이를 오갈 수 있었습니다.

그렇다고 성서의 언어가 가진 무게가 약화되었다는 말이 아닙니다. 성무일도를 통한 말(Logos)이 평생 체화된 수녀님의 삶에서 묻어난 또 다른 언어가 그 로고스를 더 돋보이게 했다는 말이 적합할 것입니다. 원형의 누미노제를 또 다른 누미노제의 언어로 해석한 언어이기에 다만 필자는 그 이중의 누미노제를 오늘의 현실에서 어떻게 현실이 되게 할 수 있을 것인가, 혹은 그 누미노제에 머물며 살 수 있을 것인가를 나름 고민하였다고 볼 수 있습니다.

철학자 발터 벤야민(W. Benjamin)은 근대 예술 이후 아우라(Aura)가 상실했다고 주장했습니다. 어쩌면 그 아우라는 지금이 더 필요한 시점인 것 같습니다. 언어예술을 통한 인간의 삶의 형상화, 본성의 회복과 같은 것은 더 크나 큰 숙제가 되었습니다. 각기 아우라가 있는 존재로 살고 싶어하는 사람들이 정말 존재하는지 의구심이 들기도 합니다.

함석헌은 사랑도 감옥이고, 가족도 감옥이고, 교회도 시를 가진 감옥이라 말한 바 있습니다. 이해인 수녀님에게 수도원이 시를 가진 감옥이었는지 잘 모르겠습니다. 감옥이란 부정적인 느낌의 언어이지만, 실상 시가 있는 곳이라면 감옥이 아니라 '감실'(龕室)이었을 것입니다. 그리스도의 성체가 모셔져 있는 곳처럼, 혼을 짓기 위해서 수도원의 삶에서, 영혼에게 시를 먹이기 위한 시짓기의 공간이었을 것입니다.

함석헌은 또 "시(詩)란 말하지 말자. 시를 말고 신(信)을 말하자"고 발문을 썼습니다. 시와 함께 믿음을, 시를 통해서 믿음을 말하는 사회가 되면 참 좋으련만, 현실은 그렇지 못합니다. 그래서 시보다 신을 앞세워야 하는지도 모릅니다. 믿음을 갖게 만든다는 것은 사르트르(Jean-Paul Sartre)가 말했듯이 "생생하게 현전하는 감동"을 불러일으키는 시를 통해서 어떤 행동을 가능하게 하도록 만드는 힘을 희망하는 것 같습니다.

함석헌은 시란 숨어 있는 하느님을 드러내고, 만물은 하느님의 시라고 했는데, 이해인 수녀님의 시에서도 하느님의 현현이 엿보입니다. 하느님을 말하면서도 자연의 아름다움이 설핏 보이고, 자연과 미물을 묘사하면서도 하느님의 현존을 알게 됩니다. 그런 면에서 이해인 수녀님의 시는 종교미학적 가치를 지닌다고 하겠습니다. 그렇다고 신앙을 강제하지도, 삶을 이렇게 살아라,처럼 정언명령을 말하는 것도 아닙니다. 사르트르가 말하듯이, 미는 강제하지 않으니, 결단코 이해인 수녀님의 말법에서는 강제나 선도나 위계나 훈계가 있을 턱이 없습니다.

한평생 수도자요 시인으로서 말놀이를 통한 영혼과 자연과 하느님을 노래한 삶의 시인입니다. 종교미학이라기보다 삶의 미학이 어울립니다. 원본적으로 삶의 본질을 차분하게 언어로 담아낸 이해인 수녀님은 삶의 시인입니다. 이곳저곳에서 삶의 세밀한 경험을 영성적 바탕과 솔직담백한 언어로 길어 올린 청순한 마음들은 곧 하느님을 향한 인간의 삶이란 무엇인가를 말해줍니다. 땅과 하늘이 어우러진 삶, 그 사이에 존재하는 인간의 삶의 조화는 시인의 초월적 언어에서 배태합니다. 먼 데서부터 가까워지는 언어로, 가까운 데부터 멀어지는 시어로 삶의 갈피를 잡는 이해인 수녀님의 엷은 미소가 중첩되어 있으니, 필자는 그 언어를 통해 우리의 삶을 한 번 반추하는 계기가 될 것이라고 생각합니다. 아내 고운과 아들 김지원을 통해서도 서로 삶을 배우고 익히며 끝내 시를 짓듯이 삶을 살아야 하는구나, 하는 것을 느끼게 합니다. 두 사람에게 고마운 마음을 표합니다.

마지막으로 이 머리말을 통해서 인사를 드려할 분들이 참 많습니다. 삶의 충실과 성실로 몸과 맘을 아끼며 살아가는 분들을 여기에 언급하고자 합니다. 이 글과 출간의 시발점이 되도록 허락해 주신 이해인 수녀님을 비롯하여 함석헌평화연구소의 황보윤식 공동소장님, 이찬옥 권사님, 지음(知音) 신성대 목사, 박광수 목사, 옥광석 목사, 숭실대학교 철학과의 백도형 교수님, 김선욱 교수님, 박준상 교수님, 선병삼 교수님, 장미성 교수님, 숭실대학교 베어드학부대학의 조은식 교수님, 원광디지털대학교 원불교학과의 김준안 교무님, 서울신학대학교의 박영식 교수님, 박용성 신부님, 정은희 전도사님, 최용호 야곱 회장님과 밥상평화포럼 식구들, 안젤라 수녀님, 배용하 목사님, 박요섭 목사님, 박정환 목사님, 박승원 선생님, 이호재 선생님, 고영수 선생님, 추영복, 선생님, 김희정 친우, 조균희 친우, 우대철 친우 등 모든 분들의 마음 빌어줌과 관심에 감사합니다. 그 무엇보다도 사장될지도 모를 이 원고를 흔쾌히 출간하시겠다고 넓은 마음으로 허락해 주신 도서출판 문사철 대표 김기창 선생님께 진심으로 감사하다는 말씀을 드리고 싶습니다. 비로소 이해인 수녀님께 드린 약속을 지킬 수 있게 되었으니 말입니다. 감사합니다.

2024년 겨울에 저자 서

목차

1. 기도로 풀어내는 삶

내 영혼이 치닫는 날 14
아득한 처음에 다시 빚어진다면 19
하늘이 머금은 소리 24
멀어진 가까움, 그러나 가까이 다가옴 30
말의 집을 잘 짓는 신앙 36
알 수 없는 존재의 고통 42
입속 무한자의 말 48
아주 오래된 기억 54
노출의 계약: 초월자[宗祖]를 각인刻印한 피부-몸의 응시 60
아름다운 불평 67
꿈을 위한 변명 74
사람 안에 있는 존재/ 우리는 사람일까? 83
잃어버린 단어, 존재 89

2. 삶의 길을 닦는 시간

유한한 삶의 시간을 넘어서 96
나를 부축하는 것들 101

하나 됨 속의 차이, 곧 초월자를 생각함 107
데카르트의 변론 113
존재로 돌아가는 길 119
"나는 죽음을 죽는다"(키르케고르) 125
삶을 곱씹는 사람 131
그럼에도 삶은 온다 136
삶은 성스러워라 141
노예가 된 사람들 147
사람의 마음자리 153
삶이 무겁고 가벼울 때 159
사랑한다는 최후의 유약함 165

3. 새롭게 피어나는 삶

땅에는 가시가 많네 172
삶은 고졸古拙하게 흐르리라! 178
거처 없는 도처의 성스런 거처 184
평평한 권력의 시간 190
욕망의 슬픈 진실 196
삶이 저물어 갈 무렵 202
삶의 지혜, 사람-사이로 흐르는 무한자의 소리 208
가까이 다가오는 삶 208
모든 것이 사랑 220
약자들의 삶의 이야기 226

지혜, 무한자의 속마음 233
비루한 삶이 되지 않기 위하여 238
노예 같은 삶의 해방 244

4. 일상이 시가 되는 기쁨

삶이 덧없는 거래라 할지라도 252
삶의 얼굴 257
인간이 범하는 삶의 오류 263
부인하는 삶에서 시인하는 삶으로 269
빈 마음에 삶이 들어오네 275
삶의 에로스 281
기도로 풀어내는 삶 287
Laudate Dominum, 삶의 노래를 부르게 하는 존재 293
끝내 남아 있는 삶의 언어적 파편들 298
삶의 길을 닦는 시간 305
기쁨, 삶의 흔적 310
미천하지 않은 삶을 위하여 316
늘 처음 사는 삶처럼 322

기도로 풀어내는 삶

야훼는 인간의 영혼에 숨을 불어넣으십니다!

우리 인간은 이 우주에서 특별한 존재라고 일컬어져 왔습니다. 도구를 쓸 줄 알고 언어와 문자를 사용하는 특수성들을 갖고 있다는 것이었습니다. 그런데 그런 전제들이 하나둘씩 깨지고 있습니다. 인간이 인간이 아니게 되고, 인간도 최상위의 포식자로 군림할 수 없는 나약한 동물이나 사물적 존재에 불과하다는 것을 깨닫게 하는 현상이 곳곳에서 일어나고 있습니다.

자고이래로 그리스도교뿐만 아니라 세계의 많은 종교들은 인간이 영혼을 지닌 특별한 존재라고 해석합니다. 그래서 그 영혼은 불멸한다고 믿고 죽은 이후에도 계속 남아 있을 것이라고 믿습니다. 이해인 수녀는 〈새해 아침〉이라는 시에서 이렇게 적고 있습니다.

"바다가 토해 내는/ 아픈 기침 소리에/ 새벽이 눈을 뜬다/ 묵은 날들을 사르고/ 새로운 태양이/ 너울대는 도포자락"(이해인, 내 혼에 불을 놓아, 분도출판사, 1984, 110)

이해인 수녀에게 하루의 시작은 생명의 자기 확인을 위한 몸의 반응에서 나타납니다. 토해내는 듯한 기침소리는 잠든 미명을 깨웁니다.

아직 완연한 밝음이 아닌 경우에 소리는 새날을 알리는 기척이 됩니다. 모든 생명적 존재자들은 그 소리에 부스스 눈을 뜹니다. 소리는 영혼을 울리고 깨우는 각성이요 새날이 시작되었다는 신호입니다. 그럼으로써 새날은 낡은 날을 뒤로 하고 밝은 태양빛 아래 모든 생명들과 함께 날갯짓을 합니다.

이처럼 이스라엘의 백성들이 역사적 고통과 압제로부터 해방되는 사건은 마치 야훼가 새로운 영혼을 토해 내는 것과도 같습니다. 다 죽었던 영혼, 밤과 같이 고요 속에 침묵하고 있던 영혼을 불러내어 이제는 새벽이니 일어나라고 하는 초월자의 구원의 시간입니다.

그 날은 처음의 날입니다. 다시 첫날, 그 첫날에 사람들은 야훼에 의해서 새롭게 태어나게 될 것입니다. 묵은 날을 버리고 새 날을 맞이하고, 새 날에 숨결을 불어넣으려는 인간의 열망에 초월자는 화답합니다. 새로운 해방의 날에는 모든 존재자들이 회복되고 살아날 것입니다. 야훼는 새로운 태양이 되어 온 세상을 비출 것이며, 그 너른 빛으로 세계를 감쌀 것입니다.

물론 해가 바뀌어도 어제의 날이나 오늘의 날이 다르지 않은 날일 수 있습니다. 별것도 아닌 첫날인지도 모릅니다. 한수산의 냉소와 자조 섞인 수필을 보면 단박에 알 수 있습니다.

> "새해, 새날…… 이 새로울 것 없는 '새'자가 무엇을 의미하는지를 알기까지는 너무 많은 새해 새날이 나에게 필요했었다. 아무것도 새로 시작할 수 없는 나이에 와서야, 비로소 그 '새'자가 뜻하는 반역의 의미를 알다니. (…) 낡은 어제와 같은 낡은 오늘, 낡은 오늘과 같은 낡은 내일이 고리를 물고 있을 뿐이다. 그것은 다만 우리들의 바람이었을 뿐, 또 하나의

달콤한 속임수인 것이다"(한수산, 우리가 돌리는 영혼의 물레, 자유문학사, 1988, 10-11)

하지만 새날은 모든 것을 돌아오게 만드는 시간입니다. 그야말로 새로운 날이요 새로운 기회요 새로운 생명입니다. 사람과 사람 사이, 사람과 자연 사이, 고통과 행복 사이를 가로질러 새로운 삶의 장이 열리는 시간입니다. 그 시간에 눈을 뜨면 초월자는 인간에게 새로운 부름과 새로운 생명을 약속하겠다는 의지를 엿보게 됩니다. 새날에 대한 약속은 내가 눈을 뜨는 순간에 열리는 구원과도 같습니다. 아니 새날은 구원입니다. 초월자가 인간에게 부여해준 구원입니다. 다시 돌려서 제자리에 삶을 배치하여 기어이 인간으로 하여금 삶의 질서 속에서 살도록 하기 때문입니다.

야훼는 인간에게 기쁨의 날들을 허락하십니다!

남아 있는 나날들이 새로운 날들로 인해서 더 값지게 되려면 낡은 시간 속에 영혼과 육체를 던져놓고 마냥 눌러 있으면 안 됩니다. 낡은 시간을 버리고 초월자가 구원의 시간으로 인도하는 그 시간과 자리로 돌아와야 합니다. 낡은 시간에 얽매여 타성에 젖어버린 신앙과 삶이 되어버리면 삶은 고착화되고 초월자의 구원의지를 잊게 마련입니다. 이해인 수녀의 시 후반부를 마저 읽어보겠습니다.

"무녀巫女처럼 춤추며/ 나의 혼魂이 치닫는/ 당신의 나라/ 독 묻은 빛 화살에/ 차라리 눈먼 나비어도/ 가지 않고는 못 배기겠네/ 아아/ 어디서 바

람은/ 길을 막고 있는가"(이해인, 내 혼을 불을 놓아, 분도출판사, 1984, 111)

춤을 추고 혼이 상승을 하는 나라에 들어간다는 것은 구원의 상징입니다. 구원은 Redemit, 즉 '다시 몸값을 내고 구해내다', '다시 사다', '자유의 몸으로 만들다'는 뜻입니다. 초월자가 새로운 날, 새로운 시간을 허락한다는 것은 새로운 구원의 시간을 사서 인간에게 베푼 것입니다. 새로운 시간이 인간에게 주어지기 위해서는 그 시간을 증여한 자의 질서로 편입되어 있어야 합니다. 시간을 준 이는 자신의 시간을 준 것이고 영원의 시간을 준 것입니다. 그것이 해방입니다. 인간의 시간이 아니라 영원한 초월자의 시간을 같이 향유할 수 있다는 것이 해방입니다.

눈 먼 나비처럼 앞을 볼 수 없다하더라도, 약자들이라도, 바로 그들이 새로운 시간과 날을 허락받은 자들임을 잊지 말아야 합니다. 눈이 멀어도 바람이 막아도 영원한 시간, 영원한 나라로 들어가는 사람들을 어떻게 막을 수 있을까요? 초월자는 신앙의 초월적 감행으로 그 나라로 들어가도록 (큰 아들로) 자격을 바꿔주는 은총을 잊지 않습니다. 초월자는 새로운 시간을 가지고 있는 존재이기에 당신의 나라로 들어가는 사람들에게 온전한 liberavit(무죄를 선고하다, 자유를 주다, 풀어주다)를 주었습니다. 새날과 새 장소와 새 시간은 막을 길이 없습니다. 시간은 당신 자신을 주는 시간이요 모든 지배로부터 인간을 풀어주는 시간이기에 더욱 그렇습니다.

이해인의 시에서처럼 새날은 무녀가 춤을 추듯이 즐거움을 만끽하는 시간입니다. '즐거워하다', '기뻐하다'라는 라틴어 laetabitur는 형용사 latus(기쁨을 주는, 비옥한, 풍성한, 살찐)와 같은 어원을 가지고 있습니다. 낡은 날을 털어버리고 새날을 주는 초월자의 시간은 모든 것이 회복되며 수많은 존재자들이 함께 즐거워하는 때입니다. 그날에는 약자인 어린이들로부터 시작해서 노인에 이르기까지 신이 베푸는 풍성한 마음의 시간에서 어느 누구도 제외되지 않습니다. 시간은 공평합니다. 새날은 누구에게나 새날이요 희망입니다. 권력이 있고 돈이 있다고 해서 새날을 더 많이 향유할 수 있는 것은 아닙니다. 가난하고 연약한 존재라 하다고 새날을 향유하면 안 되는 것도 아닙니다.

새날이 되면 신은 슬픔에서 위로로, 근심에서 기쁨으로 바뀌게 할 것입니다. 배고픔의 시간에서 배부름의 시간으로 펼쳐지는 지상의 나라가 될 것입니다. 시간이 품고 있는 것은 그러한 희망입니다. 약속을 품고 있는 시간은 언젠가 홍겹고 풍요롭고 바람조차도 길을 막지 못하는 강한 희망입니다. 왜냐하면 그 새날이라는 시간은 주께서 보증한 시간이요 주께서 단언하고 그렇게 될 것이라고 주장한 시간이기 때문입니다. 그 날은 신의 시간을 모든 존재자에게 주겠다고 말한(ait; aio) 시간입니다. 라틴어 성경의 ait Domine를 공동번역은 "이는 내 말이라, 어김이 없다"고 풀면서 신의 주체적인 의지를 더 강력하게 드러내었습니다.

그러므로 낡은 시간, 낡은 날에 연연하지 말아야 합니다. 기쁨과 위로, 즐거움과 풍요로움으로 삶의 고단함을 이겨내도록 하겠다는 신에 대한 믿음과 희망을 갖고 새날, 새로운 시간을 살아낼 용기를 가져야 할 것입니다.

(렘 31,7-14)

아득한 처음에 다시 빚어진다면

처음을 생각하면 나는 항상 '없음'입니다!

우리는 '처음'(principio)의 시공간을 생각(denken)할 수는 있습니다. 하지만 인식(erkennen)할 수는 없습니다. 그 시공간 이전에 있어야 할 존재 그 자체와 내가 함께 있지 않았기 때문입니다. 시공간 이전에 있었을 존재에 대해서 내가 인식할 수 없는데, 그 시공간의 자리를 내가 알 수 없는 것은 당연합니다. '처음'이라는 말을 대할 때는 그 처음에 대한 마음의 부담이 너무 큽니다. 처음은 '법칙', '원리', '궁극적 근원', '첫 머리', '최초' 등의 의미를 갖고 있습니다. 처음이라는 말이 그럴진대, 그 처음에 무엇인가를 만들어낸다는 것은 그 처음 이전에 처음을 가능케 한 존재를 상정하지 않으면 안 됩니다. 모든 삶의 원칙, 생명의 궁극적 원리나 법칙으로 작용하는 존재 그 자체가 있었다는 것입니다.

처음이라는 말에는 엄숙함과 숙연함, 그리고 알 수 없는 고개 숙임과 겸허함이 존재합니다. 그런데 그 처음의 처음을 생각해보면 우리는 아무것도 아닌 존재가 됩니다. 초월자는 그런 존재입니다. 초월자를 생각하면 그저 우리 자신은 아무런 존재가 아니라는 낮잡은 마음을 갖게 됩니다. 그의 노동의 결과로 우리 인간이라는 존재가 생겨났다는 것을 생각하면 지금의 삶이 더 겸손해질 수밖에 없습니다. 지금

이 순간에도 내가 있다(sum; sein)라고 말할 수 있는 것은 그 처음 이전에 처음의 존재가 있었기 때문입니다. 그리스도교의 신앙고백은 그렇습니다.

나의 '있음'은 겸허함(humus)에 있습니다. 하늘과 땅(caelum et terram)을 만들었다(creavit)는 그 존재는 현재의 나의 있음이 땅에서 왔다는 것을 알게 해줍니다. 우리는 처음에 왔던 곳으로 다시 돌아갈 것입니다. 이 때 '만들다'라고 번역되는 라틴어 creavit(creo)는 '낳다', '창작하다'는 뜻을 품고 있습니다. '만들다'의 또 다른 라틴어 facio는 이데아의 모사적模寫的 성격(관념세계의 모방)이 짙지만, creavit는 없는 데서 결과물을 있게 한 것입니다. 이를 신학적으로 '무로부터의 창조'(creatio ex nihilo)라고 말합니다. 따라서 이 세상의 어떤 존재자도 과거에 있었던 존재자였다가 다시 반복된 존재자로 나타난 것이 아니라 유일무이한 존재자로서 이 땅에 드러난 존재자입니다.

나는 어쩌면 처음에 어둠(tenebras)의 한 속성이었는지 모릅니다. 나 자신이 밤이요 칠흑 같은 정신적 아둔함과 무지에 있었을 것입니다. 하나의 밝음, 곧 빛(lucem)이 생기기 전까지 말입니다. 이해인 수녀는 〈어둠 속에서〉라는 시에서 이렇게 읊고 있습니다.

> "불을 끄고/ 혼자서 누워보는/ 내 방의 어둔 바다/ 아무도 오지 않는/ 적막한 어둠 속에/ 나는 비로소/ 눈이 밝아지고/ 아무도 말을 건네 오지 않는/ 깊은 침묵 속에/ 나는 할 말이 많은/ 섬으로 떠오르네/ 고독한 바람/ 어쩌다 휘몰아쳐도/ 끝까지 견디어 낼 힘을/ 어둠 속에 기르는/ 한밤의 이 기쁜 섬"(이해인, 여행길에서, 박우사, 2001, 124)

인간의 삶과 신앙은 밝음과 어둠의 경계선에서 주춤거리고 헷갈립니다. 마치 '시란 감정이 아니라 체험'이라고 쓴 라이너 마리아 릴케(Rainer M. Rilke)의 말을 실증이라도 하듯이, 이해인 수녀의 문학예술은 그 실존을 종교적 언어로 잘 풀어주고 있습니다. 실존의 어두운 삶의 바다, 그 공간에서 고단한 몸을 누이면 빛은 보이지 않고 사방에서 몰려오는 혼탁한 소리들만이 난무합니다. 불을 끄고 싶어 스위치를 누르는 것이 아닙니다. 그냥 그 공간 안에서 눕게 되면 저마다 혼자일 수 있기 때문입니다. 잠들면 단독자일 뿐입니다. '아무도' 잠든 후에도 '같이'라는 말은 없습니다. 어두움의 공포나 삶의 암흑은 그래서 사람을 더 고독하게 만듭니다. 그런데 그 어두운 고요함 속으로 침투하는 한 가닥 빛이 스며들 때는 내가 혼자가 아니라는 것을 깨닫게 됩니다. 빛이 나를 비추고 사물의 윤곽을 드러내주면 우리는 어둠이 아니라 빛에 둘러싸여 있다는 느낌을 받습니다. 이처럼 우리는 어둠이 아니라 빛의 세계에 속한 사람들이라는 것을 새삼 알게 해 주는 사건이 맨 처음에(en arche) 발생한 것입니다.

신비한 빛이 말을 걸어옵니다!

빛은 말(Wort)의 연장선입니다. 물리학자들이 빛이란 입자粒子(particle)가 아니라 파동波動(wave motion)이라고 말한 것도 이해할 수가 있을 듯합니다. 빛이 흐름과 움직임을 가지고 공간을 투과할 때에 느껴지는 말이 있습니다. 빛은 말입니다. 말이 없었던 처음의 시공간에 "빛이 생겨라"(Fiat lux)라는 그 말(dixitque)에 의해서 빛은 말을 알아듣고 자신을 드러내었습니다. 여기서 "빛은 생겨라"하지 않고 "빛이 생겨라"(fiat의 원형은 fio, facio이므로, 달리 "빛이 되어라"라고 번역해도 무방합니다)라고 한 것은 빛이 주체가 아니라는 것을 말해줍니다. 주어의 보조사 '빛이'와 '빛은'은 다릅니다. 전자는 객체이지만, 후자는 주체입니다. 후자의 보조사 '은'일 경우, 빛은 자기 자신의 의지에 의해서 생길 수도 있고 생기지 않을 수 있다는 말입니다. 좀 더 국어의 문법적 해석을 하자면 이렇습니다. 보조사 '이/가'는 이야기(담화)에서 새로운 주어(새로운 정보)에 대해서 이야기를 할 때 사용합니다. 반면에 '은/는'은 이미 알고 있는 주어(옛날 정보)에 대해서 이야기를 할 때 사용합니다. 그런 의미에서 "빛이 생겨라"라는 것은 과거의 있었던 것의 반복이 아니라, 전혀 없었던 새로운 사건이 발생한 것을 의미합니다.

빛은 존재 그 자체에 의해서 명령을 받은 것입니다. 초월자의 명령을 받고 자신의 정체를 나타낸 것이지, 자기 자신이 주체가 되어 빛으로 탄생한 것은 아닙니다. 초월자는 말(dixitque; dico)을 사용했습니다. 이것을 빛이라고 명명한 것이요, 빛으로 발음을 한 것이요, 빛이라고 명령한 것이요, 빛이라는 말로 빛을 드러낸 것입니다. 나아가 그것은 초월자가 빛이라고 처음으로 사용을 개시한 것에 대한 선언이기도 합니다. 우주만방에 빛으로서 공표한 것입니다. 빛도 초월자의 당위적 있음 그 자체에서 보면 하나의 사물성이요 객체로서 있을 수도 있고 없을 수도 있는 존재자입니다.

아무 말도 없었던 세계에 말로서 다가온 빛은 이해인 수녀의 삶 속에서도 깊은 침묵 같습니다. 하지만 그 적막한 침묵 속에 빛이 비추면 할 말이 많은 말이 됩니다. 나만의 섬, 나만의 삶의 세계가 만들어집니다. 빛이 처음을 연상시키고 그 빛으로 인해서 나의 있음이 하나의 특별한 사건이라는 것을 깨닫게 해주기 때문입니다. 현재의 나의 있음, 밥을 먹고 있음, 신앙생활을 하고 있음, 질병으로 고통을 당하고 있음, 잠을 자고 있음, 공부를 하고 있음, 일을 하고 있음 같은 모든 일상 속에서도 빛은 말을 걸어오는 신비입니다. 다시 말하면 초월자의 말 걸어옴 속에서 삶을 살고 있음의 긴장의 연속임을 감사하게 받아들여야 할 세계에-있음의-사태들입니다.

뜻하지 않은 어둠이라는 삶의 상황이 처해진다고 하더라도 한 줄기 처음의 빛이 나를 비추면 나는 견뎌낼 수가 있습니다. 어쩌다 고독한 바람이 불더라도 빛 이면에서 빛에게 말을 건네주는 초월자를 생각하면 어두운 밤도 기쁘게 맞이할 수 있을 것 같습니다. 빛이 초월자의 말이기 때문입니다.

적막한 어둠 속에서 내 눈이 밝아지는 것은 이미 말의 빛을 경험했기 때문입니다. 말이 밝아지면 빛이 됩니다. 단순히 물리학적인 빛만이 빛이 아닙니다. 빛이 파동이냐 아니면 입자냐 하는 논쟁은 아직 끝나지 않았습니다. 입자라 하더라도 근원적인 그 존재로부터 파생되어 나오는 질량과 부피를 가진 수많은 물체들이 여러 신비로운 삶을 비추어 드러내는 것입니다. 파동이라 하더라도 그 진동은 마치 성스러운 말처럼 우리의 삶과 신앙을 간지럽힐 것입니다.

이제 우리는 그 빛에 의해서 맨 처음에 대한 정신적 아둔함과 무지를 몰아내고 하루 또 하루(dies unus)를 늘 처음처럼 초월자가 만족해하는(좋아하는, 훌륭한: bona) 삶을 살아야 할 것입니다.

(창 1,1-5)

하늘이 머금은 소리

가끔이라도 하늘 소리를 들으려고 노력하세요!

역사적으로 위대한 인물들의 삶은 남다른 데가 있습니다. 그들의 이야기를 읽다보면 반드시 그들이 그럴 수밖에 없는 어떤 계기가 있었음을 알게 됩니다. 사태를 읽은 심안을 통해 시대적 소명을 깊이 깨닫게 된다든가, 민중의 아픔에 연민을 강하게 느낀다든가 하는 이성적·감성적 울림의 분명한 자성自醒이 있었습니다. 이것은 종종 성서에서도 등장하는 사건의 양상입니다. 그들은 하늘의 소리를 듣고 그 소리를 초월자와 동일한 목소리로 인식한 후 평생을 그 소리에 순종하면서 삽니다. 이러한 특별한 사명을 가진 선각자들은 많은 사람들에게 하늘 소리에 부합하면서 살라고 외칩니다. 하늘 소리를 먼저 듣고 깨달은 사람이기에 당대의 하늘 소리를 망각하거나 생각하지 않음으로써 무의미無意味하고 무성의無誠意하게 살지 말라고 당부합니다.

이해인 수녀는 이러한 일기를 썼습니다.

"하늘이 내려 준 하늘의 진리- 하늘은 단순한 자에게 열린다는 것. 하늘은 날마다 노래를 들려 준다. 티없는 목소리로 그가 부르는 노래. 나같은 음치도 따라할 수 있는 맑고 푸른 노래. 온몸으로 그가 노래를 하면 나는 그의 노래가 되어 하늘을 오르고 싶다."(이해인, 두레박, 분도출판사,

1988, 19)

사무엘(Samuel)이라는 성서의 예언자가 신앙인들의 입에 오르내리는 매우 익숙한 인물이 될 수 있었던 것은 그가 하늘 소리에 대한 주저 없는 반응과 순종(경청)에 있었던 것 같습니다. 하늘 소리를 들은 사무엘의 반응은 "자, 여기 제가 있습니다!"(Ecce ego)였습니다. 간단명료하면서 순진무구한 답입니다. 사족이 없습니다. 하늘의 소리에 대해서 '저 소리가 무엇인가?'라는 의구심이나 의문이 없습니다.

진리는 단순합니다. 복잡하지 않습니다. 그럼에도 어렵게 들리는 것은 듣는 사람이 그렇게 듣기 때문입니다. "하늘은 단순한 자에게 열린다."는 시인의 문장이 시사하는 것은 하늘이 문제가 아니라 소리를 듣는 자의 마음씨, 태도, 자세, 경청이 더 중요하다는 것을 의미합니다. 듣고 싶어하는 것을 들으려고 하는 게 진리를 대하고 하늘 소리를 바라는 사람의 삶의 성실한 자세가 아닙니다. 신앙인은 더욱 조심해야 합니다. 하늘 소리와 나의 소리를 중첩해서 듣거나 제대로 듣는 것 같지만 실제로는 착각하면서 들을 수도 있습니다. 하늘은 날마다 삶의 노래를 들려준다고 하는데, 우리의 내면은 그 소리를 듣지 못합니다. 하늘을 쳐다보며 그 소리가 나타난 자리인 마음을 살필 시간도 없습니다. 하늘을 보고 감탄할 만큼 여유조차도 없습니다. 이른 아침 졸린 눈을 비벼가면서도 폰에서 눈을 떼지 못하고 하루 종일 온갖 시선을 화면에 집중시킵니다. 보는 것도 듣는 것도 모두 이미 정해진 매뉴얼을 좇아갑니다.

하늘 소리는 감추어진 미세한 소리를 통해서 삶을 이렇게 살라고 가르쳐 줍니다. 그것은 주의를 기울여야 들을 수 있습니다. 하늘이 내는 소리는 우리가 따라 부를 수 있을 만큼 청아한 음성입니다. 같이 따라 불러야 의식도 감성도 삶도 상승합니다. 따라 부르는 것은 그렇게 부르는 목소리의 목적을 향하여 따라 사는 삶입니다. 하늘의 소리를 들을 수 있어야 삶이 달라집니다. 땅의 시선에서 하늘의 시선을, 땅의 소리에서 하늘의 소리를 가져야 삶이 삶답게 됩니다. 삶이 파편화되고 중심을 잡지 못하는 것은 하늘 소리에 대한 감각을 상실하고 있기 때문입니다. 하늘 소리에 익숙하기보다는 땅의 소리에 익숙합니다. 초월자의 음성에 귀를 기울이기보다 시시각각으로 변하는 사람의 소리에 민감합니다.

그러니 하늘에서 부여해 준 자신의 순수한 내면의 목소리도 탁해지는 것은 물론이거니와 그 소리에 따른 진리의 삶을 살지 못하는 것입니다. 익명의 사람들 소리, 매체의 소리, 온갖 정치적인 목소리, 자본의 목소리가 수많은 사람들의 귀를 어지럽힙니다. 단순한 자에게 들려지는 목소리가 복합적이고 잡다한 목소리로 변하면서 하늘로의 궁극적인 상승을 저해합니다. 인간의 천성(天性; 資性)의 자리인 초월자의 자리에서 나오는 그분의 소리를 그리워해야 할 때인 듯합니다.

인간은 하늘에 맡겨진 존재, 하늘의 것입니다!

하늘의 소리가 들려올 때, 그 소리의 발생지를 생각하면 그 소리의 소유권은 그 소리를 낸 자의 것이라는 것은 자명합니다. 그러므로 하늘 소리를 듣게 되면 그 소리에 따라 사는 게 당연합니다. 이해인 수녀는 〈나를 키우는 말〉이라는 시에서 이렇게 적고 있습니다.

"행복하다고 말하는 동안은/ 나도 정말 행복해서/ 마음에 맑은 샘이 흐르고/ 고맙다고 말하는 동안은/ 고마운 마음 새로이 솟아올라/ 내 마음도 더욱 순해지고/ 아름답다고 말하는 동안은/ 나도 잠시 아름다운 사람이 되어/ 마음 한 자락이 환해지고/ 좋은 말이 나를 키우는 걸/ 나는 말하면서/ 다시 알지"(이해인, 외딴 마음의 빈집이 되고 싶다, 열림원, 1999, 12)

낭만적이고 서정적인 시어를 구사하는 시인의 마음이 잘 녹아들어가 말의 소중함을 일깨워줍니다. 시인의 말은 말을 사용하는 인간이 어떻게 살아야 할지를 안내해 주는 고백입니다.

하늘의 소리를 듣고 사는 사람들도 말의 성격, 말의 의미, 말의 감정에 따라 삶이 다채롭게 변합니다. 가능하면 좋은 말, 행복한 말, 감사의 말, 아름다운 말을 사용해야 합니다. 그러기 위해서는 하늘의 소리를 잘 듣는 데서부터 시작해야 합니다. 말의 발생지가 하늘이기 때문입니다. 하늘의 예언자(propheta Domini)로서 싹수를 보인 사무엘도 하늘의 소리를 들었을 때, "말씀하십시오. 당신의 종이 듣고 있습니다."(Loquere, quia audit servus tuus)라고 말했습니다. 라틴어 Loquere라는 동사는 '말하다', '이야기하다'는 뜻도 있지만, '말해주다', '나타내다', '보여주다'라는 뜻도 있습니다. 하늘 그 자신이, 하늘의 목소리가 진리이며 초월자 그 자체라는 것을 드러내 보여준다는 의미입니다. 드러내신 이는 말을 통해서 자신을 나타냅니다. 자신을 이야기하고 말합니다. 길게 말을 풀자면, '말의 사용주체인 초월자, 초월자 자신이시여, 목울대까지 차오른 소리를 내시어 내게 말씀하십시오.'라고 해석할 수 있습니다.

게다가 라틴어 audit는 '귀를 기울이다', '스승의 가르침을 듣다', '듣고 알다', '뜻을 따르다', '순종하다'와 같은 많은 뜻을 갖고 있습니다. 하늘 소리를 듣는다는 것은 결국 하늘 소리에 순종한다는 것을 의미합니다. 말을 듣는다는 것은 소리 주체인 하늘의 뜻을 따르겠다는 강한 의지의 표명입니다. 부모의 말을 듣는다는 것은 그들의 뜻에 거스르지 않겠다는 것이요, 어떤 사람의 문하생이 된다는 것은 그 스승의 가르침을 잘 알아듣고 뜻을 동의하고 시인하는 사람으로 살겠다는 것과 다르지 않습니다. 라틴어 tuus는 '너의 것', '너의 소유물', '너에게 바쳐진 것'이라는 뜻을 담고 있습니다. 이 한 문장 속에 담겨진 의미는 목소리도 나의 목소리가 아니요 몸과 의식과 행위도 나의 것이 아니라는 것입니다. 말하는 발화주체인 초월자 당신의 것입니다. 우리는 오직 그 말에 따라 살 것인가, 말 것인가만 있을 뿐입니다. 아니 좀 더 엄밀하게 말해서 그 말에 따라 살아야 하는 것만 주어져 있습니다.

"하늘의 파도 소리. 나를 부르는 소리. 오늘의 내 슬픔 위에 빛으로 떨어지는 당신의 푸른 소리. 당신의 파도 소리"(이해인, 두레박, 분도출판사, 1988, 20)

이해인의 마음 한 구절입니다. 사람들의 희로애락에 찾아와 기쁜 소리, 성내는 소리, 슬픈 소리, 즐거운 소리로 부응해 주는 하늘의 소리가 잔잔한 말씀으로 나타난다고 하는 것(revelatus fuerat ei sermo Domini)을 알아야 합니다.

사무엘이 일찍이 어린(puer) 나이에 이스라엘의 예언자로 낙점될 수 있었던 것은 삶의 어슴푸레한 상황에서도 하늘 소리를 잘 알아들었다는 데 있습니다. 희뿌연 세상에서도 하늘 소리를 직관적으로 인식했다는 것입니다.

하늘은 변함없이 우리를 부르고(vocavit) 있습니다. 바로 그 날의 소리, 우리에게 알려주고 싶은 이야기를 어쩌면 파도 소리처럼 말하고 있는지도 모릅니다. 우리는 지금 그 음성을 듣고 있는 것일까요?

(삼상 3,1-20)

멀어진 가까움, 그러나 가까이 다가옴

초월자에게 가까이 가십시오!

어떤 대상과 멀리 떨어져 있다는 것이 단지 물리적인 거리(distance)만은 아닐 것입니다. 지리적·공간적 거리만이 아닌 것이지요. 심리적 거리나 마음의 거리가 떨어지게 되면 그만큼 신과의 거리도 멀어집니다. 당연합니다. 심리적 거리를 좁히지 않고 물리적 거리만 좁힌다고 해서 가까워지는 것은 아닙니다. 그것을 종교적으로 영(성)적 거리라고 해도 좋을 것입니다. 이해인 수녀는 〈누군가 내 안에서〉라는 시에서 이렇게 적고 있습니다.

"누군가 내 안에서/ 기침을 하고 있다/ 겨울나무처럼 쓸쓸하고/ 정직한 한 사람이 서 있다/ 그는 목 쉰 채로/ 나를 부르지만/ 나는 선뜻 대답을 못 해/ 하늘만 보는 막막함이여/ 내가 그를/ 외롭게 한 것일까/ 그가 나를/ 아프게 한 것일까/ 겸허한 그 사람은/ 내 안에서/ 기침을 계속하고/ 나는 더욱 할 말이 없어지는/ 막막함이여"(이해인, 오늘은 내가 반달로 떠도, 분도출판사, 1986)

시인이 말하고 있는 것처럼, 내면의 소리를 알아차리는 것은 영성의 깊이와 맞닿아 있습니다. 마음은 초월자와 내가 만나는 통로입니다. 그러므로 초월자가 주신 마음을 외롭게 하지 마십시오. 물리적 거리가 아무리 멀어도 영성적 거리는 마음을 통해서 해소될 수 있습니다. 특정한 마을이 아니어도, 특정한 교회 공간이 아니더라도 내 마음이 초월자를 향하고 있는가가 더 중요합니다. 초월자에 의해서 멸망을 자초하는 일은 물리적 거리 때문이 아닙니다. 마음의 거리, 영성적 거리가 멀기 때문입니다. 내 마음에서 초월자가 오롯이 서 있다는 것을 느끼지 못하고 받아 모시지 않는다면 아무리 물리적 거리가 가까워도 소용이 없습니다. 시인도 목이 쉰 채 부르고 있는 마음의 소리에 답을 하지 못하는 자신을 한탄합니다. 그 마음을 외롭게 하고 있음을 잘 알기에 그렇습니다.

사람들이 마음을 외롭고 쓸쓸하게 한다는 것은 종교적으로 이미 황폐되어 있다는 증거입니다. 마음은 초월자를 모시기에 늘 부족하고 가난한데 그곳을 다른 것으로 채워 넣습니다. 갈증은 더 심해지고 마음은 늘 공허합니다. 시인이 마음을 겸손함으로 표현한 것을 보면 지극하다는 생각이 듭니다. 지극정성으로 초월자를 섬기는 마음이 사라지고 있는 이 때에 그에 따른 그분의 진노 또한 커질 것이라고 두려워합니다. 진노의 표징들이 나타나고 있는 것을 알면서도 그 기호를 잘 읽지 못하는 것 같습니다. 질병과 죽음, 절망과 공포에 의해서 오히려 지나칠 정도로 현실욕망이 더 커지는 것은 매우 역설적입니다.

그럴수록 마음을 돌봐야 하는데 너무 바쁘고 허둥대고 경쟁적이고 전투적으로 살아갑니다. 마음을 볼 수 없으니 내가 사는 주변을 보지 못하고 타자에 대한 배려는 더더욱 사치가 될 수밖에 없습니다. 초월자는 진노를 내리기 전에 첫 번째와 마찬가지로 두 번째(secundo)에도 다급하게 말을 합니다. 첫 번째의 말은 지나갔습니다.

두 번째는 기회입니다. 첫 번째의 말에 이어 더 다가가(sequor) 초월자 자신이 말한 경고에 대한 결과가 긍정적으로 나타나기를 바라는 또 한 차례의 기회입니다. 그것은 그분의 다가옴이요 다가감입니다. 구원을 위해서 사람의 마음을 돌이킬 수 있도록 초월자의 다가옴입니다. 마음을 두드리는 소리가 있다면 그것이 바로 시인이 말한 초월자가 인간에게 다가오면서 기침하는 소리로 알아들어야 합니다.

마음에 가까이 다가간다는 것은 도리어 가까이 옴입니다

마음의 거리를 좁히기 위해서 몸으로 표현하는 종교적 행동들이 있습니다. 금식(ieiunium)이나 단식입니다. 단지 행위가 아닙니다. 그것은 마음을 더 정결하고 바로 세우기 위한 자기 성찰의 외적·몸적 결단입니다. 또한 할 수 있는 한 초월자에게 힘을 다해 부르짖어야 합니다(clament ad Deum in fortitudine). 절규하고 큰 소리로 불러야 합니다. 간절한 마음으로 요청해야 합니다. 사람으로서 나쁜 행실을 하고 폭력을 행사하며 권력을 마구 휘둘렀던 것에서 돌아서야 합니다(convertatur vir a via sua mala et a violentia, quae est in manibus eorum).

초월자와의 물리적 거리나 영성적 거리가 약해지면 자연히 사람과 자연과의 관계에서도 물리적·심리적 폭력이 생겨나게 됩니다. 손에 쥐어지는 권력(manus)은 물론 서툴고 어설픈(malus) 행위나 눈으로 보는 모든 것(visus)도 다 폭력적인 힘(vis)이 될 수 있습니다. 마음의 상태를 늘 들여다봐야 하는 이유가 여기에 있습니다. 시선, 언어, 행위 등이 다 마음에서 비롯될 수 있기 때문입니다. 그것에 대해 총체적으로 잘못했음을 인정하고 초월자에게 진정한 마음으로 구원해 달라고 호소해야 합니다. 그런다면 초월자는 마음을 돌리시고 관용을 베풀 것이며, 노여움을 풀어 우리를 죽지 않게 하실(재앙을 거두실) 것입니다(convertatur et ignoscat Deus et revertatur a furore irae suae, et non peribimus).

우리의 마음에 가득한 비신앙적 언행들을 내려놓고 그 마음에 초월자가 흡족하게 생각할만한 삶의 바탕으로 만들어야 합니다. 그러기 위해서 내 마음을 찾아야 합니다. 본래의 초월자의 마음으로 돌아가야 합니다. 이해인은 〈마음에 대하여〉라는 시에서 이렇게 고백합니다.

"1 숨어 있기 싫어서인가?/ 가끔은 내 마음도/ 집 밖으로 외출을 한다/ 그가 빨리 돌아오지 않아/ 내내 불편하고/ 잠이 오지 않았다/ 그를 기다리는 시간이/ 지루하고 괴로웠다/ 2 내내 밖으로 서성이다/ 오랜만에/ 제자리로 돌아온/ 마음이여 고맙다/ 네가 가출한 동안은/ 단순한 일도 손에 안 잡히고/ 아무것도 할 수 없었다/ 울면서 기도해도/ 대답 없던 시간들/ 네가 돌아와/ 나의 삶은 다시/ 기쁨이 되었다/ 주인인 내가 너무 무관심해서/ 화가 났다구?/ 이젠 나도 잘할게/ 다시 만난 기념으로/ 아침엔 녹차 한잔/ 저녁엔 포도주 한잔 할까?"(이해인, "마음에 대하여" 중에서, 외딴 마을의 빈집이 되고 싶다, 열림원, 1999, 112-113)

시인의 마음 찾기의 애달픈 감정이 읽혀집니다. 단식이든 금식이든 물질적인 내 몸을 흔들어서라도 내 마음이 어디에 있는지 살펴야 합니다. 마음의 주인이라고 생각했던 내가 정작 마음에 무심하고 외물(外物)에 마음과 시간을 빼앗기고 살아가는 우리들입니다. 마음이 없는데 시간인들 나의 시간이 될 수 없고, 마음이 다시 내 마음이 되어야 삶도 내 삶이 되는 것입니다. 하시라도 마음을 잊고 산다면 사실 인간이라 할 수가 없을 것입니다.

이해인 수녀의 글에 보면 인도의 사제 안소니 드 멜로의 한 예화가 등장합니다.

> ""자신의 영적 힘을 측정할 수 있는 방법들이 있습니까?" "많지." "한 가지만 말씀해 주십시오." "단 하루 동안에 얼마나 자주 마음이 어지럽히는가를 알아내어라.""(이해인, 꽃삽, 샘터, 2002, 52)

마음을 빈곤하게 하다못해 번잡하게 하는 것도 초월자와 멀어지는 일입니다. 변덕스러운 마음도 초지일관 초월자를 향해 모을 수 있는지도 고민해야 합니다. 사람이니까 마음도 취사선택하고 호불호하고 손익을 따지고 시비를 논하지 않느냐고 합리화할 수 있습니다. 하지만 그보다 더 중요한 것은 늘 마음은 초월자를 읽고 초월자의 심정을 헤아리고 그의 기분을 모으려고 노력해야 해야 한다는 점입니다. 이해인 수녀의 글을 더 살펴봅니다.

> "내 마음은 달을 닮아/ 차오르기도 하고 기울기도 해/ 그리고 해를 닮아/ 떠오르기도 하고 지기도 하지/ 내 마음은 파도를 닮아/ 밀려오기도 하고 밀려가기도 해/ 그리고 밭을 닮아/ 씨앗을 키워서 열매 맺기도 하지"(이해인, 꽃삽, 샘터, 2002, 53)

무한자를 위해서 시간을 내는 일, 나 자신을 위해서 시간을 내는 일, 자신의 마음을 갈고 닦기 위해서 시간을 내는 일, 사색과 명상을 게을리하지 않는 태도가 중요하다는 이해인 수녀의 깨달음이 우리게도 절실하게 필요합니다.

"'만물의 원리는 모두 내 마음에 갖추어져 있다. 마음을 반성하여 성실해지면 그것을 알 수 있다. 사람의 마음을 키우는 데는 욕심을 적게 가지는 것이 제일 좋은 방법이다'라고 한 맹자孟子의 가르침을 되새기며 나는 내마음을 흐리게 했던 크고 작은 욕심들을 반성해본다"(이해인, 꽃삽, 샘터, 2002, 54)

지금의 내마음은 내 것이 아닙니다. 초월자의 것입니다. 적어도 신앙적 관념에서는 그렇습니다. 그런데 혹 그 안에 잡다한 것, 불순不純한 것으로 가득 차 있다는 것을 모르는 것은 아닐는지요.

(욥 3,1-10)

말의 집을 잘 짓는 신앙

신앙은 말의 사원(寺院)을 잘 짓는 데서 비롯됩니다!

종교에서 말(logos)이란 진리 그 자체입니다. 동시에 진리 전달의 매체입니다. 신의 이야기, 신의 생각을 사람들에게 보이는 방법이 여러 가지가 있지만 말은 대체로 신을 표현하는 공통도구입니다. 그것이 사회적 혹은 종교적 협의에 의해서 규약된 말(랑그, langue)이든 아니면 개별적 선택에 의해서 사용되는 말(파롤, parole)이든 특별한 개인 혹은 집단은 언어로 신의 뜻을 전합니다. 그러한 계층을 성서는 '예언자(Prophetam)라고 합니다.

그는 신의 뜻과 신의 말에 대해서 그 어느 누구보다도 더 깊은 성찰을 하는 사람입니다. 종교집단이 잘 존속하기 위해서는 항상 신에 대한 깊은 인식과 그 신의 뜻을 잘 헤아려야 합니다. 간혹 잘못된 길을 간다고 판단할 때는 가차 없는 비판과 반성을 촉구하는 말을 해야 하는 임무를 맡기도 합니다. 청중의 비난의 화살이 쏟아지고 죽음을 감수해야 하는 고통스러운 역할을 수행합니다. 말을 하고 싶지 않지만 신이 그에게 자신의 뜻을 전하는 소임을 맡긴 터라 그 의무를 저버리기도 쉽지 않습니다.

그렇게 말을 통해서 사람들이 신의 뜻을 깨우치고 올바르게 삶을 살도록 만드는 것, 그것이 신앙적 성찰입니다. 그런 의미에서 말은 신

앙적 성찰의 도구입니다. 이해인 수녀는

> "말에 대한 성찰은 모든 사람들이 죽는 순간까지 계속해야 할 중요한 일 중의 하나라고 생각한다."(이해인, 두레박, 분도출판사, 1988, 92)

라고 말합니다. 시인이 말한 것처럼 말은 모든 사람들이 생이 다하는 찰나까지 성찰하고 또 성찰해야 하는 그야말로 보편적인 일입니다. 밥을 먹고 살기 위해서 하는 일만이 일이 아닙니다. 언어를 잘 사용하는 것도 일입니다. 이른바 말을 잘 받드는 것[事]입니다.

수고하고 노동하는 일을 나타내는 라틴어 labor는 '근면', '고달픔', '위험'이라는 뜻이 덩달아 붙어 있는 것도 그만큼 일을 한다는 것은 성실성을 동반하면 좋은 결과를 가져오지만 그렇지 않을 경우에는 그저 삶의 근심과 걱정거리처럼 따라다니는 구차한 인생이 된다는 말도 됩니다. 더욱이 거의 같은 뜻을 지니고 있는 opera는 '작품'(Werk)이라는 뜻을, res는 '사물'이라는 뜻을 지니고 있습니다. 말이 신앙적 성찰과 삶의 성찰, 말 자체에 대한 성찰이 이루어지지 않으면 말은 사물이 됩니다. 삶은 작품이 아니라 힘겨운 문제 덩어리가 됩니다. 신앙도 마찬가지입니다. 말이 사물이 되지 않기 위해서 예언자가 필요한 법입니다. 성직자의 언어생활이 중요한 것도 그 때문입니다. 수준 낮은 언어나 시정잡배의 언어를 늘어놓는 성직자의 언어가 예언자의 언어가 될 수 없습니다.

그러한 언어로 사람을 계몽할 수 없고 신의 언어나 뜻을 깨우치게 할 수도 없습니다. 그러므로 예언자로서 부르심을 받은 사람은 먼저 자신의 언어와 마음 상태를 눈살펴야 합니다. 자신을 성찰해야 공동체에게 각성을 촉구할 수 있고, 자신을 들여다 볼 수 있어야 다른 사람들에게 자신의 내면을 성찰하라고 말할 수 있는 법입니다. 성찰이라고 번역되는 라틴어 examen(ex+ago)은 '인도해내다', '재연하다', '태도를 가지다', '되다', '드러내다' 등의 광범위한 의미를 지니고 있습니다. 성찰은 단순히 자신의 모습을 살피는 것만을 의미하지 않습니다. 더욱이 신앙적 성찰은 초월자를 재연하는 태도입니다. 성찰은 내가 초월자와 일치되고 있는가에 대한 들여다봄입니다. 성찰은 내가 초월자를 드러내고 있는가하고 마음을 관찰하는 신앙적 행위입니다. 그 중에서도 그리스도인의 언어는 초월자 자신을 드러내는 매우 중요한 신앙적 방편이라는 사실을 잊지 말아야 합니다.

신앙적인 말(언어)은 초월자에게서 비롯된다는 마음자세를 가져야 합니다!

우리가 성찰이라고 했지만, 그 성찰을 가능하게 하는 주인은 초월자입니다. 더 근원적으로는 우리의 말이란 초월자에게서 나옵니다. 말을 해야 할 것은 반드시 해야 하고, 하지 말아야 할 말은 무슨 일이 있더라도 침묵하여 삼가야 하는 게 예언자의 직무입니다. 오늘날 우리는 말을 해도 함부로 하는 사회에 살고 있습니다. 매체의 발달로 가볍고 뜻 없이 오직 자신을 드러내는 언어나 신변잡기의 언어만 난무합니다. 종교언어가 마지막 보루라고 한다면 너무 큰 짐을 우리가 지고 가는 것일까요?

말을 말로서 사용하도록 한 존재가 초월자라는 사실을 상기한다면 말은 신중에 신중을 기해야 할 값비싼 도구입니다. 신을 나타내는 발이고 나의 신앙의 삶이를 가늠하는 척도가 되어 주기 때문입니다. 어느 특정한 한 사람 혹은 어느 부류층에게만 성찰적 언어를 전하도록 소임을 준 것이 아닙니다. 어쩌면 예언자적 언어는 교회 전체에게 주어진 사명일 수 있습니다. 교회의 발언과 교회의 언어가 초월자에 의해서 규정되고 약속된 랑그가 아니라 저마다 자기 신앙을 뽐내고 자신을 드러내기 바쁜 파롤이라면 시끄러운 언어가 되기에 충분하지 않을까요? 물론 목울대를 울리며 해야 할 말을 하지 않는 것도 잘못입니다. 교회나 교회에 속해 있으면서 자신의 언어가 아니라 초월자의 언어를 전달해야 하는 성직자가 사적언어나 속된 언어로서 공동체에게 마치 초월자의 언어인 양 발언한다면 그것처럼 위험천만한 일이 없을 것입니다.

초월자는 예언자로서의 성직자, 그리고 예언 공동체인 교회에 자신의 말을 담아 주었습니다(ponam verba mea in ore eius). 아직은 예언자의 말이 아닙니다. 아직은 공동체의 말이 아닙니다. 그의 말(verba mea)이 나의 입에 담겨지기(pono) 전에는 말입니다. 초월자는 예언자로서의 성직자에게, 예언자직을 수행할 교회에게 자신의 말을 맡겼습니다. '담겨졌다'는 말은 '심다', '세우다'는 뜻도 있습니다. 초월자가 예언자의 직무를 수행해야 할 존재자의 입에 말을 심어 놓았다는 말입니다. 그가, 그 공동체가 말을 할 수 있도록 말을 세웠다, 말을 설립했다는 말입니다. 그만큼의 무게는 진중합니다. 왜냐하면 자칫 잘못하면 그 말은 신의 말로서 전달되기도 전에 자신의 성찰적 말이 되지 않거나 그 말이 성찰적 언어로 구현되지 않을 경우에는 매장된 언어, 죽은(pono) 언어가 될 수 있기 때문입니다. 신의 성찰적 언어는 그렇습니다. 말은 말을 준 존재의 의지가 은폐되어 있습니다. 그것을 먼저 잘

해득解得하지 않으면 신의 말은 많은 사람들에게 진설되지 못한 채 사라지고 말 것입니다. 그렇기 때문에 초월자의 이름으로 말할 때는(quae loquetur in nomine meo) 조신해야 합니다.

신의 말씀을 건방지고 오만하게 다루거나(arrogantia) 더럽히거나(타락하거나, depravatus), 신의 말을 앞질러 무례하게 말하는 예언자는 죽임을 당할 수도 있습니다(interficietur). 신의 말은 그래서 무섭습니다. 성찰이라는 말, 그것이 교회 공동체의 기초가 되어야 한다는 의미가 바로 여기에 있습니다. 말이 제대로 세워지고 올바로 신의 말을 성찰하는 교회가 되지 않는다면 멸망입니다. 신의 말을 제 맘대로, 내 맘대로 해석하고 주제넘게 말을 해서는 안 됩니다.

> "이왕이면 높이 날으는 새가 되어야겠다. 필요한 곳이면 어디든지 자유롭게 날아다니고, 사람과 사람 사이에 희망과 사랑의 다리를 놓아주며, 기쁜 소식을 전하는 심부름꾼으로서의 '수녀새'가 되고 싶다. 희랍 신화에 나오는 헤르메스(Hermes)가 날개 달린 모자를 쓰고, 날개 달린 샌들을 신고 제우신 신神의 심부름을 다니는 사자(사자)였듯이 나도 무한자와 인간의 사랑받는 사자가 되고 싶다. 비록 헤르메스처럼 나는 날개도 없고 그만큼 민첩할 수도 없지만 마음으로야 얼마든지 날아다닐 수 있지 않은가?"(이해인, 꽃삽, 샘터, 2002, 20-21)

이해인 수녀의 자유로운 마음과 몸의 언어가 담긴 글입니다.

교회는 예언 공동체입니다. 사람과 사람 사이, 사람과 세계 전체에 초월자의 말을 전하는 심부름꾼의 역할을 해야 할 소임이 있습니다. 심부름을 잘하려면 그 주인의 뜻을 잘 간파해야 하고, 그 말을 잘 알아들을 수 있어야 합니다. 경청의 미학, 화술의 미학, 그리고 적재적소에 필요한 언어의 미학은 성찰의 미학에서 비롯된다는 것을 이해인 수녀는 잘 알았던 것 같습니다.

"너희는 그의 말을 들어야 한다."(ipsum audietis). 이 말을 공동체와 세상이 받아들일 수 있도록 해야 합니다. 이 말에 힘이 실리려면 개인과 공동체가 먼저 자신의 마음과 몸이 성찰적 언어로 무장되어 있어야 합니다.

(신 18,15-20)

알 수 없는 존재의 고통

존재를 알 수 없을 때는 하늘을 보세요!

종교의 본질은 신비에 있습니다. 신비는 존재에 대해서 다 알 수 없다는 데 있는 것 같습니다. 안다고 하지만 정작 말하지 못하는 존재, 알 것 같은데 알 수 없는 존재는 인간에게 고통입니다. 고통을 고통이라고 말해버리면 신은 고통 속의 존재가 됩니다. 고통은 인간이 존재의 깊이로 들어가지 못하게 만들기 때문입니다. 신이든 삶이든 사람이든 그 존재의 내면을 알지 못하니 힘겹습니다. 신은 이미 인간에게 자신을 처음부터(ab initio) 알려줬다고 말합니다. '처음', '시초'(initium; ineo)에 신은 인간에게 자신의 존재에 대해서 알리고 통고했습니다. 불가타 성경의 '통고', '알림', '전달'의 뜻을 지닌 주격(목적격)으로서의 annuntiatum은 nuntius와 연관이 있습니다. 현대 영어 news의 원형처럼 보이기도 합니다. 초월자는 자신을 인간에게 처음부터 자신을 전달해왔습니다. 그렇다면 인간이 신을 모른다고 말하는 것은 알려고 하지 않은 인간 자신의 책임입니다. 만일 인간이 신을 알았다면, 신은 인간에게 자신을 고통스러워해야 한다는 당위성을 주지 않았을 것입니다. 고통이 신의 속성은 아니니까요.

이해인 수녀는

"나에게서 당신을 빼고 나면/ 아무것도 남지 않을/ 가난뱅이 여인/ 나에게 당신을 옷 입히면/ 아무것도 부러울 게 없는/ 궁전의 여인/ 하느님/ 아무래도 당신은/ 기적의 신입니다/ 보이지 않는 당신이/ 순간마다 내 안에 살아 오시니/ 내가 감히 당신을 사랑하다니"(이해인, "하느님 당신은", 내 혼에 불을 놓아, 분도출판사, 1984, 75-76)

라고 고백합니다. 시인은 존재가 덧입혀질 때 비로소 인간이 인간일 수 있고 인간의 모습이라는 것을 잘 알고 있습니다. 시인은 인간이란 그저 신이라는 태곳적 존재 없이는 아무것도 아니라는 것을 낭랑하게 말하고 있는 듯합니다. 애초에 존재를 알고자 한다면 자기 자신을 먼저 알아야 하는데, 시인은 자기 자신의 모습을 솔직하고 담백하게 전달합니다. 아무것도 없는 나약한 여인은 그러나 신으로 옷을 입으면 오히려 세상 어느 존재보다 부러울 것 없는 인간이 됩니다. 신의 언어이든 신의 위로이든 신의 감각이든 처음부터 인간에게 알려진 그 존재는 전부全部이면서 동시에 전무全無가 될 수도 있습니다.

처음부터 줄곧 우리에게 자신을 고지告知하는 초월자라는 존재를 알고 그분을 내 삶의 방식의 근본으로 받아들인다면 전부가 될 수 있습니다. 하지만 알지 못하고 알려고도 하지 않는다면 나의 존재는 아무런 존재가 아닙니다. 감히 인간이라 자부할 수도 없습니다. 인간이 인간일 수 있는 것은 종교라고 하는 특수한 믿음 체계를 통해서 신을 갈구하고 만날 수 있는 가능성을 확신하고 있다는 데 있습니다. 믿음 체계를 지닌 것은 아마도 인간이 다른 존재자들과는 구분되는 특징이라 할 수 있을 것입니다. 그런데 시인이 말하듯이 그 존재는 인간이 깜빡하는 순간 무無가 됩니다. 인간도 자신의 없음 속으로 침윤浸潤되어 버립니다.

그러나 보이지 않는 초월자는 순간마다 우리에게 다가옵니다. 신은 자신의 있음을 드러냅니다. 기적 같은 일입니다. 신비로운 존재입니다. 그분은 "땅 위의 저 푸른 하늘에 계신 분"(표준새번역, Qui sedet super gyrum terrae)입니다. 바로 그러한 존재가 인간의 일상에 개입합니다. 일상에 개입한다는 믿음이 없다면 신은 없음입니다. 신이 내 마음에 다가오고 삶을 추동하며 교정하도록 내 마음을 흔든다면 그는 있음입니다. 하늘에 앉아있다(sedet; sedeo)는 표현은 그곳이 신의 지정석이요 붙박이처럼 앉아서 재판이나 법정 직무를 수행하는 자리와도 같다는 것을 의미합니다. 이 말은 달리 인간의 눈, 입, 마음에서 절대로 떠나지 않는 존재라는 뜻을 나타냅니다.

인간에게 알려지고 지금도 우리에게 개입하고 다가오는 신은 인간의 모든 감각과 감성의 자리에 함께 하고 있습니다. 그를 사랑할 수 있게 되는 것도 사실은 인간의 마음에 끊임없이 다가오는 그의 일관된 신의 신비요 기적 같은 일이기도 합니다. 시인이 "내 안에 살아 오시니"라고 쓰고 있는 것은 과거와 현재 속에서 자신의 삶을 개입하시는 신에 대한 경험을 담고 있습니다. 처음부터 인간에게 간섭하고 여전히 인간의 삶 속에 들어와 살고 있는 존재는 하루하루 또 하루를 살게 하는 존재임을 신앙으로 받아들여야 할 분입니다. 그러한 신앙과 신념, 그리고 신앙적 사유를 갖지 않으면 인간이 버틸 수 있는 희망이 무엇이 있을까요?

그러나 신은 그보다 더 심하게 꾸중하듯 말을 합니다. "그의 앞에서 세상 주민은 메뚜기 같지 않느냐?"(habitatores eius sunt quasi locustae)

초월자를 힘써 알고 들으십시오!

이 땅에 사는 사람들이 메뚜기처럼(quasi locustae) 보인다는 것은 인간도 참으로 하찮은 존재에 지나지 않는다는 것을 상징합니다. 사람의 존재가 신의 존재를 더 확신하고 그 존재의지에 부합하여 살아야 하는 당위성은 그러한 깨달음 때문이기도 합니다. 아무리 날 뛰어도 하늘 아래에 머물러 있는 존재이건만 자신이 이 세상에서 가장 뛰어난 존재라는 오만 속에서 살고 있으니 말입니다.

어디 메뚜기뿐일까요? 한 그루의 나무가 되었든 아니면 그 나무에 매달린 나뭇잎이 되었든 창조주 초월자가 바람만 일으켜도 금방 뽑혀버리는 존재가 아니던가요? 그는 어떤 존재와도 닮지(assimilabitis) 않았습니다. 어느 자연의 모습과도 같지(aequalis) 않습니다. 그는 엇비슷하게 만들어진(assimulo) 존재도 아닙니다. 동등하지도 않습니다. 그는 모든 존재를 창조하시고(creavit) 일일이 호명하는(nomine vocat) 존재입니다.

"당신은 물입니까/ 당신은 불입니까/ 당신은 바람입니까/ 사랑하는 자에게만/ 사랑으로 탄생하는/ 사랑의 신이시여/ 가장 짧은 말로/ 가장 깊은 기도를/ 바치게 하소서"(이해인, "하느님 당신은", 내 혼에 불을 놓아, 분도출판사, 1984, 76-77)

이해인 수녀의 후반부 시에서 신에 대한 물음과 호명은 바로 인간이 신에게 '당신을 어떻게 부를까요?'라고 묻는 것이나 다름이 없습니다. 신이 피조물들을 낱낱이 호명하듯이, 기도는 사랑하는 이의 호명입니다.

사랑하는 이의 이름을 호명하지 않는 것은 존재의 부재입니다. 부르다는 것은 존재의 인정입니다. 많은 수식어가 필요 없습니다. 기다랗고 중언부언하는 언어의 나열이지 않아도 됩니다. 기도는 사랑하는 이에 대한 짧은 호명, 그러나 깊이 있는 인정이면 됩니다. 사랑, 사랑하는 이, 사랑하는 초월자. 더 이상의 말을 하지 않아도 전달되는 언어입니다. 신을 사랑하고 인간이 서로 사랑하는 관계라면 언제든 그 안에 사랑의 감정이 도사리고 있는 것이겠지요. 사랑한다는 말이 오해를 불러일으키기도 하고 괜한 감정싸움으로 번지는 일이 번다합니다. 우리가 그런 세계에 살고 있습니다. 언어의 과잉 속에 진정성이 담긴 말은 얼마 되지 않는 가벼운 세계. 그 세계를 신은 창조하고 '사랑'이라는 짧은 언어의 행위를 다 표현했습니다. 인간은 그렇게 그러한 사랑의 세계에 살고 있습니다.

그러나 때로는 지치고 힘이 듭니다. 서로 돕고 좋은 마음을 나누고 더불어 행복해야 하는데 내 세계만 주장합니다. 신의 세계는 넓은데 인간이 살아가는 자신의 세계는 너무 좁아서 그 사랑의 세계를 헤아리지 못하는 것은 아닐까요?

신은 용기가 없거나 능력이 없어서(lasso virtutem) 풀이 죽어 있는 사람들에게 강인한 정신력과 굳셈을 주겠다고 했습니다. 병약하고 힘이 없는 사람(invalido)에게 참나무나 떡갈나무처럼 강한 힘과 기운을 부어주겠다(많이 주겠다, multiplicat) 했습니다. 신은 자신 안에서 희망을 보는 사람(spero in Domine)을 외면하지 않는다고 말합니다. 몸이 있어 일생을 고단하게 살겠지만 근심하거나 불안해하지(laborabunt) 않아도 된다고 말합니다. 인생이란 부단한 뜀박질의 연속이어서 쉬 지칠 수 있고 포기함으로써 자신의 삶에서 물러날 수 있지만(deficient; de+facio) 신은 그럼에도 삶을 살아가도록, 계속해서 삶을 만들어가도록 하겠다는 것입니다. 그래서 혹자는 말합니다. "숨을 쉬는 한 희망은 있다."(Dum spiro spero). "생명이 있는 한 희망이 있다."(Dum vita est, spes est).

삶을 살아가도록 세계를 만들고 그 속에 있는 모든 존재자들에게 숨을 불어넣은 존재가 보이지 않아도 모든 숨탄것들을 보면 설핏 그 존재가 보입니다. 그리고 그 위에 현존하는 존재를 알게 됩니다. 고개를 쳐들기도 힘들어서 지쳐 있는 경우도 있습니다. 그럼에도 삶의 고통보다 때로는 존재를 찾지 못할 때 일어나는 고통이 더 큰 법입니다. 인간이란 그렇습니다. 그럴 때는 하늘을 한 번 쳐다보세요!

(사 40,21-31)

입속 무한자의 말

때로는 사람의 말도 초월자가 하는 말로 들린답니다!

사람이 살다보면 지푸라기라도 잡고 싶은 심정이 들 때가 있습니다. 인간의 힘으로 풀 수 없는 난제에 가로막혀 있을 때가 그렇습니다. 더욱이 삶이 다급하면 허둥지둥하기도 합니다. 불치병, 난치병, 희귀병에 걸릴 때는 차라리 죽는 만 못하다는 생각을 할 것입니다. 숱한 인생의 고비를 넘기면서 살아가는 게 인생인데, 인간의 이 생로병사만큼은 사람을 참 힘들게 합니다. 태어난 것도 내 의지가 아니었는데 막상 어머니 자궁 밖으로 나와 보니 생은 녹록치 않으며, 늙어감에 따라 병은 찾아들고 마지막은 죽음이라니 복잡함 속에 단순함입니다. 그래서일까요? 니체와 라이너 마리아 릴케(Rainer Maria Rilke)의 연인이었던 동시대의 걸출한 여성철학자 루 살로메(Lou Andreas-Salomé)는 "삶이여 의문투성이 삶이여"라고 말했습니다.

아무리 죽음에 대한 철학적·신학적 해명을 그럴 듯하게 하고 위로를 잘 해서 두려움을 없애준다 해도 자기가 무(無)가 되는 것은 참을 수가 없습니다. 작고한 일본의 철학자 이케다 아키코池田晶子는 죽음을 무존재無存在, 무화無化라고 표현합니다. 종교인이니까 혹은 그리스도인이니까 그러한 철학자의 견해는 받아들일 수 없다고 간단하게 물리치지 말아야 합니다. 논리적이고 합리적이며 충분히 심사숙고한 사유의 결과로서 도출된 주장을 고민도 하지 않고 쉬운 결론에 도달한다는 것은 위험하기 짝이 없습니다.

병에 걸려도 마찬가지입니다. 우리는 병이 어디서부터 비롯되었는지 어떻게 하면 완치될 수 있는지 사실 완벽하게 알지를 못합니다. 의사나 과학자들이 다 규명했다고 할 수 없습니다. 병에 대해서 단언을 한다거나 주장하듯이 말하는 것(ait)은 참 위험천만한 일입니다. 신앙을 가진 사람이라도 그리 하기가 어려운 것을 목소리에 힘을 실어 긍정적으로 말한다는 것은 자신의 긍정이 아니라 '초월자에 대한 긍정'이기에 그렇습니다. 극복하기 어려운 일에 맞서서 오히려 초월자를 긍정한다는 것은 자신의 마지막을 거는 일입니다. 그런데 거기에는 말을 주고받으면서 말에 담긴 초월자의 의지를 신앙적으로 받아들일 수 있느냐 없느냐가 가장 큰 관건입니다. 다른 사람의 말이 내게 초월자의 말처럼 듣는 태도는 그가 나를 위해서 대신 아뢰는 기도와 같은 울림의 간절한 언어입니다.

이해인 수녀는 〈주일에 나는〉이라는 시에서

"주일에 나는/ 물방울 같은 언어를/ 하늘에 튕깁니다."(이해인, 내 혼에 불을 놓아, 분도출판사, 1984, 36)

라고 처음 말을 끄집어냅니다. 내가 힘들고 어려울 때에 누군가 나를 위해서 말을 건네는 것은 아픔의 시공간에 흩어지는 물방울과 같은 언어는 아닐까요? 주일이든 평일이든 종교인의 수많은 언어들은 대기 중에 흩뿌려져 누군가에는 희망이 되고 사랑이 되고 웃음이 되고 위로가 됩니다. 다만 우리가 그 말을 대기 중에 뜻 없이 내뱉는 한

갓된 소리에 지나지 않는다고 생각하지 않는다면 말입니다. 가장 힘들 때 그가 내게 말하는 소리는 나를 위해서 하늘에다 올려주는 구원의 언어입니다. 시인이 "튕긴다"는 생소한 언어를 사용했지만, 그 사전적 풀이는 "한쪽이 고정된 상태에서 다른 한쪽이 당겨졌다가 놓임으로써 본래의 상태로 힘있게 되돌아가다", "힘을 받아 눌렸다가 놓음으로써 힘있게 바깥으로 움직이다."는 뜻을 갖고 있습니다.

그런 의미에서 시인의 기도는 내게 있었다고 간주하던 힘이 원래의 자리로 돌아가는 운동성을 지닌 것처럼 묘사됩니다. 종교인 혹은 그리스도인이 사용하는 언어는 내게 있었던 말이 아닙니다. 그것은 앞에서도 언급했듯이 초월자에게 속한 것입니다. 설령 어렵고 힘겨운 상황에 놓여 있는 사람에게 말을 건넨다 하더라도 내 언어로 하는 것이 아니라 하늘의 언어로 하는 것입니다. 종교언어 또는 신앙언어란 그렇습니다. 아니 그러한 의식을 가져야 합니다. 같은 신앙인끼리가 아니라 하더라도 사람과 사람 사이에 오가는 말은 그냥 말이 아닙니다. 내가 그와 나누는 성스러운 말은 초월자가 부여해 준 원래의 말입니다. 신앙의 말이 진중해야 할 이유입니다. 그럴 때 내가 한 말을 받고 그 언어를 통해서 상대방의 변화가 일어납니다. 말의 힘입니다. 몸이 회복되거나 마음이 달라지는 현상의 기적을 경험하는 일은 그와 같은 언어의 신비한 힘 때문입니다. 나는 말을 하지만 반드시 상대방을 위해서 말을 하는 것은 아닙니다. 그 말은 원래의 주인에게, 최초의 자리로 돌려보는 것입니다. 시인의 튕김의 말뜻은 거부가 아니라 초월자의 수용과 인식의 미학입니다. 상대방도 말을 들을 때는 그 말이 초월자의 말이라고 생각하고 들어야 겸손과 신뢰와 인정의 사랑이 싹틉니다. 그러지 않고서는 상호변화가 일어나지 않습니다.

내 말의 무게는 가볍지만 초월자의 말은 무겁습니다!

내 말은 일순간의 감정과 불신 투성이지만 초월자의 말은 신뢰와 치유입니다.

"평소에 잃었던 나를 찾아들고/ 빈 집으로 오는 길/ 어둠이 깊을수록/ 잘 보이지 않는 당신 앞에/ 나는 허무를 쪼아먹는/ 벙어리 새입니다."(이해인, 내 혼에 불을 놓아, 36-37)

이해인 수녀의 시 2연聯과 3연입니다. 말이 왔던 내게서 말이 본래 있었던 자리로 돌려주는 초월자와의 대화를 끝내면 한동안 말을 받기 전까지는 침묵의 삶을 이어갑니다. 말을 주고받는 과정은 정신과 마음의 움직임이요 살아있음을 확인하는 과정입니다. 신앙인은 그런 절차를 예배 혹은 미사라고 합니다. 불교에서는 예불이라고 합니다. 말을 주고받는다는 것, 곧 초월자와의 대면을 통한 자기 확인이요 자신의 몸과 마음의 상태를 관조하는 절차입니다. 그 본래적인 모습을 되찾는 것이 치유요 회복입니다. 그럴 때 인간은 깊은 침묵으로 들어갑니다.

마음이 아프고 몸이 고통스러울 때는 가장 많은 언어를 표현하게 됩니다. 그것이 말짓이든 몸짓이든 손짓이든 발짓이든 온갖 기호로 자신의 상태를 나타내려고 합니다. 나의 상태와 삶의 상황은 보이지만 그분은 보이지 않기 때문입니다. 공허와 허무, 허탈과 어둠이 밀려오는 듯합니다. 아직 경험하지 않은 죽음보다 더 치욕스러운 질병이나 고통일 때는 더 심각합니다. 그 때는 나의 가벼운 감정적인 언어가 난무합

니다. 하지만 초월자가 나를 어루만져 주는 치유의 언어는 무겁습니다. 시인이

"내 생애의 어느 들판에/ 겸손의 들꽃은 필 것입니까."(이해인, 내 혼에 불을 놓아, 37)

라고 자책하는 듯한 어투로 되묻는 것은 초월자의 언어 속에 자신을 다 담기지 못한 미안함이 엿보입니다.

가벼운 감정적인 언어(성난, 화난: Iratus; irascor, 격분하다/ indignans, 괘씸하게 여기는, 못마땅하게 여기는)는 자신을 다치게 하지만, 초월자의 이름으로 기도하는(invocaret nomen) 진지하고 진정성이 있는 언어는 사람을 낫게(curaret) 합니다. 무한자의 사람이 하는 말(sermonem viri Dei)은 새로운 삶(restituta)을 살도록 합니다.

"뼈 마디 마디/ 내가 무거워 부서지는/ 안개빛 가루/ 죽은 이도 일어나 앉는 주일에/ 산 이들이 뿜어내는/ 뽀얀 한숨 소리/ 나는 하나인 당신을 위해/ 물방울 같은 기도를/ 하늘에 튕깁니다."(이해인, 내 혼에 불을 놓아, 37-38)

이해인 수녀의 이 시 마지막 5-7연 가운데 인상 깊은 시구는 "나는 하나인 당신을 위해" 언어를 성스러운 언어를 되돌린다는 것입니다.

사람이 평안하고 영육이 온전하려면 사람을 향한 언어나 기도가 아니라 하늘을 지향하는 언어로 초월자에게 드리는 말이 되어야 합니

다. 기도의 대상이나 말을 받는 궁극적인 존재는 사람이 아닙니다. 초월적 존재, 곧 초월자입니다. 그를 향해서 말하는 언어, 이성적 언어의 그 무게감이 힘들고 고통스러운 사람을 낫게 합니다. 순서가 바뀌면 안 됩니다. 인간이 사용하는 말의 기원은 초월자에게서 나온 것이니 그 언어를 부여해 준 존재와 마음을 맞추면 인간의 문제는 자연스럽게 해결됩니다.

우리의 말은 신과 교환하듯이, 신과 소통하는 것처럼 해야 합니다. 사람하고 말을 하더라도 무한자와 말하듯이 한 마디 또 한 마디 정성을 기울여야 그 말(logos)의 능력을 약자들, 그리고 정작 그 말을 필요로 하는 수많은 사람들에게 말의 기운을 줄 수 있습니다. 그러므로 말을 할 줄 모르는 사람은 조리나 논리나 어휘에 문제가 있는 아니라, 그 말의 기원을 잘 모르고 말의 신중함과 경중을 헤아리지 못하는 "말 한마디가 대포알 만 개도 당한다.", "말 한마디에 천금이 오르내린다.", "말 한마디에 천냥 빚도 갚는다"는 격언들이 그런 의미는 아닐까요?

(왕하 5,1-14)

기억을 못하는 것과 안 하는 것은 다릅니다!

사람들 속에 내재되어 굳어진 오래된 관념은 아마도 '내세관'일 것입니다. 죽고 난 이후에 나의 삶은 어떻게 되는가에 대한 궁극적인 질문을 찾기 위한 것이 종교가 되었을지도 모릅니다. 그리스도교도 예외는 아닙니다. 대부분의 그리스도인도 죽고 난 이후에 어떤 보상 개념에 따른 하늘나라를 생각하기 때문입니다. 하지만 신앙을 갖는다는 것은 내세를 보장받기 위한 것이 아닙니다. 신앙생활을 하겠다는 것은 가만히 살펴보면 종교학적으로 종교문화적 성격이 강합니다. 자신의 자발적인 결단에 의해서 어떤 종교를 갖게 되는 것이 아니라, 주변적인 여건에 따라서 습관과 관습에 따르다 보니 자연스럽게 종교인이 되는 경우가 허다합니다.

성서를 가만히 읽어보면 무한자는 내세에 대한 약속을 한 적이 없습니다. 이 땅에서 잘 살면 저 세상에 가서도 잘 살게 해주겠다는 매우 단순한 도식은 발견되지 않습니다. 어느 종교든 건전한 상식이 있고 건강한 종교성을 담고 있다면 항상 삶의 '지금 여기'(hic et nunc)입니다. 물론 신이 인간에게 후손에 대한 복을 이야기하거나 일정한 계약 관계를 맺겠다고 선언을 할 때조차도 인간이 지금 여기서 어떻게 사느냐에 따라서 결정됩니다. 인간의 삶이 타락을 하고 신이 설정한 신앙범주에서 벗어날 때는 후손이 보장 받을 수 있는 것은 아무것도 없다고 봐야 합니다. 그냥 습관적으로 교회당을 왔다 갔다 한다고 해서 내가 사라지고 나서도 후손들의 삶이 유전적으로 안정된 생명을 이어가지 않습니다.

죽고 난 이후에는 영혼(psyche, anima)과 육체(sarx, carnem)가 나누어진다고 믿을는지는 모르지만, 지금 여기에서 살 때는 온전한 몸(soma)으로 삽니다. 분리되지 않습니다. 지금 여기에서 통째로서의 몸으로 산다는 것은 정신과 살이 일치되는 삶으로서 오래 전 신이 우리에게 약속한 의미를 되새기면서 사는 것을 의미합니다. 이른바 성서적 기억입니다. 태곳적 인간이 인간으로서 살아야 되는 명분을 신이 준 것입니다. 그것은 생명과도 직결됩니다. 하지만 인간은 가능한 한 피(sanguine, 죽음)를 보지 말라는 이야기, 피는 곧 생명(anima)이니 조심하고 또 조심하라는 말을 허투루 새기고 있습니다.

이해인 수녀의 〈민들레〉라는 시를 읽어보겠습니다.

> "밤낮으로 틀림없이/ 당신만 가리키는/ 노란 꽃시계/ 이제는 죽어서/ 날개를 달았어요/ 당신 목소리로 가득 찬 세상/ 어디나 떠다니며 살고 싶어서/ 당신이 사랑하는 모든 사람/ 나도 사랑하며 살고 싶어서/ 바람을 보면/ 언제나/ 가슴이 뛰었어요/ 주신 말씀/ 하얗게 풀어 내며/ 당신 아닌 모든 것/ 버리고 싶어/ 당신과 함께 죽어서/ 날개를 달았어요"(이해인, 오늘은 내가 반달로 떠도, 분도출판사, 1986, 42-43)

낭만이 묻어나는 시어들이지만, 이 낭만은 때때로 비극이 동반되기도 합니다. 세계의 발견, 신의 발견을 위해서 자아로 파고드는 낭만적 맹아는 자기를 괴롭히고 비극적 결론을 맺게 되는 맹아 속에는 염세적인 그 무엇이 흐르게 되기 때문입니다. 무한의 열망은 커지고 개인의 감정은 강하게 분출됩니다. 자연 속에서 신의 의지는 새롭게 발견됩니다.

시인은 자연과 사물을 바라보며 오래 된 태곳적 사건을 동경(Heimweh)합니다. 성서의 언어가 인간에게 말을 걸어오면 까마득하게 잊고 있었던 생명이 살아납니다. 타자의 생명도 나의 생명과 같이 대하며 함부로 수단화하지 말아야 한다는 것이 신이 말한 이야기의 골자입니다. 이를 현재를 살아가는 나에게 들려주는 음성으로 받아들이고 다시 이행해야 하는 약속으로 떠올리는 것이 신앙입니다. 창세기의 작가나 시인 수녀의 생각도 다르지 않습니다. 인간은 사물이나 세계를 통해서 누구나, 어떤 생물도 존중받아야 할 가치가 있다는 그 노스탤지어(Fernweh)를 다시 꿈꿉니다. 시인의 말 중에서 새겨야 할 것은 "당신이 아닌 모든 것 버리고 싶어"라는 시구입니다. 말과 의지, 말과 생각이 다르지 않다면 우리가 동경해야 할 가치는 이미 신이 말한 생명 일반을 잘 사랑하면서 살아가라는 것이 아닐까요? 신 그 자체, 초월자 외에 사족이 될 만한 것들을 자꾸 덜어내면서 살아가는 삶, 그것이 진정한 신앙인의 모습이 아닐까요?

무한자가 인간과 맺은 언약을 다시 상기하십시오!

히브리인들은 신은 관대할 때는 한없이 넓은 아량을 베푸는 듯하지만, 정작 자신과 맺은 언약을 어기게 될 때는 냉혹하기 이를 데 없다는 사실을 경험적으로 알았을 것입니다. 앞에서 이해인 수녀가 말한 "밤낮으로 틀림없이/ 당신만 가리키는/ 노란 꽃시계/ 이제는 죽어서/ 날개를 달았어요/ 당신 목소리로 가득 찬 세상"은 흡사 신의 "언약" 혹은 "계약"을 떠올리게 합니다. 밤낮 없이 신을 가리키는 자연은 계약의 무시간성과 공간의 무경계성을 나타냅니다. 또한 그의 목소리는 사방 도처에서 들려옵니다.

신은 인간과 언약을 맺었을 뿐만 아니라 모든 생명체와도 계약을 맺었습니다. 계약으로 번역된 명사형 라틴어 pactum은 '협정', '약정', '조약', '언약'이라는 뜻도 가지고 있습니다. 같은 어원의 pango는 '시를 짓다', '글을 쓰다', '든든하게 고정시키다'와 같은 의미를 지닙니다. paciscor는 '계약하다', '합의하다', '혼인을 약속하다'는 뜻을 가리킵니다. 무한자가 퇴락한 인간 세계를 다시 회복하고 새로운 언약을 맺었다는 것은 시詩를 짓듯이 인간과 새로운 관계를 창조한 것입니다. 신과 인간이 혼인을 하듯이 처음에 맺었던 신뢰 관계를 약속한 것입니다. 사실 계약이란 서로 평등해야 합니다. 굴욕적이거나 수치스러운 계약은 계약이 아닙니다. 애당초 계약에 충실하지 못했던 인간이 다시 계약에 나설 수 있는 자격은 없습니다. 하지만 신은 인간에게 그 계약을 상기시키고 새로운 삶과 생명을 다시 지을 수 있도록 언약을 맺었습니다.

그러면 인간은 신을 생각하고 삶을 돌이키면서 지속적으로 새로운 삶을 살아가려고 노력을 해야 합니다. 하지만 인간은 또 언약을 잊어가고 있습니다. 세계를 지배하고(manui, 여성명사) 정복하라(dominamini)는 말에만 충실할 뿐 언약의 본질은 망각하고 살아갑니다. 지배나 정복은 폭력적인 개념으로만 번역할 뿐, 신이 만든 세계를 얼마나 아름다운 작품으로 완성시킬 것인가에 대한 생각은 전무합니다. 지배는 위임된 주권자의 제한된 권력일 뿐입니다. 지배는 달리 어떻게 하면 이 세계가 하나의 가족과 같은 거처(domus)가 되게 할 것인가, 어떻게 하면 이 세계가 집과 같은 보금자리가 되게 할 것인가에 초점이 맞춰져야 합니다. 그런데 인간의 잇속으로 세계는 황폐하고 자기 욕심만을 차리기 바쁩니다. 언약의 주체가 되었던 존재가 파기도 일방적으로 할 수 있다는 사실을 기억해야 합니다. 언약은 모든 존재자들에게 다 해당됩니다(omnem animam viventem, omnem carnem super terram).

계약은 사이에(inter)에 있습니다. 무한자와 인간 사이, 무한자와 숨 타는 모든 존재자 사이에 세워진 것입니다. 시공간 안에(inter) 있는 존재자들은 무한자와 계약 관계에 있습니다. 신은 언약을 맺지 않아도 전혀 상관이 없습니다. 하지만 신은 인간을 어여삐 여겨 다시 계약을 맺었습니다. 계약은 보호이며 약속입니다. 사랑이고 배려입니다. 계약은 결코 지워지지 않는 [契: '맺다'나 '언약하다', '새기다'라는 뜻을 가진 글자. 契자는 大(큰 대)자와 㓞(새길 계)자가 결합한 모습입니다. 㓞자는 칼(刀)로 목판에 무늬(丯)를 새기는 모습을 그린 것으로 '새기다'라는 뜻을 갖고 있다. 이렇게 목판에 무늬를 새기는 것은 지워지지 않는 굳은 결의를 연상케 했습니다]신과 모든 존재자들과의 연결이요 묶음[約]입니다. 그 계약에 어느 존재자도 예외로 하지 않았다는 것이 중요합니다.

계약이 다시 성사되었다 하더라도 마음대로 할 수 없습니다. 계약에는 일정한 책임과 의무가 뒤따릅니다. 계약을 체결한 신의 뜻에 부합하지 않는 상황이 발생하면, 그 계약은 결국 무효가 됩니다. 다시 인간의 파국이 초래될 수밖에 없습니다. 그렇다면 태곳적 어느 시공간에서 무한자는 계약 취소의 상징인 대홍수의 징벌을 내리셨지만, 이번에는 어떤 처벌이 내려질지 아무도 모릅니다. 따라서 인간은 끊임없이 신과 맺은 계약을 기억해야 할 뿐만 아니라 사방에서 들려오는 그 계약의 목소리에 귀를 쫑긋 세워야 합니다. 그리고 시를 짓듯이 신앙인답게 자신의 삶에 한 올 한 땀 정성을 다해야 할 것입니다.

(창 9,1-17)

노출의 계약: 초월자[宗祖]를 각인刻印한 피부-몸의 응시

나는 초월자를 통해서 나를 봅니다!

모름지기 인간이란 이성적 동물이자 감성적 동물입니다. 인간은 감각기관을 가지고 있으면서 그 감각을 통해서 외부의 잡다한 질료(재료)를 경험하고 인식합니다. 그렇게 삶은 감각적 경험들이 축적됨에 따라 그 진리의 넓이와 깊이도 사뭇 달라집니다. 이해인 수녀는

> "나무 안에 수액이 흐르듯/ 내 가슴 안에는/ 늘 시가 흘러요/ 빛깔도 냄새도/ 말로는 다 설명할 수 없어/ 그냥 흐르게 놔두지요/ 여행길에 나를 따라오는 달처럼/ 내가 움직일 때마다/ 조용히 따라오는……/ 슬플 때도/ 힘이 되어 주는 시가 흘러/ 고마운 삶이지요"(이해인,〈시의 집〉, 여행길에서, 박우사, 2001, 26)

라고 노래합니다.

시인이 시어를 내뱉는 것은 작위적, 인위적이지 않습니다. 그것은 시인의 마음에 늘 시적 감성과 언어가 꿈틀대기 때문입니다. 시가 논리적이기보다 감성적으로 다가오는 것은 세계에 대한 직관적 언어를 사용하기에 그렇습니다. 가슴에 시가 흐른다는 것은 시인이 가지고 있는 숙명적 기운입니다. 신앙인에게도 일종의 숙명적 흐름들을 느낄 수

있는가 혹은 없는가에 따라서 그 신앙의 색깔이 달라집니다. 유대인이든 그리스도인이든 모두 함께 아브라함의 신앙적 대열에 있는가, 하는 물음에는 답하기 어렵습니다. 왜냐하면 단순히 신앙언어를 구사한다고 해서 아브라함의 신앙적 흐름 속에 있다고 말할 수 없기 때문입니다.

이와는 달리 신앙인의 숙명은 다 포착할 수 없는 초월자의 응시(gaze), 곧 "나와 너 사이에"(inter me et te)라는 말에서 발견할 수 있습니다. 응시란 사전적인 의미로 "시선을 한곳으로 모아 집중해서 뚫어지게 바라봄"을 뜻합니다. 이렇게 초월자와 나, 나와 너 사이에 흐르는 초월자의 계약적 응시를 느끼는 사람만이 아브라함의 신앙적 대열에 서 있다고 할 수 있습니다. 각각 신앙인의 맘에 숙명적인 고백언어, 신앙언어가 도사리고 있다고 하더라도 말로는 다 표현할 수 없습니다.

그럼에도 초월자와 나 사이에 흐르는 아브라함을 쳐다보았던 초월자의 응시를 느낀다면, 그것을 통해서 나는 아브라함의 신앙적 대열에 있다는 것을 확인할 수 있습니다. 아브라함의 신앙적 계보는 그분의 응시를 통해서만 보입니다. 내가 그분의 응시에 노출되어 있는가, 그리고 그 응시를 통해서 나는 초월자를 보고 있는가가 결정적으로 아브라함의 신앙적 연속선상에 있다는 고백을 할 수 있습니다. 응시의 주체는 내가 아닙니다.

내가 응시하는 것이 아닙니다. 초월자가 나를 응시하는 것입니다. 시인의 시어는 삶의 연속적인 장소와 시간성의 구석구석을 밝혀주는 긴 과정들과 함께 합니다. 시인은 그것을 여행이라고 표현합니다. 특정한 장소와 시간에서 내가 그를 보는 것이 아니라 나를 응시하는 그 사건의 연속이 여행입니다. 늘 따라다니는 초월자의 응시를 느끼는 신앙적 감성이나 시어의 흐름을 포착하는 시인의 감성이 크게 달라 보이지 않습니다. 장소와 시간성 사이를 일컫는 라틴어 inter가 역으로 그 응시를 읽어내도록 하는 말입니다.

내가 사는 지금이라는 시간성에는 그 시간성을 묻고 있는 터, 즉 장소를 말하지 않을 수가 없습니다. 초월자가 아브라함을 주시하고 응시했던 그 시간성과 장소가 곧 나의 시간성과 장소와 교차되는 것도 바로 신앙이라는 공통분모가 있기 때문입니다. 그것이 초월자의 응시를 통해서 다시 초월자를 만날 수 있는 시선이 되고, 그 보여지는 아브라함의 모습 속에서 나의 신앙적 현주소를 알아차리게 됩니다.

시어는 시인의 마음이 보여지는 역할을 합니다. 그가 응시하는 것이 아니라 시어가 시인을 응시하는 것입니다. 시인은 자신의 내면에 흐르고 있는 시어를 통해서 세계를 인식합니다. 마찬가지로 초월자의 응시는 그것을 느끼는 신앙인에 의해서 아브라함과 맺은 계약이 곧 나의 계약이 될 수 있다는 것을 알게 됩니다. 거듭 강조하거니와 내가 초월자를 응시하는 것이 절대로 아닙니다. 그리 할 수도 없습니다. 초월자가 나를 향해서 응시 할 때만 나는 그 눈을 통해서 초월자의 시선 속에서 나 자신이 보여질 뿐입니다. 응시하는 그 눈을 좇아가지 않는 한 결단코 나의 신앙적 족보가 아브라함과 맞닿아 있다고 고백할 수가 없습니다. 지금, 나는 초월자의 응시에 의해서 어떻게 보여지고 있는 것일까요?

내가 보는 것은 내가 아닙니다!

성서는 간혹 사람을 부를 때, 불러야 할 이름(erit nomen)과 부르지 말아야 할 이름(non vocabis nomen)을 명확하게 주지시킵니다. 대부분의 문화권에서 종종 호칭의 변화는 신분이나 정체성이 바뀌는 것을 의미합니다. 새로운 관계가 맺어지는 것을 뜻하기도 합니다. 존재(있음)와 연관된 라틴어 erit는 sum 동사의 미래 시제입니다. 이름이 부여되기 전과 후는 다릅니다. 이름이 없거나 불확실할 때는 몸은 있으되 살고 있거나 존재하고 있는 것이 아닙니다. 가치가 있거나 소속해 있는 것도 아닙니다. 초월자가 아브람을 아브라함으로, 사래를 사라로 바꿔 부를 것이라고 말했다는 것은 그 이름을 부여해 준 존재에게 속했다는 것을 나타내줍니다.

히브리인들은 초월자와 계약을 맺으면서 몸에 표식을 남겼습니다. 이른바 할례(Circumcidetur)라는 것이 그것입니다. 몸의 표식을 다르게 한다는 것도 몸을 통해서 드러내는 표식 그 자체보다 궁극적 존재가 더 중요하다는 것을 의미합니다. 그렇게 해서 표식을 한 피부-몸을 볼 때마다 사람들은 초월자(의 약속)를 기억하고 생각합니다. 피부-몸을 응시할 때마다 최초의 근원을 생각할 것이며 신앙의 본처本處를 떠올리게 될 것입니다. 할례라는 몸의 표식은 신앙의 중심이 아닌 것에는 관심조차 두지 말라는 듯이 주변과는 담을 쌓도록 만든 조처이기도 합니다.

인도에서 신을 지칭하는 단어는 데바(deva)입니다. 이 말은 달리 '준다'는 뜻을 갖고 있습니다. 데바는 인도유럽어족의 산스크리트어로서 그리스어 데오스(Theos)와 라틴어 데우스(Deus)로 분화되었을 것입니다. 초월자는 자신을 내어주는 존재라는 것이 의미심장합니다. 이해인 수녀는〈보고 싶다는 말〉이라는 시에서 이렇게 말합니다.

"생전 처음 듣는 말처럼/ 오늘은 이 말이 새롭다/ 보고 싶은데....../ 비오는 날의 첼로 소리 같기도 하고/ 맑은 날의 피아노 소리 같기도 한/ 너의 목소리/ 들을 때마다/ 노래가 되는 말/ 평생을 들어도/ 가슴이 뛰는 말/ 사랑한다는 말보다/ 더 감칠맛 나는/ 네 말 속에 들어 있는/ 평범하지만 깊디깊은/ 그리움의 바다/ 보고 싶은데....../ 나에게도/ 푸른 파도 밀려오고/ 내 마음에도 다시/ 새가 날고......"(이해인, 외딴 마을의 빈집이 되고 싶다, 열림원, 1999, 66-67)

보고 싶다는 마음을 가질 때는 내가 그/그녀를 보고 싶어서가 아닙니다. 내가 나 자신을 보고 싶다는 역설(반어적 표현)입니다. 타자를 통해서 나를 보는 응시와 나의 확인이 보고 싶은 간절한 마음이 드는 것입니다. 몸을 보든 마음을 보든 타자를 통해서 내가 누구인지 확인이 되기 때문에 타자를 보고 싶다는 지향성을 갖습니다. 그렇다고 나 중심이라고 말을 하려는 것이 아닙니다. 오히려 나는 너를 통해서 완전해질 수 있다는 말입니다. '사랑한다'는 말보다 더 애틋한 감정 표현은 '보고 싶다'는 말입니다. 그 목소리를 들을 때는 가슴이 설렙니다. 마음이 쿵하고 울립니다.

몸 깊은 곳에 아로 새겨진 새로운 흔적을 통해서 내내 몸을 들여다 볼 때 그 몸은 나의 몸이라고 확신하는 것은 타자와 만날 때입니다. 몸의 각인과 표식은 타자가 확인을 할 때 내 몸인 것을 알게 됩니다. 나의 몸은 내 것이니 내 몸에 새긴 어떤 표식도 내 것이라고 말할 것입니다. 하지만 그 표식은 보고 싶은 이에게 보여주는 표식이 아닌 이상 그저 치장에 지나지 않습니다.

히브리인들이 한 몸의 표식은 치장이 아닙니다. 그것은 보여주어야 할 약속입니다. 몸의 표식을 보여줌으로써 비로소 사랑한다는 말보다 더 강렬한 약속과 신뢰를 획득합니다. 응시에는 보고 싶다는 열정적인 생각(obtutus)도 포함됩니다. 내 몸을 내가 보고 있더라도 내가 보는 것이 아닙니다. 응시의 주체인 초월자가 보는 것입니다. 표식이 단순한 상징성이라면 의미가 없을 것입니다. 하지만 내 몸의 표식은 그에게 보여줌으로써 내가 너와 계약을 맺었다, 라는 목소리를 듣고 싶어하는 존재를 위한 것입니다.

몸의 표식은 초월자의 몸을 알현謁見하는 것입니다. 몸의 표식, 그것은 결국 초월자에 대한 기억이든 아니면 인류학적 남성성/여성성의 표식이든 초월자를 보는 또 하나의 방식이라는 것을 이미 히브리인들은 알았던 것 같습니다. 그들에게 표식은 단순히 종교적 의식儀式 혹은 종교적 의례儀禮가 아니라 초월자의 각인입니다. 피부-몸은 신과 인간이 공명共鳴하는 몸을 통해 약속이 이루어집니다. 몸의 정직성이 구원을 이루게 합니다. 생명-몸, 계약-몸이 되기 위해서는 경계의 표피를 잘라 내고 비신앙적 경계의 몸에서 신앙적 몸의 형태로 재조직되어야 합니다.

그간에 노출되지 않았던 몸을 구성하는 피부-몸이 찢겨지고 살점이 벗겨지는 순간 피의 분말이 시공간 속에 흩어집니다. 그와 같은 통증의 기억이 없이는 약속과 구원이 없습니다. 터키 출신 오르한 파묵(Orhan Pamuk)이라는 작가의《내 이름은 빨강》이라는 소설을 잘 알 것입니다. 그 소설에서 이슬람 예술가는 "보는 것은 기억"이라고 말합니다. 그런 의미에서 내가 보는 혹은 내가 보여지는 피부-몸은 초월자의 기억입니다. 초월자의 약속의 각인입니다. 그럼으로써 찢기고 벗겨지는 고통스런 영혼보다 무의미의 표피가 새로운 의미의 피부-몸으로 전환된다는 게 더 중요합니다. 그것은 내 피부-몸이 내 소유가 아니라 초월자의 소유, 초월자-몸의 각인이라는 데 있습니다. 이제 피부-몸은 더 이상 자신의 것이 아닙니다.

몸의 표식은 초월자의 목소리가 들리는 흔적이요 사랑 이상의 그리운 감정이 담긴 신앙적 상징성입니다. 이것을 개념화해서 말한다면 신앙의 미학화, 몸을 통한 신의 미학화라고 표현할 수 있습니다. 히브리인들에게 명령한 몸의 표식은 나의 몸을 통한 초월자의 인식이었습니다. 그렇다면 오늘을 살아가는 나의 새로운 신앙의 표식은 무엇인지 물음을 던져보아야 합니다. 초월자에게 새롭게 보여짐으로써 당신과 밀접한 관계라고 생각하는 그 마음의 표식을 나는 가지고 있는 것일까요?

앞에서 시인이 말한 '보고 싶다'라는 말의 주체는 나의 마음의 표식이 분명할 때 가질 수 있는 신앙적 감정입니다. 동시에 궁극적 존재가 나에게 말을 걸어오면서 내 마음을 들여다보기 위해 계약의 증표로 삼을만한 마음의 표식을 보고 싶다는 초월자의 목소리일 수도 있습니다. 지금, 우리는 그것을 가지고 있는 것일까요? 우리는 그것을 노출시키고 있는 것일까요?

(창 17,1-16)

아름다운 불평

데칼로그(Decalog)는 무한자가 이미 인간의 마음을 알아버린 편지입니다!

사람들은 데칼로그(Decalogus, 十誡命)라 하면 흔히 신이 인간에게 명령한(praecepta) 열 가지의 '하라'/'하지마라'(fac/non) 투의 문장을 떠올립니다. 명령에는 명령의 주체가 있고 그 명령을 따라야 하는 객체의 관계가 설정되어 있습니다. 강요, 강제, 구속이 수반됩니다. 하지만 명령이 주체의 지배 의지만 있는 것은 아닙니다. 한 존재가 일정한 울타리에서 평화롭고 안전하게 살아가도록 만들어 주는 보호 장치의 역할을 합니다. 주체의 의지가 선하다는 전제에서 보면 말입니다. 그런 의미에서 신은 인간의 유한성과 한계를 잘 알기 때문에 하라/하지마라, 라는 정해진 틀을 부여해 준 것입니다.

인간의 본성에 속해 있는 말(sermones), 얽히고 꼬인 말(sero)을 오히려 아름답게 나열한 최소법이 데칼로그입니다. 개념과 개념, 단어와 단어, 긍정과 부정을 적절하게 이끌어내어 새롭게 엮은(sero) 것입니다. 이해인 수녀는 〈우정일기〉라는 글에서 이렇게 말합니다.

"'내 마음에 있는 말을 네가 다 훔쳐가서 나는 편지에도 더 이상 쓸 말이 없다'며 너는 종종 아름다운 불평을 했지? 오랜만에 네게 편지를 쓰려고 고운 편지지를 꺼내놓고 생각에 잠겨 있는데 '무슨 말을 쓸거니?' 어느 새 먼저 와서 활짝 웃는 너의 얼굴. 몰래 너를 기쁘게 해주려던 내 마음이 너무 빨리 들켜버린 것만 같아서 나는 더 이상 편지를 쓸 수가 없구나."(이해인, 꽃삽, 샘터, 2002, 156)

오랜 친구 사이는 나의 맘과 말을 아주 잘 압니다. 내가 말하지도 않아도 벌써 내가 무슨 말을 할지 다 아는 사이입니다. 내가 글을 써서 편지를 붙이기도 전에 이미 친구는 내 마음을 훤히 들여다보고 미소를 띱니다. 친구의 말이나 내 말이나 서로 한마음인 것입니다. 시인이 친구와 나눈 우정의 마음과 무한자가 인간에게 주고 싶은 자비심이 데칼로그에 나타난 것과 교차되는 듯합니다.

데칼로그는 일종의 인간의 마음을 미리 읽어버린 무한자의 일기입니다. 인간의 마음속에 있는 말을 무한자가 다발로 묶어낸(sero) 인간과의 공동일기이기도 합니다. 인간은 살아가면서 정말 정성을 다해야 할 것이 있습니다. 반면에 반드시 해서는 안 될 것이 있습니다. 그런데 인간은 종종 자신의 손익을 따져 비인간적으로 행동하곤 합니다. 인간이 지닌 이 알량한 마음을 신이 알기에 자신이 정한 범주적 자유의 말법(문법)을 만든 것입니다. 인간의 삶의 문법이 바로 데칼로그입니다. 인간의 신앙문법이 데칼로그입니다. 그러므로 인간의 속마음이 들켜버린 것입니다. 인간의 자기 의지와 의식의 반영이 속마음-속말이므로 신이 대신 정리해서 실수와 반역과 무질서와 폭력을 막아보겠다는 신의 의지가 언어화된 것이 데칼로그입니다. 말을 빼앗겼다기보다 나열, 배열, 정리하여 순차적으로 인간의 말을 밝혀준 것입니다. 설령 그렇더라도 인간이 불평이 없을 수는 없습니다.

신은 데칼로그를 통해서 나의 마음의 말, 나의 바람의 말을 대신 이끌어내어 줍니다. 데칼로그는 나의 법칙(praeceptum)이 되어야 할 말을 밝혀줍니다. 그저 구속이나 속박이 아닙니다. 진정한 신의 법칙이 나의 법칙이 되어야 할 말이니 신의 마음과 나의 마음이 만남이요 해방과 자유의 말입니다. 없었던 마음을 새롭게 만든 것이 아닙니다. 마음을 생기게 만들어 새로운 신의 법칙에 따라 살아야 한다는 것을 깨우쳐 준 글(문자)입니다. 짧지만 단호한 글은 사람을 사랑으로 대하고 자연(우주)을 아끼는 주인의 마음이 담겨 있습니다.

그래서 글(문자) 명령은 신의 다가옴입니다. 슬그머니 조용히 다가오는 신의 모습의 일부입니다. 문자로, 소리로 다가오는 신의 법칙은 인간이 어떻게 살아야 하는가를 알려줍니다. 인간의 삶에 대한 신의 충고라 해도 과언이 아닐 정도로 엄밀합니다. 고대 그리스 철학자 에피쿠로스(Epicouros)는 "이 세상에서 가장 쉬운 일은 남에게 충고하는 일이고, 가장 어려운 일은 자기 자신을 아는 일이다."라고 말했습니다. 데칼로그는 신의 명령을 지키고 안 지키고를 넘어서 그 문자나 목소리로 다가오는 신의 법칙을 통해 자기 자신을 알게 되는 매체입니다. 문자를 통해서 신을 알게 되는 것입니다. 신의 (문자적) 법칙을 통해서 자기 자신을 들여다봅니다.

인간이 스스로 자기 자신을 깨닫는다면 얼마나 좋을까요? 하지만 우리는 자기의 본성을 왜곡된 시선으로 봅니다. 따라서 맑은 눈으로 자기를 볼 수 있는 다른 눈이 필요합니다. 데칼로그가 그 역할을 합니다. 명령과 복종의 관계를 나타내는 말이 아닙니다. 명령은 자기 명령이어야 합니다. 신의 법칙을 완전히 내면화한다면 인간이 그렇게 살아갈 수 있습니다. 그럴 때 신의 법칙이 우리의 기록이요 역사가 됩니다.

신은 인간의 마음을 빼앗아 오로지 자신의 시간과 역사를 쓰는 게 아닙니다. 단지 인간이 가진 신의 법칙을 알아차리도록 해 줄 뿐입니다. 인간의 삶이 삶답게 되도록 하기 위한 신의 율법, 말결, 결말입니다.

데칼로그는 열 개의 기도이자 인간의 몸과 마음의 범주입니다!

데칼로그의 언어나 그 목적은 꼭 신상필법에만 있지 않습니다. 그것은 말로서 옆에 서서 지켜줌입니다. 말은 그렇게 흘러갑니다. 신의 말은 마음과 삶으로 흘러들어갑니다. 말은 미끄러져 인간의 마음과 삶으로 녹아들어갑니다. 이해인 수녀는

> "아무도 모르게 숲에 있어도 나무와 나무 사이를 뚫고 들어와 나를 안아주는 햇빛처럼 너는 늘 조용히 온다. 네가 평소에 무심히 흘려놓은 말들도 내겐 다 아름답고 소중하다. 우리집 솔숲의 솔방울을 줍듯이 나는 네 말을 주워다 기도의 바구니에 넣어둔다."(이해인, 꽃삽, 샘터, 2002, 157)

고 읊고 있습니다.

열 개의 신의 바람(spes)이 사람들에게 흘려줍니다. 사람과 사람이 서로 흘려주면서 주고 받는 것이 편지나 일기라면, 그것은 고요하고 조용한 기도와도 같습니다. 라이너 마리아 릴케는 "경쟁심이나 허영심이 없이 다만 고요하고, 조용한 감정의 교류만이 있는 대화가 가장 행복한 대화다."라고 말했습니다. 데칼로그는 사람의 맘을 말로 안아줍니다. 보듬어줍니다. 일방적 명령 같지만, 실제로는 조용한 대화

(sero)요 기도입니다. 신이 한 처음에 말로서 인간을 빚었다면, 데칼로그는 인간을 지속적으로 돌보는 말, 새롭게 반죽하여 인간과 공동체를 직조/ 형성시킵니다.

데칼로그는 대화(dia-logue; sero)요 기도입니다. 삶이 흘러가도록 해주는 역할을 합니다. 데칼로그의 말은 무한자와 인간의 거리를 가깝게 하고, 인간과 인간의 거리나 자연과 인간의 거리를 가깝게 합니다. 신의 말이 흘러서 삶으로 스며들어갈 때 삶이 삽니다. 데칼로그는 살고 죽게 하는 칼과 같은 날카로운 쇳조각이 아닙니다. 데칼로그의 말은 물과 같은 삶-결을 가지고 있습니다. 데칼로그의 말은 삶을 새롭게 비춥니다. 말은 대상을 비추는 빛입니다. 말이 빛이라는 것은 기도로서의 말을 통해 빛으로 간다는 의미입니다. 데칼로그가 기도가 될 수밖에 없는 이유입니다.

기도는 말로서 참 빛을 찾아가는 방편입니다. 데칼로그는 열 개의 기도 문장文章으로 구성한 것입니다. 기도가 명령처럼 보이나 그 말을 되새기고 체현하는 것은 신의 현현입니다. 신의 빛에 거함입니다. 신의 빛으로 살기 위해서 만든 열 개의 문장을 통해서 신을 감싸 안아야 합니다. 데칼로그는 신의 법칙으로 인간을 보듬어줍니다. 그냥 말이 아닙니다. 피상적인 말이 아닙니다. 말에 신의 정신이 담긴 언어요, 신이 담긴(내포된/품은) 언어입니다.

완성된 형태의 문자로서의 기도는 신의 마음을 (바라)봄입니다. 문자를 통해서 봄입니다. 문자를 통해서 비춥니다. 문자를 통해서 서로 마주 비춤입니다. 문자 사이에서, 문자 너머에 있는, 문자 벽을 통해 신의 빛, 신의 모습을 봅니다. 문자를 통해서 문자가 신을 보여줍니다. 문자가 다시 인간을 읽고, 인간을 봅니다. 데칼로그는 인간과 무한자의 관계에서는 투명한 유리이며, 인간에 대해서는 맑고 깨끗한 거울입니다.

혹자의 말을 빌린다면 "거울은 형상이 없이 맑기만 한 비추는 성품과 거기에 비추어진 그림자로 이루어 것"입니다. 거울이 나를 수렴해서 비춰주지 않으면 거울에는 그림자도 나타나지 않습니다. 수렴하는 주체가 있어야 비춰지고(reflectere) 자각됩니다. 이 때 주체는 타자가 됩니다. 타자에 의해서 내가 주체라는 것을 인식합니다. 거울이 거울이 될 수 있도록 '나'라는 주체가 먼저 정립되어야 그 그림자가 참이 아니라는 사실을 알 수 있습니다. 마주 비춤, 마주 보임이 되어야 상호인식이 가능해집니다. 문자가 거울 역할을 한다고 할 때 문자를 보면 내가 보인다는 의미입니다. 하지만 문자는 내가 아닙니다. 나는 문자 너머의 존재와 조우하고자 합니다. 이 때 문자 너머의 존재는 자기를 '계시'啓示해야 합니다.

넘어서 보고 비춰서 보는 게 데칼로그입니다. 데칼로그를 기도라 할 때, 그렇기 때문에 대화의 성격이 있는 것입니다. 마주 비춤, 마주 봄의 가능성이 열리는 문자 이상의 의미가 있습니다. 데칼로그는 따라 살면서 지킬 때 보는 것이고, 그 몸짓에서 말로서 조용히 신의 다가옴, 신의 보듬음을 보는 것입니다. 데칼로그의 문자를 눈을 떠 쳐다볼 때 무한자를 봅니다. 열 개의 문장 이면裏面의 신비는 바로 이런 데 있습니다.

> "흔들리지 않고 피는 꽃이 어디 있으랴/ 이 세상 그 어떤 아름다운 꽃들도/ 다 흔들리면서 피었나니/ 흔들리면서 줄기를 곧게 세웠나니/ 흔들리지 않고 가는 사랑이 어디 있으랴/ 젖지 않고 피는 꽃이 어디 있으랴/ 이

세상 그 어떤 빛나는 꽃들도/ 다 젖으며 젖으며 피었나니/ 바람과 비에 젖으며 꽃잎 따뜻하게 피웠나니/ 젖지 않고 가는 삶이 어디 있으랴."

도종환의 〈흔들리며 피는 꽃〉(전국국어교사모임 엮음, 문학시간에 시 읽기1, Humanist, 2013, 114)이라는 시입니다.

사람은 인생 풍파 몰아치면 한 송이 연약한 꽃보다 더 심하게 흔들립니다. 수시로 그런 삶을 맞이합니다. 그것이 인생입니다. 다행히도 신앙인에게는 데칼로그라는 좌표가 있습니다. 그래서 인간의 몸과 마음을 범주화해서 흔들리더라도 다시 붙잡아 줄 신의 법칙은 인간에게 영원히 아름다운 불평이 되는가 봅니다.

(출 20,1-17)

꿈을 위한 변명

고통 없는 꿈은 없습니다!

꿈은 현실이 아닙니다. 꿈은 비현실이요 아직-오지-않은 현재입니다. 아직-오지-않았다는 것은 반드시 그것이 오기까지의 과정을 거쳐야 그 결과를 이룰 수 있다는 의미입니다. 꿈의 결과만을 놓고 보았을 때는 매우 이상적이고 기대할 만한 일입니다. 하지만 기대한 결과가 나타나기 위해서는 그 과정이 어떠해야 하는가에 대한 진지한 사유가 없으면 안 됩니다. 과정이 있어야 그 꿈을 제대로 이룰 수 있다는 것입니다. 꿈을 이루기 위한 과정은 지난합니다. 달콤하기만 하지 않습니다. 꿈의 단잠에 빠져 헤어나지 못하면 현실감각이 없이 살아갑니다. 그냥 꿈만 꾸기 때문입니다. 꿈을 꾼 사람이 그 꿈을 향해 나아간다는 것은 매우 중요합니다. 현실의 고통, 즉 꿈을 이루기 위한 과정 속에서 맞닥뜨리는 고통을 외면하지 말아야 합니다.

이집트에서 탈출한 약 3,000명의 히브리인들에게는 배고프고 피곤한 삶의 여정이 시작되었습니다. 그들에게 가나안 땅을 위한 행진은 분명히 좋은 꿈이었습니다. 과정이 어떻게 전개될지 아무도 몰랐을 것입니다. 단지 어떻게든 이집트에서 탈출하는 것만이 최대의 과제라고 생각했을 것입니다. 탈출 이후의 목적지가 있었기 때문이기도 했지만 가나안으로 들어가는 여정이 얼마나 험난할 것인지에 대해서는 깊게 생각하지 않았을 수도 있습니다. 광야는 배고픔과 목마름, 더위와 추위, 강한 바람, 누추함과 불편함 등을 고스란히 견뎌야 하는 곳입니다. 당연히 과거의 고착화된 이집트 노예생활이 더 낫다고 생각했을 것입니다. 단꿈에 부푼 감정은 잠시뿐, 지속되고 누적된 광야의 거친 행군의 과정이 더 크게 다가왔을 게 빤합니다. 불평과 불만이 터져나옵니다. 자신들을 구원한 야훼와 지도자의 원망도 커져갑니다. 급기야 참지 못한 야훼는 히브리인들에게 또 다른 징벌을 내립니다.

꿈을 이루는 과정, 그리고 가나안이라는 가장 안락한 목적지, 행복한 삶을 위한 정착지는 멀게만 느껴지는 것은 과정이 고통스럽기 때문입니다. 이해인 수녀의 시를 읽으면 언하변오(言下便悟, 혹은 言下大惡)할 것 같습니다.

> "아직 살아 있기에/ 꿈을 꿀 수 있습니다/ 꿈을 꾸지 말라고/ 강요하지 마세요/ 꿈이 많은 사람은/ 정신이 산만하고/ 삶이 맑지 못한 때문이라고/ 단정 짓지 마세요/ 나는 매일/ 꿈을 꿉니다/ 슬퍼도 기뻐도/ 아름다운 꿈/ 꿈은 그대로 삶이 됩니다"(이해인,〈꿈을 위한 변명〉, 외딴 마을의 빈집이 되고 싶다, 열림원, 1999, 16)

꿈이 아름다운 것은 살아 있기에 그렇습니다. 꿈을 꾸는 사람이 아름다운 것이 아닙니다. 꿈 자체가 이상적인 아름다움을 갖고 있습니다. 그래서 꿈은 좋은 것입니다. 꿈을 갖고 있는 사람이 아름다울 수 있는 것은 그 꿈을 이루기 위한 과정조차도 인내하기 때문에 그렇습니다. 그러한 과정이 없이 꿈을 꾸고 있다고 말할 수 없습니다. 고통스러운 과정 속에서도 꿈을 잃지 않아야 그 꿈의 본질을 생각하고 있는 사람이 아름답고 훌륭하게 보이는 법입니다.

잠시잠깐이라도 불행하지 않을 때 우리는 행복하다고 말합니다. 늘 행복하다면 행복이라는 가치도 큰 의미를 두려고 하지 않을 것입니다. 꿈은 곧 삶이 됩니다, 라는 시인의 표현은 꿈과 삶이 교차되는 행복과 불행이라는 경계에 대한 그 고통을 이미 초탈한 듯합니다. 꿈을 꾸는 과정과 그것이 현실로 나타나는 그 결과 사이의 심연에는 고통스런 광야의 시간을 견뎌내야 합니다. 그 꿈의 현실이 멀리 있더라도 말입니다. 그렇지 않으면 삶은 더 구렁텅이로 빠집니다.

성서에는 노예의 삶에서 해방시켜주고 더 좋은 삶의 행복을 맛보게 해주겠다고 약속하며 그 여정을 인도했던 야훼와 모세를 향해서 원망한 히브리인들에게 불뱀을 보내 죽게했다는 기록이 나옵니다. 여기서 '불뱀'을 뜻하는 라틴어 'ignitos serpentes'는 뜨거운(불붙는) 기어다니는 존재, 파행을 일삼는 존재(악마), 간악한 존재자로 의역할 수 있습니다. 실제의 뱀을 상징할 수 있습니다만, 삶의 질곡들과 내면이 고요한 상태가 아닌 끊임없이 동요하는 인간 자신의 모습을 형상화했을 수도 있습니다.

"고대 메소포타미아나 지중해 지역에서는 뱀이 대지大地의 여신女神으로 상징되었습니다. 기원전 4,000-1,600년경까지의 유물이나 유적에서 뱀은 항상 숭배의 대상으로 등장합니다. 그러나 기원전 1,500-1,600년경에는 이러한 뱀을 죽이는 새로운 신으로 기후의 신인 남신男神이 등장하게 됩니다. 이 기후의 신은 태양의 힘을 갖는 바람과 비의 신이고 풍요와 다산多産의 신이었습니다. 사람들은 기후의 신이 시리아 북쪽 50km 되는 곳에 자리한 높은 산의 꼭대기에 살고 있다고 생각했습니다. 이곳은 가장 빨리 겨울비가 내리기 시작하는 곳으로서, 하늘의 신이 살고 있는 산꼭대기에 검은 구름이 걸렸을 때가 겨울비가 시작되는 시기였습니다. 지중해성 기후지역에 사는 사람들에게 겨울비의 시작은 매우 중요한 의미를 갖습니다. 긴 건기가 끝나고 보리나 밀을 파종할 계절이 돌아왔음을 뜻하기 때문입니다. 지금도 지중해 지역 사람들은 겨울비가 내리기를 고대하고 있습니다. 기원전 1,500-1,000년경은 인류사에서 정신세계의 중심이 뱀을 상징하는 대지의 여신에서 기후의 신으로 바뀐 시기입니다. 신의 중심이 대지로부터 하늘로 올라간 것입니다. 이러한 정신세계의 전환은 곧 그 뒤의 인류사에 극히 중대한 영향을 미치게 됩니다. 그러면 당시 왜 그러한 정신세계의 전환이 일어나게 된 것일까요? 그 배경에는 미케네 문명을 붕괴시킨 기원전 1,200년경을 중심으로 한 기후변동이 깊게 관련되어 있는 것으로 보입니다. 당시 북위 35도 이북의 아나톨리아 고원이나 그리스의 기후는 한랭화되고 겨울비가 많아졌습니다. 반대로 그 이남인 이집트나 이스라엘의 기후는 한랭화와 함께 건조화가 진행되었습니다. 결국 북쪽은 겨울 기온의 저하로, 남쪽은 가뭄으로 인해 곡물의 생산량이 극도로 줄어들었습니다. 이집트 나일강의 수위는 기원전 1,200년경을 중심으로 현저하게 저하된 기록이 있습니다. 나일강의 수위 저하는 건조화를 증명해 주고 있습니다. 이러한 현상이 인더스강 중하류 지역에서도 관찰됩니다. 이러한 기후의 악화 속에서 사람들은 대지의 풍요를 지배하는 것이 대지의 여신이 아니라 기후의 신이라는 것을 알아차리게 되었습니다. 또한 기원전 1,200년경의 기후 악화는 대지를 황폐화시켰고, 이로 인해 각종 질병이 만연했습니다. 질병의 유행이 기후의 신에 대한 신앙을 확대시킨 또 하나의 요인이 된 것입니다."(권동희, 지리 이야기, 한울, 2005, 198-199)

"고대 지중해의 기후변동은 사람들의 신앙의 대상을, 대지의 신으로부터 기후의 신으로 바꾸어놓았다. 기후의 신을 믿는 신앙은 원래 유목민들의 것이었습니다. 기후가 건조화되고 사막화가 진행되자 유목민은 사막을 버리고 농경민의 취락을 침략했습니다. 그 결과 유목민의 문화가 농경민의 문화 속으로 파고들어 간 것입니다. 이것이 기후의 신의 확립과 확대에 커다란 영향을 미쳤습니다. 그 전형적인 예가 바로 여호와 유일신교의 확립으로 나타났습니다."(권동희, 위의 책, 200) 이집트 탈출 사건은 모세 시대의 기상재해가 일어났다는 것을 알게 해줍니다(우박이 내린 것은 기후 한랭화의 증거, 나일강의 수위가 내려가 붉은색의 진흙강-핏빛으로 바뀐 것, 권동희, 앞의 책, 200-201). 구리는 인류가 생활 도구를 만드는 재료를 이용하기 시작한 최초의 금속이었습니다.(권동희, 앞의 책, 147).

히브리어로 뱀은 나하쉬(נחש)이고, 구리는 느호쉣(נחשת)입니다. 조심스러운 해석이지만 모세의 구리뱀은 목축문화와 농경문화가 결합되는 것을 상징적으로 보여주는 것이라고 말할 수 있을지 모릅니다. 대지의 신(공간의 신)에서 하늘의 신(시간의 신?)으로의 전환, 지배와 착취, 질병과 배고픔의 문제를 해결하는 지도자의 상징성을 나타내는 지팡이가 아닐까요? 여하튼 동서양을 막론하고 뱀은 신화적 의미에서 생명의 상징(비교종교학자 조지프 캠벨)이지만, 성서에서는 유독 악의 화신으로 여겨집니다. 그만큼 행복을 이루는 과정, 꿈을 이루는 과정들에서 나약한 인간의 모습, 변화, 술수, 자충수自充手, 패착敗着 등이 있다는 해석도 가능할 것 같습니다. 그것이 인간 스스로 죽음을 자초하기에 말입니다.

꿈을 이루기 위해서는 아래가 아니라 위를 봐야 합니다!

꿈이 현실이 되어야 한다는 강한 신념은 인간의 욕망입니다. 정신분석학자 자크 라캉이 말한 실재계(the Real)입니다. 알 수 없지만 알고 싶은, 이룰 수 없지만 이루고 싶은 욕망 같은 것입니다. 히브리인들에게 가나안은 언젠가 자신의 것으로 삼았으면 하는 바람이었을 것입니다. 다른 사람의 지배하에서 산다는 것이 어떤 것인지 알았던 민족이 자신들만의 땅과 정체성을 갖고 싶어하는 것은 어쩌면 당연한 것인지 모릅니다. 그러기에 꿈에 대한 욕망은 더 커집니다.

이해인 수녀는

> "오늘의 이야기도/ 내일의 이야기도/ 꿈길에 그려질 때가/ 생각보다 많습니다/ 꿈이 없는 삶/ 삶이 없는 꿈은/ 얼마나 지루할까요/ 죽으면 꿈이 멎겠지만/ 살아 있는 동안은/ 꿈을 꾸고 싶습니다/ 꿈이 있어 외롭지 않았다고/ 말할 수 있습니다"(위의 책, 16-17)

라고 말을 합니다. 인생은 꿈을 꾸는 연속입니다. 그리고 인생은 그 꿈을 이루기 위한 과정입니다. 만일 그 꿈이 없다면 인간은 쉬 무너질 것입니다. 그런 의미에서 인간을 일컬어 '꿈꾸는 동물'(Homo Esperans)이라고 말한다 해도 과언은 아닐 것입니다. 죽어 있는 존재에게는 꿈이 없습니다. 산 사람이어야 꿈을 꿉니다. 생이 고통이라도 살아 있는 한 꿈을 꾸어야 합니다. 노예의 삶은 꿈이 없습니다. 노예로부터 벗어나는 것은 언감생심 꿈이려니 말할 수 있지만, 그것은 꿈이 아닙니다. 꿈은 자신의 현실을 기고 또 기면서, 현실을 부정하고 또 부정하면서 목적지를 긍정으로 바꾸는 것이기 때문입니다.

꿈은 아래가 아닌 위를 향한 지향성을 갖습니다. 가나안이 현실이 아닌 다시 초월을 의미하는 신학적 해석으로 바뀐 것도 다 이유가 있습니다. 현실적인 꿈보다 더 높은 초월적인 꿈이 이 지상에서의 삶을 잘 버티게 만들기 때문입니다. 그러나 성서를 보면 현실 밑바닥을 기어가도록 만들었던 것을 외려 감추지 않고 극복하여 위를 쳐다보도록 만든 모세의 구리지팡이는 인간의 꿈은 현실의 저 밑바닥에서 다시 초월을 지향하라는 상징으로 보입니다. 누군가 우리에게 꿈이 뭐냐고 질문하면 돈, 지위, 명예, 집, 자녀, 권력, 부동산 등을 말합니다. 그것은 현실적인 꿈입니다.

성서에서 꿈을 이루기 위한 기도(ora, oravitque)는 현실세계에서 말하는 꿈의 성격보다 차원이 높습니다. 그 꿈은 모세의 구리지팡이를 쳐다보면서 무한자의 현존(os), 무한자가 면전에 있음을 보는 꿈과 일치시킵니다. 꿈으로 인도하는 존재는 나의 꿈이 아니라 그 꿈을 갖게 만든 무한자라는 사실을 재차 고백하게 만드는 것입니다. 현실은 꿈을 이루어 가는 과정입니다. 탄탄대로가 아니라 험산준령입니다. 힘들고 어렵습니다. 아직-오지-않은 지금을 지금 여기에서 꿈꾸며 한 걸음 또 한 걸음 내딛는 것이 얼마나 위험천만한 일인지 모릅니다. 그러니 기도해야 합니다. 청해야 하고 지금 처한 현실이 아니라 아직-오지 않은-지금을 바라보면서 지금 현존하는 무한자가 아직-오지 않은-지금에도 우리의 눈앞에 있을 것(os)이라는 확신을 가지고 나아가야 합니다. 기도(ora)는 눈앞의 있음, 현존이라는 뜻을 가진 말입니다.

구리, 청동을 뜻하는 라틴어는 aes에서 파생된 aeneum입니다. 이 단어가 '영구한'이라는 뜻을 가진 형용사 aeneus와 같은 어원이라는 것은 묘합니다. 과거에는 값이나 화폐, 재산, 임금을 대신했던 것이 청동구리(aes)였기 때문에 영원하다는 이중적 의미가 부여되었을 것입니다. 모세의 구리 지팡이는 그러한 영원성과도 밀접한 연관이 있습니다. 구원은 아래의 현실적 고통의 과정이 전개되어도 위를 향한 무한자의 세계를 바라보는 것(aspexerit)입니다. aspexerit는 '생각해보다', '향해 있다', '똑바로 쳐다보다', '자애로운 눈길로 바라보다', '알아보다' 등의 뜻을 갖고 있습니다. 어려울 때는 두루 살피고 주위를 둘러보는 것(circumaspicio)도 중요합니다. 하지만 기도는 무한자에게(가까이, 근처로, 향해서; ad) 나의 시선을 두고 바라다보는 것(specio)입니다. 그럴 때 본연의 본성을 찾는 구원이 이루어집니다. 우리가 사는 것(vivet; vivo, 먹고 살다, 교제하다, 만족하게 살다: 공동번역은 "죽지 아니하리라"고 번역했습니다. 이에 반해 〈개역개정판〉은 "살리라"로, 〈표준새번역〉은 "살 것이다"라고 번역했습니다.)이고 꿈이 지금-여기에서 이루어지는 것(현재화)입니다.

"사막만년청풀은 첫 꽃을 피우기 위해/ 사막에서 몇십년이나 견디는데/ 연꽃씨앗은 첫 꽃을 피우기 위해/ 늪에서 몇천년이나 견디는데/ 사람은 첫 꽃을 피우기 위해/ 어디서 몇 년이나 견뎌야 할까/ 나는 그것이 궁금하고/ 꽃은 세상이 궁금해서/ 첫 꽃을 피운다"(김정민 펴냄, 매일, 시 한 잔. 두 번째, 북로그컴퍼니, 2021, 18)

시인 천양희의 〈첫 꽃〉이라는 시입니다.

문득 이런 생각이 듭니다. 꿈이 생기려면 얼마나 기다려야 할까요? 꿈을 이루려면 얼마나 고난을 감내해야 하는 것일까요? 꿈을 꾸기에도 벅찬 사람들이 많아집니다. 단지 꿈을 꾸기에도 말입니다. 그럼에도 꿈을 위해, 꿈을 꾸기 위해서라도, 꿈이 있다는 것은 잊지 말아야 합니다. 꿈은 꿈을 꾸고자 하는 사람의 것이기에 말입니다.

(민 21,4-9)

약속은 사람이 무한자의 소유라는 의미입니다!

성서는 항상 인간을 무한자와의 관계에서만 그 존재 의미가 있다는 것을 말해줍니다. 약속(pactum)이라는 것을 보면, 약속은 인간의 주체적인 결단에 의해서 이루어진 것이 아닙니다. 무한자에 의한 일방입니다. 그 표현이 바로 라틴어 dominatus(dominus, 남편, 지배자, 소유주: 표준새번역은 남편이라고 번역했습니다)라는 말에서 드러납니다. 무한자는 히브리인을 이집트로부터 탈출시킬 때부터 이미 자신의 '것'(소유)으로 삼았습니다. 해방을 시켜준 존재를 평생 잊지 않도록 하기 위해서 할례라는 장치도 걸어놓았습니다. 기억의 장치입니다. 따라서 히브리인들이 자신의 존재를 말할 때는 항상 야훼를 앞에 내세워야만 가능한 존재가 될 수 있습니다. 압제, 폭압, 죽음, 노예의 상태로부터 자신들을 해방시킨 존재는 계약을 통해서 끝까지 지키겠다는 확신을 심어줍니다. 계약이 또 다른 노예상태를 만든다고 생각할 수 있습니다. 그러나 무한자는 인간을 노예로 만들겠다는 것이 아니라 자신의 품(domus, 가족, 집안 식구) 안에 있는 존재라는 것을 각인시킨 것입니다.

이해인 수녀는 이렇게 고백합니다.

"저의 매일은 자질구레한 유혹에서의 탈출(Exodus)이라고도 볼 수 있습니다. 성을 내고 싶은 유혹에서, 변명하고 싶은 유혹에서, 부탁을 거절하고 싶은 유혹에서, 말을 해야 할 때 말하기 싫은 유혹에서, 말을 안해야 할 때 말하고 싶은 유혹에서 저를 지켜 주소서. 자신이 죄인이라고 입으로만 고백하고 마음으로는 고백하지 않으려는 이 어두운 메마름에서 구해 주소서. 저의 배고픈 영혼이 죽는 날까지 당신을 향한 끝없는 그리움에 가난하게 하소서. 가난한 자 되는 용기를 잃지 않게 하소서. 주여, 당신께 도착하기까지의 모든 방황과 쓰라림을 끝까지 견디어내는 작은 순례자이게 하소서."(이해인, 두레박, 분도출판사, 1988, 68)

우리는 삶의 고통과 죽음으로부터 탈출하고 싶어합니다. 인간의 당연한 욕구입니다. 아니 모든 숨 타는 존재자들의 보편적인 욕망입니다. 그러나 숨을 거둘 때까지 그 욕망을 실현하지 못한다는 것을 잘 알면서도 끊임없는 탈출을 시도합니다. exodus는 출발이나 여정, 도상, 목적지를 향한다는 의미의 ex와 길이라는 그리스어 hodos의 합성어입니다. 따라서 인간의 탈출은 삶의 노예로부터의 벗어나는 것을 의미합니다. 동시에 거기서 끝나는 것이 아니라 무한자를 향한 목적지로 가는 여정, 그 목적지의 도상에 있음을 말해줍니다. 궁극적으로 인간은 무한자를 향한 여정에 있습니다. 수많은 삶의 유혹과 좌절 속에서도 초월자를 향한 순례자의 삶을 사는 것이 인간입니다.

오늘의 삶이 실패하고 순간의 실수가 있더라도 좌절할 필요는 없습니다. 그럼에도 우리는 언젠가 무한자의 품으로 안착을 할 것이기 때문입니다. 우리는 삶의 노예나 굴레, 그리고 속박으로부터 벗어나지 못했다고 해서 힘들어 합니다. 몸이 있는 한 영혼도 자유롭지 못합니다. 몸으로부터 완전히 벗어나는 날 영혼도 해방을 맞이할 것입니다. 몸이 욕망을 일으키면 정신도 제어하기 어렵습니다. 정신이라도 무한자를 향한 목적을 두고 있어야 하는데 그리 하지 못할 때는 정신도 몸의 영어囹圄 상태가 됩니다. 감정조절이 잘 안 될 때, 육체적인 유혹을 넘어서기 어려울 때 정신이 무한자를 향한 목적지에다 두고 몸을 가난한 상태로 만들려고 하면(hodos) 어느 지점에서인가 내가 목적지로 가는 것이 아니라 그 목적지로 인도하고 있는 초월자와 함께 하고 있음을 깨닫습니다.

지금 삶의 도상에서 저마다 좌표를 잃고 있습니다. 잘 읽히던 좌표가 어느 날 사라지거나 잘 찾지 못하는 것은 우리가 가야 할 방향의 최종 목적지인 무한자에 대한 신앙이 멀어지고 있기 때문은 아닌지 점검해야 합니다. 곰곰 생각해보면 인간으로서의 나의 삶은 내 것이 아니라 무한자의 것인 것 같습니다. 내 생명도 삶도 무한자의 소유이니, 그 범주에서 내가 사는 것이 옳은 것 같습니다. 몸만 무거운 것이 아니라 맘까지도, 영혼까지도 무거운 상태가 지금이 아닌가, 하는 우심憂心이 두는 것은 우리의 정신이 가난하지 않기 때문인 것 같습니다. 가난해야 초월자가 들어설 자리를 내주고 그분이 주인이 될 수 있는데 말입니다.

사람 안에 무한자가 있습니다!

우리가 사람일 수 있는 것은 사람이 사람 노릇을 할 때 가능한 일입니다. 노릇이란 그 존재의 자격이나 됨됨이를 나타내는 말입니다. 그렇다면 사람이 사람의 자격이나 그 됨됨이가 사람이라고 말할 수 있는 자신이 있는 것일까요? 동물이나 식물, 심지어 무생물보다도 못한 헛노릇의 존재일 때가 많습니다. 심지어 밥이나 축내는 입노릇의 존재이거나 앞에서 말한 나그네 노릇하다가 생을 마감하기도 합니다. 야훼는 이러한 인간을 그냥 두지 않고 이왕지사 나그네 노릇을 하려거든 제대로 하라고 자신과 계약을 맺었습니다.

계약(pactum; paciscor)은 달리 '혼인을 약속하다', '바꾸다'(걸다), '동의하다' 등과 같은 의미가 있습니다. 같은 어원으로는 pango, 즉 '심다', '든든하게 고정시키다'라는 뜻도 품고 있습니다. 사람 노릇을 올바로 하려면 초월자에 뿌리를 깊게 박고 걸어가라는 뜻일 것입니다. 계약이나 약속을 하게 되면 자신의 신뢰를 위해 목숨을 걸어야 하는 일도 있습니다. 그만큼 계약이나 협약이나 약속은 신중해야 한다는 것인데, 야훼는 인간과 그 위험한 계약을 맺었다는 것은 무엇을 의미할까요? 약속은 무한자 안에 있는 사람이 된다는 것이고, 동시에 사람들 안에 무한자가 존재한다는 것입니다(et ero eis in Deum, et ipsi erunt mihi in populum)

인간이 사람 노릇을 하기 위해서는 그 구실에 적합한 존재의 힘이 있어야 합니다. 존재가 자리 잡지 않으면 사람 노릇을 하고 있는지, 짐승 노릇을 하고 있는지 모릅니다. 사람이라고 해서 다 사람은 아닙니다. 그 사람 안에 무한자가 있다면 사람이요, 무한자가 없으면 사람이 아닙니다. 무한자가 있으면 무한자의 마음으로 살게 될 것이요, 무한자가 없으면 그 마음이 욕망덩어리이니 사람으로 살지 못할 것입니다. 무한자가 인간과 약속을 했다는 것은 무한자 안에 있으면 사람이 된다는 말입니다. 존재의 변화입니다. 내가 사람 노릇을 할 수 있는 시원자가 있으니 나의 존재도 달라질 게 빤합니다.

이해인 수녀의 일기에는 이렇게 기록합니다.

"아침부터 내리는 비, "기쁨은 빗줄기처럼"이란 노래를 흥얼거리고 싶은 날. "주님이 얼마나 좋으신지 너희를 보고 맛들여라. 복되다 그 님께 몸을 숨기는 사람이여"라는 시편 구절을 묵상했다. 내가 늘 몸을 숨겨야 할 분, 평생 목마르지 않는 샘이신 분, 인간의 언어로는 도저히 표현할 길이 없는 분, 그분 안에 그분과 함께, 그분을 통하여 사는 나의 행복, 언제나 감사하자. 언제나 전진하자."(이해인, 두레박, 분도출판사, 1988, 62)

아무리 발버둥을 쳐도 야훼의 손에서 벗어날 수가 없습니다. 존재의 영역에서 살 수밖에 없습니다. 내가 있다는 것은 나를 있게 만든 존재의 인식과 그 존재에 대한 깨달음대로 살 때 그렇게 느낍니다. 내가 있다는 것을 입노릇만 한다고 해서 아, 내가 있구나, 하는 것을 알게 되지 않는다는 말입니다. 입노릇도 모자라 손노릇, 좀노릇을 하면서 종노릇한다면 그게 어디 인간이라 말할 수 있을까요? 사람 노릇하라고 사람으로 태어나게 했고 사람으로 태어났으면 제대로 사람노릇을 하다가 야훼의 품으로 돌아가는 것이 백번 옳은 일입니다. 그런데 우리는 야훼라는 존재와 함께, 그 존재를 통하여, 그리고 그 무엇보다도 그 존재 안에 있지 않으려고 온갖 변명과 구실을 늘어놓습니다. 자신의 존재 근원을 부인하는 짓입니다.

야훼는 사람들에게 말합니다. "나 주의 말이다."(dicit Dominus). 궁극적 존재는 종살이하고 종질하던 사람들을 향해 이제는 그렇게 살지 말라고 계약의 울타리를 만들어 주었습니다. 자신의 법(legem; lex), 곧 삶의 원칙을 주었습니다. 정확하게는 그 삶의 원칙을 사람들에게 맡겼습니다. 자신을 대신 법으로 보낸 것입니다. 그것을 마음에 새기고 산다면(in corde eorum scribam eam) 야훼를 따라서(lego) 사는 것입니다.

이제부터라도 주의 법을 읽을 뿐만 아니라 마음을 모으고(lego), 그것이 가르치는 대로 야훼와 함께 삶의 순례길을 걸어야(lego) 할 것입니다.

(렘 31,31-34)

잃어버린 단어, 존재

'무한자'는 현대인들이 '잃어버린 단어'입니다!

소중하게 간직했던 것을 잃어버리면 마음이 아픕니다. 의도했건 안 했건 중요하지 않습니다. 잃어버렸다는 사실 자체만으로도 그 상실감은 이루 다 말로 표현할 수 없습니다. 무엇을 잃어버린 경험이 있는 사람들은 압니다. 그 고통과 허전함과 아쉬움과 허탈함으로 아무 일도 손에 잡히지 않는다는 것을 말입니다. 그것이 사물이든 사람이든 다 마찬가지입니다. 자신에게 늘 항상 있었던 존재(자)에 대해서는 말할 것도 없습니다. 잠깐 있었다가 사라지는 존재자에 대해서도 휑함이 남아 있는데 하물며 인간의 저 깊은 심연에 있었던 궁극적 존재를 잃어버린 상실감은 더 클 것입니다.

현대인은 '존재'를 잃어버린 사람들입니다. 좀 더 정확하게는 존재라는 단어를 까마득하게 잊고 살고 있습니다. 일찍이 마르틴 하이데거(M. Heidegger)는 사람들이 '존재'(Sein)라는 말을 입에 달고 살면서 정작 존재에 대한 물음을 단 한번도 제기한 적이 없었다고 토로 했습니다. 그 깨달음이 그의 존재론의 출발이었습니다. 오늘을 살아가는 사람들에게도 이 문제의식은 동일합니다. 아직 해결되지 않은 숙제입니다. 오죽하면 이해인 수녀는

"잃은 단어 하나를 헤매다 병이 나 버리는 나의 마음을 창밖의 귀뚜라미는 알아줍니다. 사람들이 싫어서는 아닌데도 조그만 벌레 한 마리에서 더 큰 위로를 받을 때도 있음을 당신은 아십니다."(이해인, 오늘은 내가 반달로 떠도, 분도출판사, 1986, 23)

라고 말을 했을까요?

무한자는 인간에게 있어 잃어버린 단어입니다. 그 단어를 마음에 새기고 늘 말로 내뱉으라고 주어진 존재의 뜻이 있습니다. 시인처럼 그 단어를 잃어버렸다는 자각도 없이 살아가는 우리가 되었습니다. 일상적인 단어 하나 떠올리지 못하면 안타까워하고 답답하게 생각하는 사람들이 무한자라는 단어를 잃어버리고도 아무렇지 않게 생각합니다. 과장일까요? 아닙니다. 존재, 곧 무한자는 인간에게 말솜씨를 익혀주셨습니다(linguam eruditam). 언어에 대해서 조예가 깊고 교양 있게(eruditus=ex+rudis) 말을 할 수 있도록 해주셨습니다. 서툴고 무식한(rudis) 인간이 말을 잘 할 수 있도록 훈련시켜주셨습니다. 그런데 정작 우리는 그 말을 가르친 존재를 잃어버리고 있습니다.

시인은 시를 짓다가 잃어버린 단어를 하나 떠오르지 못하면 찾고 또 찾다 못해 결국 병을 앓게 되더라고 말합니다. 단어 혹은 언어란 시인만의 것은 아닙니다. 그 말은 무한자에게서 왔으니 무한자의 것인 동시에 모든 사람들에게 준 것이니 증여받은 것이기도 합니다. 그런데 받은 말은 고사하고 존재라는 단어마저 잃어버렸습니다. 기억하고 되새긴다고는 하나 내가 헤매면서 끝끝내 찾아낸 단어가 과연 무한자라는 단어인가, 무한자라는 상(image)인가, 무한자라는 관념인가, 하는 것은 별개입니다. 잃어버린 단어는 그 존재를 담은 말이기에 늘 존재를 생각하지 않으면 떠오르지 않는 법입니다.

잃어버린 단어였다가 무심결에 생각나는 것은 바로 그 존재자를 생각하도록 만든 맥락이 발생했을 때입니다. 이것은 잃어버린 단어를 잊지 않으려면 늘 존재 그 자체를 생각하고 염두에 두지 않으면 안 된다는 것을 의미합니다. 많은 것을 봐야 하고 많은 것을 들어야 하고 많은 것을 먹어야 하고 많은 사람들을 만나야 하는 시대에서 늘 존재를 의식한다는 것은 그만큼 어렵다는 것입니다. 존재를 의식하지 않으니 무한자라는 단어는 점차 죽어가는 말이 되어가는 것은 당연하다 할 것입니다. 그러니 정작 지치고(lassus) 힘든 사람들에게 무슨 단어를 떠올려 말해 줄 수 있을까요? 그들로 하여금 견뎌내라고(sustentare) 위로의 말을 해줄 수 있을까요? 제발 땅만 보지 말고 위를 향하라고(sus+teneo), 위에 있는 존재를 깨닫고(sustineo) 그분을 향해 나아가라고 말할 수 있을까요? 그러기 위해서는 그리스도인이 먼저 존재를 잘 알고 있어야 합니다. 그분이 사람들의 귀를 자극하고 깨우고(excitat) 열어(aperuit) 듣게 하시는 존재이심을 말입니다(sciam).

인간은 '단 하나의 말'을 찾아 나선 존재자입니다!

그리스도인에게 단 하나의 말이라면 '무한자'라고 해도 과언은 아닐 것입니다. 습관적으로 입에 올렸고 귀로 들었고 눈으로 읽었기 때문입니다. 이해인 수녀는 이렇게 말을 풀어갑니다.

"어디서나 문 열고/ 단 하나의 말을/ 찾아나선 이여/ 눈 내리는 빈 숲의 겨울나무처럼/ 봄을 기다리며 깨어 있는 이여/ 마음 붙일 언어의 집이 없어/ 둥지를 트는 새여/ 즐거운 날에도/ 약간의 몸살기로/ 마음 앓는 이여/ 잠을 자면서도/ 다는 잠들지 않고/ 시의 팔을 베는/ 오늘도/ 고달픈 순례자여"(이해인, 〈시인은〉, 오늘은 반달로 떠도, 1986, 60)

삶의 문턱에 들어서는 순간 폭력[percutientibus: 찔러서 구멍내다, (per: 매우, 몹시+quatio: 괴롭히다, 시달리게 한다), vellentibus: 꼬집다, 뽑다, vello(volsa, 손상, 왜곡)]과 욕설[increpationibus: 책망, 비난, 힐책; crepo(지껄이다, 찢어지다)]과 침뱉음(sputis, 가래침을 뱉다)과 부끄러움[confusus(cum+fundo): 당황하다, 혼란에 빠뜨리다]과 수치(confundar: 창피하게 하다)라는 단어들이 난무합니다. 세상은 그렇습니다. 세계가 그런 단어들로 구성되어 있는 것은 아닐 것입니다. 사람들이 살면서 그런 부정적인 단어들을 생산하는 관계가 되는 것입니다. 부정적인 단어들이 아닐 수도 있습니다. 그냥 삶이 그런 줄도 모릅니다.

이와 같은 삶을 낯설게 하고 전혀 진전이 없어 보이는 단어들을 듣고 경험할 때는 살맛이 나지 않습니다. 그럴 때는 누군가가 내게 '그런 말이 아닌 다른 단어들도 있습니다'라고 말해주지 않으면 단 한 발짝도 나아가지 못합니다. 다른 단어, 단 하나의 말, 그것은 다름 아닌 '너는 항상 옳다'[iustificat: iustus(올바른, 정당한, 충분한)+fico(만들다); 공동번역은 죄없음으로, 표준새번역은 의롭다로 풀었습니다.]라는 격려의 말, 위로의 말, 긍정의 말입니다. 위에서 시인이 말한 것처럼 삶은 나뭇잎이 다 떨어지고 시린 찬바람을 다 맞는 빈 숲의 겨울나무처럼 서 있는 경우가 너무 많습니다. 삶을 새롭게 축조할 수 있는 언어를 만들어낼 수 있는 집이 없어서 남의 집에 둥지를 틀어버리는 한 마리 외로운 새가 될 수도 있습니다. 누군가 나를 조금만 찔러도 움찔거리고, 약간의 왜곡된 말만 들어도 금방 상처를 받아버리는 것이 인간입니다.

이러한 삶의 상황에 대해서 대신 반박하고 반대하고 항의해 줄(contradicet) 사람이 누구일까요? 공동번역은 "누가 나를 걸어 송사하랴?"(quis contradicet mihi?; 표준새번역: 나를 고소할 자가 누구냐?)라고 말합니다. 왜 일까요? 무한자가 항상 네 삶은 옳다라고 말씀하시면서 도와주시기(auxiliator) 때문입니다. 그는 우리를 도와주시는 분, 치료하시는 분(auxilior)입니다. 우리를 지원해 주시는 분입니다. 힘을 북돋아 주시는 분입니다. 우리를 더 강하게 하시는 분입니다. 우리의 삶을 더 자라게 하시는(augeo) 분입니다.

매일 삶의 법정에 서서(stemus; sto) 온갖 힐난과 비난을 받고 고통을 겪는다고 해도, 세상은 우리에게 유죄를 선언할 수 없습니다. 어느 누구도 우리를 문책하거나 비난을 하며 단죄할 수도(condemnet) 없습니다. 삶이 한꺼번에 거부당하거나 경멸당하거나 배척당하는(cum+damno) 일도 없을 것입니다. 2천 년 전 예수는 삶이란 원래 그런 바탕 위에 있다는 것을 잘 알았습니다. 하지만 그 삶의 현실에 정면으로 맞섰습니다. 자신이 스스로 변호하면서 아무도 자신의 삶이 형편없다거나 비난하도록 내버려두지 않았습니다. 삶의 온갖 부정적인 단어들과 그 경험들을 회피하지 않고 "고달픈 순례자"의 삶을 있는 그대로 받아들였습니다.

이해인 수녀가 말한 것처럼, 우리는 이 고통스런 삶과 세계에서 "너는 항상 옳다"라는 말을 듣기 위한 시어의 팔, 시인의 팔이 필요합니다. 마지막 남은 삶의 비난과 모멸에도 잠들지 않은 채 새로운 시어를 꿈꿀 수 있도록 예수의 삶을 통찰해야 합니다. 그러기 위해서 늘 존재를 망각하지 말아야 합니다. 그리고 아픈 마음이 있더라도 삶을 조명하는 새로운 시어를 팔베개 삼아 편안한 잠을 청할 수 있는 우리가 되어야 합니다. 인간은 날마다 그 신앙적인 시어, 긍정의 시어를 발견하는 시인이기에 그렇습니다.

존재는 오늘 우리에게 잃어버린 단어들로 엮은 문장으로 이렇게 말합니다. "너의 삶의 단어는 항상 옳다.", "너의 삶은 항상 옳다.", "너는 항상 옳다."

(사 50,4-9a)

삶의 길을 닦는 시간

유한한 삶의 시간을 넘어서

삶에의 욕망은 늘 삶 위에 머뭅니다!

삶이 날마다 축제가 되기 위해서는 저마다 가면을 벗어야 합니다. 축제가 가면을 필요로 하는 것은 축제가 축제가 아니라는 역설입니다. 가식입니다. 일상이 축제라는 것을 감추기 위해서 서로 속이는 것입니다. 가끔씩의 축제, 산발적인 잔치는 삶을 속이는 시간의 불연속성일 따름입니다. 잔치가 되고 축제가 되기 위해서는 솔직해야 합니다. 굳이 가면을 써야 할 이유가 없어야 합니다. 삶을 속이고 시간을 망각하고 사람의 탈을 잠시 벗어던지는 것은 의미가 없습니다. 삶의 시간은 새로운 삶의 상승으로 향하기 위해서 잠시 잠깐 머무는 짬일 뿐입니다.

삶은 새로운 시간으로의 진입, 새로운 얼굴로의 만남입니다. 서로 얼굴을 보이고 얼굴을 보면서 그 사람의 삶의 시간을 파악한다는 것은 우리가 서로의 삶의 언저리에 머물렀다는 의미입니다. 삶의 새로운 시간을 부활이라고 말하는 것은 그 언저리, 서로의 언저리를 넘어서 민낯으로 정직함과 사랑과 연민과 웃음으로 만난다는 것을 뜻합니다. 프랑스의 낭만파 마지막 시인 보들레르(Charles Pierre Baudelaire)는 이렇게 삶을 노래합니다.

"연못 위로, 계곡 위로,/ 산과 숲, 구름과 바다 위로,/ 태양을 넘고, 창공을 지나/ 저 멀리 별이 총총히 깔려 있는/ 경계를 넘고 넘어/ 내 영혼이여, 그대 날쌔게 움직여/ 맑은 물결에 넋잃은 헤엄꾼처럼/ 멀고 광막한 공간을/ 형언 못 할 웅건한 환락으로/ 즐거이 헤엄쳐 나가고 있네./ 이 질병의 공기로부터 멀리멀리 날아가/ 드높은 기류 속에 그대를 정화시켜/ 마시라, 순수한 신의 술처럼/ 맑디맑은 공간에 가득 찬 맑은 불을./ 안개 자욱한 생존을/ 짓누르는 고뇌와/ 가없는 슬픔일랑 남겨두고/ 반짝이는 청명한 들을 향해 억센 날개로/ 솟구쳐 내닫는 사람은 행복하여라./ 종달새처럼 그의 상념들이 아침녘에/ 하늘을 향해 자유로이 날아오르네./- 삶 위를 쉬이 돌며 꽃들과 말없는 자들의/ 말을 아는 사람은 행복하여라!"(Charles Pierre Baudelaire, 김기태 옮김, "상승", 악의 꽃, 도서출판 선영사, 1996, 136-137)

새로운 삶으로의 부활은 모든 존재자와의 걸림돌, 거침돌을 제거하고 열린 마음을 살아가는 것입니다. 내가 사라진 후 맞이하는 새로운 세계의 열림보다 삶과 죽음의 그 경계에서 헐떡거리며 사는 모든 존재자와 새로운 삶으로의 상승을 모색하는 것이 더 중요합니다. 그것이 삶의 민낯, 삶의 솔직한 얼굴입니다. 죽음이 삶을 속이고 삶의 시간을 소멸시키려고 하여도 모든 존재자와 만나는 가식 없는 얼굴을 가지려고 할 때 살아서도 삶의 자유와 상승을 꾀할 수 있습니다.

죽음이 삶의 시간을 좀먹습니다. 죽음을 부정적으로 생각하는 이유입니다. 죽음의 솔직한 얼굴입니다. 그러면 삶의 솔직담백한 얼굴, 순수한 얼굴은 무엇일까요? 영원한 연민입니다. 죽음의 시간이 가까워지더라도 영원한 소멸로서의 죽음을 꿈꾸는 마음이 유한한 인간의 얼굴입니다. 죽음의 유한성에 직면하고, 그 유한성에 대한 불쌍한 마음을 품은 인간의 모습이 삶의 얼굴입니다. 그 얼굴을 초월자 자신이 인간에게 비춰주고 그 얼굴을 인간 자신의 얼굴로 살라고 말합니다. 초월자의 얼굴과 인간 자신의 유한한 얼굴이 서로 겹칩니다.

하지만 초월자의 영원한 얼굴은 인간의 유한한 시간을 극복합니다. 그 유한한 시간은 수치[opprobrium=ob(두루, 둘레에, 곁에, 해롭게)+probrum(불명예, 창피)], 눈물, 가면(가식, 너울)을 감싸고 있습니다. 그 모든 것들을 없애고 새로운 시간을 삶 위에 놓습니다. 구원의 시간이요 부활의 시간입니다. 보들레르의 기쁨의 술어 "행복하여라"는 새로운 삶의 시간에 약속받은 자에게 부여된 명령입니다. 삶의 폐쇄성에서 개방성으로, 삶의 단절에서 연속으로, 삶의 불통에서 소통으로 삶의 시간은 죽음의 시간을 거슬러 그렇게 흘러가는 것이 삶 위를 머물렀던 존재가 인간에게 베풀어 준 잔치입니다.

잔치에는 흥에 겨운 술이 빠질 수 없습니다. 순수한 신의 술은 새로운 공간에 가득 찬 하객을 위한 시간의 흥취를 돋웁니다. 시간의 흥취를 깨는 사람은 순수한 신의 술에 취한 사람이 아닙니다. 다시 고뇌와 슬픔 속에서 자신의 유한한 시간을 탓하는 이의 망령이 깃든 것입니다. 삶의 부활과 새로운 시간에 초대된 사람들은 생존을 위한 간단한 시간을 향유하려 하지 않습니다. 단순한 가면, 단편적이고 편린의 시간을 상승으로 유도하는 보들레르의 힘찬 시구(詩句)들은 인간의 의식을 깨웁니다. 인간은 경계의 지점에서 머뭇거립니다. 경계를 넘지 못하는 숱한 인간들의 실존들이 낯선 공간에서 헤매는 것을 서정적으로 묘사합니다. 그러나 시인은 신의 술로 정화된 인간이 자신의 삶의 유한성을 극복하여 결국 날아올라 힘찬 날갯짓을 하기를 원합니다. 삶 위에 다시 삶 위로 날아올라 새로운 삶의 시간을 노래하기를 희구

합니다. 말이 없는 시간들이 새로운 시간의 삶을 목소리 높여서 외치기를 말입니다.

다른 차원의 삶의 시간을 살아야 합니다!

우리는 삶의 어떤 얼굴을 만들어야 할까요? 숱한 공간들에 둘러싸이기도 하고 그 공간들의 여러 경험에서 상처, 아픔, 고통, 죽음을 맞이합니다. 따라서 새로운 삶의 시간은 새로운 공간을 필요로 합니다. 공간의 구별은 공간의 경험을 다르게 하기 위한 시도입니다. 만일 부활이 새로운 삶과 시간으로의 진입을 꾀한다고 할 때, 새로운 공간을 상정해야 합니다. "이 산 위에서"(in monte hoc)라고 말한 장소의 지목은 구별된 공간의 구체성을 띱니다.

새로운 공간에서 새로운 경험, 새로운 잔치, 새로운 삶의 기대, 새로운 미래는 모두 새로운 삶의 시간의 연속성을 위한 배려입니다. 살아야 할 공간은 단순히 체험적인 몸이 움직이는 활동 반경만 의미하지 않습니다. 공간의 구별, 공간의 특수성은 현재의 나와 아직 오지 않은 현재의 나가 만나야 할 시간, 새로운 경험의 장입니다. '이'(hoc; 지시대명사로서의 이, 지금의, 여기 있는/ 부사로서의 hic, 여기에)라는 특수성, 지명, 지목은 내가 경험할 수 없습니다. 그곳은 특별한 사건이 발생하는 장소이기에 나의 장소가 아니라 초월자의 장소입니다. 떠나야 할 공간이자 초월자가 머무는 공간입니다. 그가 머물러야 잔치가 있고, 얼굴 보임이 있고, 기쁨과 노래와 즐거움이 있습니다. 구원이 있습니다. 따라서 이곳, 지금 여기(hoc)라고 장소를 지정하는 권한은 초월자의 몫입니다. 그곳에서 인간이 할 수 있는 것은 삶의 다른 차원의 얼굴을 만드는 일입니다. 그 얼굴은 나의 얼굴이 아닙니다. 낯선 얼굴이 익숙한 얼굴로, 새로운 인격의 얼굴로 나타나는 공간, 신을 닮은 새로운 얼굴이 나타나는 공간입니다.

그런 의미에서 공간은 바깥이 아닌 내 안에 있습니다. 내가 그런 마음으로, 그렇게 새로운 시간을 염원(exspectavimus=ex+specto; 기대, 예기)한다면, 그와 같은 공간이 나타납니다. 그 공간에 그가 삽니다. 그 공간에 그가 현존합니다. 그 때 우리는 그의 얼굴을 나 자신의 얼굴에서 보게 될 것입니다(ecce). 말이 주어지는 공간, 삶이 주어지는 공간, 죽음을 뒤켠으로 한 삶의 공간을 문득(ecce) 보게 될 것입니다. '바로 여기에 있다'(ecce)하고 깨닫게 될 것입니다.

'여기'와 '있음'의 공시간空時間은 내 안에 있는 그 존재에 대한 얼굴을 보는 바로 그 순간에 나의 새로운 얼굴과 함께 탄생합니다. 이를 금쪽 같이 알고 살았던 이해인 수녀는 그 현존을 '시간의 얼굴'로 표현합니다.

> "흰 옷 입은 사제처럼 시간은 새벽마다 신의 이름으로 우주를 축성하네. 오래 되어도 처음 본 듯 새로운 시간의 얼굴. 그는 가기도 하지만 오는 것임을 나는 다시 생각해 보네. 오늘도 그 안에 새로이 태어나네."(이해인, "시간의 얼굴", 시간의 얼굴, 분도출판사, 1989, 100)

시인의 바람처럼 오늘을 사는 우리 안에 새로운 신에 대한 경험의 시공간이 도래하도록 살아야 합니다. 시공간 속에 나의 얼굴, 그의 얼굴이 교차되도록 말입니다.

(사 25,6-9)

어울려 산다는 것은 함께 경험하는 것(habeo, 인정하는 것)입니다!

사람이란 혼자살기 어렵습니다. 사람은 태어나면서부터 숨이 차오르는 삶을 혼자 감당하기 힘들다는 것을 체득을 합니다. 사람뿐만이 아닙니다. 그래서 대부분의 생명체들은 공존하면서 삽니다. 서로 돕고 살기도 합니다. 이것을 달리 어울려 사는 삶, 한데 사는 삶(habitare fratres in unum)이라 해도 무방할 것입니다. 속도를 조절하여 함께 부축하면서 보조를 맞추고 옆에서 말을 건네며 시선 하나에 또 다른 시선을 보태는 것, 그것이 어울려 사는 삶입니다. 이해인 수녀의 시 한 수를 음미하겠습니다.

"아무래도/ 혼자서는/ 숨이 찬 세월/ 가는 길/ 마음 길/ 둘 다 좁아서/ 발걸음이/ 생각보단/ 무척 더디네/ 갈수록 힘에 겨워/ 내가 무거워/ 어느 숲에 머물다가/ 내가 찾은 새/ 무늬 고운 새를 이고/ 먼 길을 가네"(이해인, "길", 시간의 얼굴, 분도출판사, 1989, 27)

삶은 수많은 사람들과 함께 서로의 삶을 나누어 갖는 것입니다(habeo). 이것을 달리 '경험'(Erfahrung)이라고 합니다. 경험을 한다는 것은 새로운 것에 대한 체험을 지시하지만, 다른 사람과 공유된 경험이거나 선대의 삶을 재현하는 것도 경험입니다. 어떤 의미에서는 통시적인 삶과 공시적인 삶을 갖는 것입니다. 갖는다는 것은 자신의 경험에 대해서는 특수하고 독특하며 항상 처음이지만, 인류사적인 흐름 속에서는 수많은 인간의 삶을 다시 나타냄(re-present), 다시 현재화하는 것, 다시 선물처럼 가꾸는 삶입니다. 따라서 삶은 길입니다(fahren). 가는 길이자 오는 길입니다. 마음의 길이고 몸의 길입니다. 삶은 체험(Erleben)이라는 말입니다.

'살다'는 뜻의 라틴어 habitare가 '거주하다'는 뜻을 품고 있는 것도 혼자 살아도 거주할 공간이 있어야 하고, 거주라 할 때 그것은 마음을 나누는 것이기도 하기 때문입니다. 마음을 나누기 위해서는 큰 마음이어야 합니다. 이럴 때 나를 부축하는 것들은 무엇일까요? 사람들이 서로 타자의 짐을 나누어지는 것입니다. 다시 말하면 부축한다는 것은 공동의 거주(지)에서 몸의 짐과 마음의 짐을 서로 상대방의 것을 가지는(habeo) 삶입니다. 서로 (가)지고 살지 않으면 함께 경험하는 것도 아니요, 동시에 타자의 존재를 인정하지 않는 삶입니다.

더군다나 부축은 "겨드랑이를 붙잡아 걷는 것을 돕는 것"입니다. 좁은 마음 길을 가지고 부축하다 보면 서로 힘겨운 삶을 살게 되는 것입니다. 부축은 고사하고 부축을 하고 부축을 받는 관계조차도 버거워집니다. 그러므로 거주는 좁은 마음 길을 감당하며 살아가는 현실을 일컫는 말이기도 합니다.

인생이란 단순히 향긋한 기름 같지 않습니다. 매끈하고 윤기가 나는 기름이 아닙니다. 그런데 한데 모아 사는 삶을 즐겁다고 말할 수 있는 것은 서로 어떤 관계이냐가 결정을 합니다. 그것은 '형제애'(fratres)를 기반하는 삶입니다. 예수의 형제들(fratres Jesu)처럼 뜻으로 사는 삶입니다. 친구와 같은 우애를 나눌 수 있는 관계인가도 중요합니다. 그럴 때 서로의 삶의 무게를 이고 지고하면서 먼 길을 함께 갈 수 있습니다. 부축은 그렇게 바짝 붙어서 형제자매요 친구처럼 같이 거들어 붙잡고 걷는 것입니다. 삶의 기쁨과 즐거움은 다른 데 있지 않습니다. 같이 걸으면서 경험하는 것, 경험을 공유함으로써 부축의 느낌을 편안하게 받아들이는 것입니다.

멀기도 한 삶의 길은 이 땅에서 함께 살고 머무는 동안의 경험의 무게를 나누게 될 때 좁은 마음의 길도 가까워집니다. 몸의 길이든 마음의 길이든 모두 함께 거주함에 있습니다. 몸의 길이 따로 있고 마음의 길이 따로 있지 않습니다. 물론 사람들이 한데 모여 산다는 것은 마음의 길이 좁으면 불편하기 짝이 없습니다. 즐거움이나 기쁨보다 불쾌함과 짜증스러움이 더 큽니다. 서로의 몸의 길과 마음의 길을 함께 해야 삶의 길이 좋고 즐겁습니다(bonum et iucundum). 그런 의미에서 예수의 길은 인간이 어떤 삶의 길을 가야 하는지를 잘 일깨워주는 듯합니다. 서로 부축하며 삶의 길을 가라는 것입니다. 그것이 인간이 거주한다는 의미인데, 독일 신학자 도로테 죌레(D. Sölle)는 그것을 '상호의존성'으로 말한 바 있습니다. 부축은 너 없는 나, 나 없는 너가 존재하지 않으면 불가능하기 때문입니다.

산다는 것은 함께 생각하는 것(habeo)입니다!

이른 아침 해가 뜨기 전, 풀잎에 맺힌 이슬(ros)은 영롱합니다. 살결에 풀잎이 부딪힐 때면 이슬이 살갗에 묻어 살짝 차가움을 느끼는 순간 우리는 삶의 또 하루를 맞이합니다. 풀잎 위에 내린 한 방울의 이슬이 막 떠오르는 햇살에 무지갯빛을 발하면 아름답기 그지없습니다. 이슬이 풀잎에게 안녕을 고하는 순간이란 숭고한 자신을 드러냅니다. 시편의 저자가 이슬과 같은 삶을 이야기한 것은 바로 그러한 숭고한 아름다움을 나타내는 것을 아니었을까요? 잠시 잠깐 이슬의 느낌과 아름다움을 생각할 여유가 없는 삶이란 비루鄙陋한 것 같습니다. 삶에 인색하고 자신의 삶을 천하게 여기는 것이란 그야말로 덧없습니다. 태양이 떠오르는 순간 이슬이 사라지는 것처럼 언젠가 이 거주에서 나의 삶의 길에서 떠나야 합니다. 이슬이라는 라틴어 ros가 '물', '피', 혹은 '눈물'이라는 다의적인 뜻을 품고 있는 것도 그 때문입니다. 눈을 뜨고 있어도 금방 잊힐 존재자요 삶이라는 뜻입니다.

하지만 그만큼 이슬은 아름답습니다. 기억해야 할 대기의 필수적인 수분입니다. 산에 있는 나무들 사이 사이, 그리고 그 나뭇잎 위에 살포시 내려앉은 이슬은 세계의 모든 존재자들의 삶을 머금은 생명입니다. 이슬은 그것을 보고 느끼는 인간에게 그 근원을 생각하게 합니다. 이해인 수녀의 대표작에는 《민들레의 영토》가 있습니다. 그 시를 읽어보겠습니다.

"기도는 나의 음악/ 가슴 한복판에 꽂아 놓은/ 사랑은 단 하나의/ 성스러운 깃발/ 태초부터 나의 영토는/ 좁은 길이었다 해도/ 고독의 진주를 캐며/ 내가/ 꽃으로 피어나야 할 땅/ 애처로이 쳐다보는/ 인정의 고움도/ 나는 싫어/ 바람이 스쳐가며/ 노래를 하면/ 푸른 하늘에게/ 피리를 불었지/ 태양에 쫓기어/ 활활 타다 남은 저녁 노을에/ 저렇게 긴 강이 흐른다/ 노오란 내 가슴이/ 하얗게 여위기 전/ 그이는 오실까/ 당신의 맑은 눈물/ 바람에 날려 보낼/ 기쁨의 꽃씨/ 흐려오는/ 세월의 눈시울에/ 원색의 아픔을 씹는/ 내 조용한 숨소리/ 보고 싶은 얼굴이여"(이해인, 민들레의 영토, 가톨릭출판사, 1987, 18-20)

시인의 거처 혹은 거주는 기도의 상상력 속에 있습니다. 작은 듯하지만 멀리 땅과 하늘에 미치는 감각과 생각은 신의 영토에 다다릅니다. 이슬과 같은 삶의 길이 굽이굽이 돌아 언젠가 초월자의 품에 안착한다면 인간에게는 복(benedictionem=bene+dico: 축복하다, 잘/바르게/좋게 말하다)입니다. 삶의 그 때 그 때마다 힘겨운 시간들이 다 마감되고 신의 부름을 받을 때 너의 삶은 아름다웠노라 좋게 말해줄 존재는 초월자입니다. 남겨진 존재자들이 나의 삶의 길을 평가할지 모르나 살아서도 죽어서도 늘 좋게 말해 줄 존재는 초월자입니다. 사람들이 나를 인정하지 않아도 나를 기억하고 생각해 줄 존재는 초월자입니다.

초월자가 늘 나를 생각하고 나의 삶의 숨소리, 삶의 노래, 삶의 기도, 삶의 영토를 기억하고 내게 이슬처럼 다가온다면 그것이 바로 지금 여기에서 영원히 사는 삶이 아닐까요? 영생이란 죽어서도 어떤 인간적 생명체로서 영원히 존속한다는 것이 아닙니다. 시편의 저자가 말하는 영생이란 세속적인 시간(saeculum) 안에서 영원히(vitam usque: 계속해서, 끊임없이 사는 삶) 마냥사는 삶입니다. 그것은 하루가 다 지나가고 어둑어둑해지는 저녁 무렵에 저 먼 서쪽 하늘로 기울어지는 태양빛 노을을 통해 신의 영토를 생각하며 내일도 다가올 새로운 삶을 꿈꾸는 것이며, 그 삶을 가능하게 하는 존재의 님이 다가올 것이라는 믿음을 갖는 것입니다.

나의 신앙의 영토나 삶의 영토는 작고 좁습니다. 그럼에도 그 영토의 심장을 향해 다가오는 님을 생각한다면 유한한 삶의 경험도 시인이 말한 가슴의 색깔이 다 바라기 전에 또 다른 삶의 경험이 싹터 오르게 될 것입니다. 고독의 눈시울과 날려가는 꽃씨, 그리고 다만 나의 숨소리에 내가 화들짝 놀라버리고 마는 그 고요한 숨소리조차 영원한 님과 괴는(고이는) 순간으로 받아들일 수 있을 것입니다. 그러한 감각과 생각이 미치는 곳이 신의 영원한 영토가 아닐까요?

(시 133)

하나 됨 속의 차이, 곧 초월자를 생각함

초월자를 생각하는 나 속에 내가 있습니다!

나와 나 자신은 철학적으로 대화를 합니다. 철학자 한나 아렌트(H. Arendt)는 그것을 생각 혹은 사유(thinking)라고 말합니다. 일찌감치 소크라테스가 설파한대로 우리는 항상 자기와 자기 자신과의 대화를 합니다. 생각은 내 안에서 내가 하는 행위입니다. 그러므로 나는 하나 속에 있는 둘(two-in-one)입니다. 생각하는 나와 생각을 가능하게 하는 나, 혹은 생각하는 나와 생각하지 않는 나 두 존재가 있습니다. 내 안에는 그렇게 두 가지 행위를 하는 존재의 의식 상태가 가능합니다. 그 둘 사이에 어떻게 차이(difference)를 넣어 생각하는 자기 자신을 구분하고 그러한 행위를 할 것인가는 끊임없는 과제입니다.

차이를 넣게 되면 생각하는 자신을 타자화시켜서 생각하지 않는 자기와 대화를 수행할 수 있습니다. 생각하는 자기 자신과 생각하는 자기 사이의 거리를 두고 그 차이를 면밀하게 반성하면 생각하는 자기 자신은 생각하지 않는 자기를 부정(defiance)하고 그 이질적 대상을 생각하기를 통해서 친구로 대합니다. 실제로 이러한 수양과 수행 속에서 자기 속에서 생각하는 자기 자신을 만나게 될 때 하나 속의 둘은 통합되는 것입니다. 우리는 이것을 '기도'(祈禱, das Gebet; die Andacht)라는 행위를 통해서 엿볼 수 있습니다. 신앙인의 기도가 외부의 어떤 초월적 존재를 향한 외침이 아니라 기도하고 있는 내면의 나 자신과 기도하지 않는 나의 만남입니다. 기도의 순간에 기도하지 않는 나는 기도하는 나 자신을 깨닫게 되고 초월자와의 일치를 꾀하게 됩니다. 그럼으로써 기도하는 나를 통해서만이 진정한 내가 있음[존재]을 확인할 수 있다는 것을 알게 됩니다.

기도하지 않을 때는 신앙인의 나는 내가 아닙니다. 기도하는 행위를 해야 내가 온전하게 통합됩니다. 초월자를 불러들이고 초월자를 만남으로써 기도하지 않는 나와 기도하는 내가 그분을 통해서 일치합니다. 다시 말해서 내가 초월자를 생각하는 것(an-dacht), 그것이 기도일진대 초월자를 생각하는 시간 속에서 내가 있다는 말로도 바꿀 수 있습니다. '내가 ~을 할 때에 변호해 주십시오', '내가 부르짖을 때에 응답해 주십시오', '내가 곤궁에 빠졌을 때에 너그럽게 보아 주십시오', '나의 기도를 들어 주십시오'(exaudi; exaudivit=ex+audio)라는 모든 언어들은 초월자에 대한 요청입니다. 기도하는 내가 기도하지 않는 나의 상태, 상황, 심정에 대한 온전한 통합과 일치의 순간이기도 합니다. '끝까지 들어 주십시오', '요청을 들어 주십시오'라는 말은 기도하지 않은 나 자신에 대한 간절한 대화의 몸부림입니다. 초월자에 대해서 생각하지 않은 것에 대한 나 자신과 초월자와의 대화의 시도입니다.

신앙은 초월자를 생각하는 것, 초월자를 떠올리는 것 속에 나 자신이 있다는 것과 다르지 않습니다. 믿는다는 것은 그만큼의 타자에 대한 생각의 깊이와 넓이에 좌우되기 때문입니다. 생각하지 않는데 믿을 수 없습니다. "부조리(불합리)하기 때문에 믿는다"(cerdo quia absurdum; 테르툴리아누스, 키르케고르)는 말조차도 불합리한 그 존재에 대한 생각이나 부조리 자체에 대한 생각이 없는데 바로 믿음으로 넘어가기 어렵습니다. 이해인 수녀는 이렇게 말합니다.

"사랑하는 이를 생각할 때마다/ 내가 누리는/ 조그만 천국/ 그 소박하고도 화려한/ 기쁨의 색깔이네/ 붉고도 노란-/ 아무도/ 눈여겨 보지 않는 땅에서도/ 태양과 노을을 받아 안고/ 그토록 고운 촛불/ 켜 들었구나"(이해인, "분꽃에게", 시간의 얼굴, 분도출판사, 1989, 58)

시인이 말하는 생각함은 다른 차원의 세계로 이행하도록 만드는 행위입니다. 신앙은 생각함에 따라서 어떤 삶으로 이어지는가, 하는 것과 밀접한 상관관계가 있습니다. 어떤 존재를 생각하는 것에 불과한데도 벌써 그 마음은 하늘 나라로 가득찬다는 것은 존재의 변화입니다. 생각하는 대상, 곧 초월자를 생각함은 그 존재를 받아들이고 그 존재와 대화를 함으로써 대화하지 않았던 자기 자신이 초월자를 알아봄이요 진정한 자기 자신은 초월자를 지속적으로 생각함에 있다는 것을 의미합니다. 생각함 속에 자기 자신이 있고 생각하는 진정한 자기 자신과 만나는 초월자를 통해서 하나 속에 있는 둘이 만나 화해를 합니다. 그것이 기도요 삶이요 대화입니다. 생각하면 나도 있고 생각하는 나 속에 초월자도 존재할 수 있습니다.

기도하는 자아는 성스러운 자아를 인식하는 자아, 반성하는 자아입니다!

이해인 수녀는 〈분꽃에게〉라는 시에서(4행-7행) 이렇게 쓰고 있습니다.

"섣불리 말해 버릴 수 없는/ 속 깊은 지병持病/ 그 끝없는/ 그리움의 향기이네/ 다시 꽃피울/ 까만 씨알 하나/ 정성껏 익혀 둔 너처럼/ 나도 이젠/ 사랑하는 이를 위해/ 기도의 씨알 하나/ 깊이 품어야겠구나"(이해인, "분꽃에게", 58)

말할 수 있는 것을 말하는 것은 쉬운 일입니다. 하지만 말할 수 없는 것을 말한다는 것은 어려운 일이 아니라 아예 말이 될 수 없는 것입니다. 그것이 고통입니다. 말할 수 없는 것을 타자에게 말을 한다는 것은 말이 아니기 때문에 그렇습니다. 자신에게 또 타자에게 그것을 내뱉는 순간 말을 떠난 심각한 상처가 되는 병이 될 수 있습니다. 도저히 회복할 수 없는 병이 됩니다. 삶에서 말할 수 있는 것과 말할 수 없는 것을 가르는 것이 지혜로운 삶인 것은 그 때문인 것 같습니다.

초월자에게 기도를 한다는 것도 내가 말할 수 있는 것과 말할 수 없는 것에 대한 분별력이 필요합니다. 기도라고 해서 무조건 아뢸 수 있다는 식은 자칫 욕망에 지나지 않습니다. 기도는 욕망의 투사가 아닙니다. 욕망을 이루기 위한 수단은 더군다나 아닙니다. 기도는 분명 초월자에 대한 생각입니다. 초월자를 생각하는 사람이 말을 함부로 할 수 없습니다. 나 자신에 대한 반성(reflection)도 없는 사람이 초월자를 향해서 기도한다고 해서 초월자가 들어주실 리가 만무합니다. 향기가 나는 그리움을 묵히고 또 묵혀서 그것이 말로 표현되어야 합니다. 시인은 그것을 "정성껏 익혀서"라고 합니다. 정성을 다해서 내 맘이 진정한 맘이 되도록, 초월자에 대한 생각이 진정한 내 생각이 되도록 마음을 들여다보고 또 들여다보면서 초월자를 떠올리고 반추해야 합니다. 그것을 자구대로 그냥 말한다면, '마음의 생각을 있는 그대로 보여주라', '사실 그대로를 드러내라'(oquimini in cordibus vestris)라고 말할 수 있습니다.

만일 기도가 초월자 안에서 무엇인가를 기대한다(sperate in Domono)라고 할 때 그 희망과 기대(spes)의 씨앗은 내가 초월자를 생각하는 만큼 자라게 되어 있습니다. 초월자를 깊이 생각하지 않고 그에 대해서 희망을 품고 뭔가를 기대한다는 것은 불가능합니다. 염치가 없는 행위입니다. 그런데 그 기대의 씨앗은 반성하는 나, 초월자를 생각하는 나 자신에게서 발아합니다. 초월자는 경건하고 헌신하는 자(sanctum)를 각별하게 돌보시고 사랑하십니다(mirificavit=mirus+facio; 기묘하게 하다, 놀랍게 하다). 마음이 거룩한 곳이 되는 자(sanctum suum), 자기가 진정한 자기 자신이 되는 자, 자기 본성의, 자기가 자신의 본성에 속하는 자(suus)라야 자기 자신이 아닌 자기와 대화할 수 있습니다.

이미 자기 자신이 아닌 자기를 바라볼 수 있는 자기가 자기에게 속한 자는 자기 아닌 존재를 올바로 볼 수 있습니다. 그 자기 본성, 자기가 자신에게 권리를 부여하는 자, 진정한 자기 자신에게 속한 자가 초월자의 거룩한 속성과 부합하는 사람입니다. 그럴 때 초월자는 "주의 환한 얼굴을 우리에게 보여 주십"니다[Leva(들어 올리다, 일으키다, 덜다, 위로하다, 구해내다) in signum super nos lumen vultus(얼굴) tui, Domine!, 표준새번역: "밝으신 당신의 얼굴을 우리에게 돌리소서, 야훼여"].

우리는 지금 보들레르가 《악의 꽃》에서 말한 것처럼, "괴로운 고통에 물어뜯기는 정신들"이 되어버린 세계에서 살고 있습니다. 이 생활

세계에서 고요한(conquiescite=cum+quiesco: 쉬다, 자다, 누워있다, 휴식을 취하다/ quies: 평온한, 고요한, 안온한) 삶을 추구하고자 하는 이들에게는 먼저 진정한 자기 자신과 자기가 아닌 차이를 식별하며 끊임없는 그 차이 속에서 대화해야 합니다. 그리고 진정한 자기 자신을 통해서 내가 나일 수 있도록 하는 초월자의 씨앗을 자기 자신 안에서 발견할 수 있어야 할 것입니다.

(시 4)

데카르트의 변론

초월자는 인간의 상상력보다 더 큰 존재입니다!

미국의 문학이론가이자 비평가인 르네 웰렉(Rene Wellek)은 "언어가 시인을 위해서 시화詩化한다"고 말합니다. 일상언어가 시인의 입을 빌려서 시어가 될 때, 시어는 시인의 언어가 아니라 시어가 발생된 그 맥락에서 독자들의 정신세계를 축조(직조, poiesis)합니다. 시어에 따른 야훼의 상상력은 그래서 우리의 일상을 넘어서고 초월하게 하는 사건이 됩니다. 인간의 심연에 초월자의 기록·기입[scriptum; 써 놓은 것, 필기(물)]은 상상력을 넘어섭니다. 초월자의 평안, 곧 냇가, 쉼, 거처의 시어는 이미 일상의 언어가 아닙니다. 심미적 세계, 야훼의 아름다움을 통한 미적 승화입니다.

프랑스 근대 철학자 데카르트(R. Descartes)는 1630년 4월 15일에 메르센 신부에게 보내는 편지에서 이렇게 말합니다. "우리의 상상력이 신의 능력만큼 넓다고 말하는 것은 경솔함일 것이기 때문입니다. (…) 대중은 신에 대해 거의 유한한 사물처럼 상상합니다." 우리가 초월자를 믿는다는 것은 그 존재에 대한 상(image)을 그리는 것입니다. 상상력(Ein-bildungs-kraft)라는 개념이 그런 뜻입니다. 때로는 우리는 상상력만큼 신앙을 갖습니다. 또 때로 우리는 상상력만큼 신앙적인 삶을 삽니다. 초월자가 선하시다, 초월자가 돌보신다, 초월자가 우리를 지켜

주신다, 초월자가 우리를 도와주신다, 라는 고백은 실제로 매우 의인화된 표현입니다. 상상력을 논리적인 명제로 정리한 수사학적 언어입니다.

그렇다고 초월자가 상상 속의 산물이라거나 상상력에 제한된 존재라는 말이 아닙니다. 데카르트가 말한 것처럼 초월자는 인간의식을 초월한 존재이자 무한한 능력을 지닌 존재입니다. 이해인 수녀는

> "나의 사랑에선/ 늘 송진 향기가 난다/ 끈적거리지만/ 싫지 않은/ 아주 특별한 맛/ 나는 평생/ 이 향기를 마시기로 한다/ 아니 열심히 씹어보기로 한다"(이해인, "사랑에 대한 단상", 외딴 마을의 빈집이 되고 싶다, 열림원, 1999, 108)

라고 묵상을 적습니다. 시인은 자신의 몸에 향기가 난다고 말합니다. 그 맛을 평생 맛보며 살겠다고 다짐을 합니다. 그 맛의 원천은 어디서 왔을까요? 수녀로서 일평생을 보낸 그가 초월자의 송진에 묻어 살았던 것은 아니었을까요? 그의 종교적 언어의 맛, 삶의 맛은 초월자로부터 비롯된 결코 떨어질 수 없는 절대자의 체취를 향유享有한 산물입니다.

초월자는 모든 사람들에게 자신을 맛보라고 내어 주는 절대적 향취香臭입니다. 그 존재는 뒤좇아 따라 다닐 수밖에 없는 향기가 납니다. 그의 향기는 사람들에게 목자(pascit)와도 같은 향기를 내뿜습니다. 그것은 바깥의 향취가 아닙니다. 내 안의 향취입니다. 그래서 시편 23편의 작가는 "지쳤던 이 몸에 생기가 넘친다"(animam meam refecit; 표준새번역은 "내 영혼을 소생시키시고")라고 말합니다. 초월자

는 목자처럼 영혼을 다시 만들고(re+facio) 정신을 다시 차리게 하십니다. 그러니 어떤 부족함이나 아쉬움이 있을 리가 없습니다[nihil mihi deerit(de+sum: 없다, 도와주지 않다, ~ sibi 스스로 어떤 부족함이 있다, ···하지 않다)]. 평생 살 궁리를 해오면서 살아왔건만 돌이켜 보면 초월자의 지속적인 복구와 재건을 통해서 나를 기운 차리게 하신 것은 아닐까요?

목자의 은유는 상상력입니다. 인간을 어떻게 먹이고 입히는지를 알게 해주는 수사입니다. 이해인 수녀는

> "흔들리긴 해도/ 쓰러지진 않는/ 나무와 같이/ 태풍을 잘 견디어낸/ 한 그루 나무와 같이/ 오늘까지/ 나를 버티게 해준/ 슬프도록 깊은 사랑이여/ 고맙고 고마워라/ 아직도 내 안에서/ 휘파람을 불며/ 크고 있는 사랑이여"(이해인, "사랑에 대한 단상", 외딴 마을의 빈집이 되고 싶다, 열림원, 1999, 108-109)

라고 쓰고 있습니다.

거친 인생에서 버팀목처럼 든든하게 서서 나를 이끌어주고 보호해 주는 존재가 있다는 것은 행복입니다. 쓰러질 듯 쓰러질 듯한 순간에도 나의 정신을 가다듬어 주는 존재는 내 안에 있는 초월자입니다. 시인은 그것을 사랑이라고 표현합니다. 초월자를 한 단어로 정의 내린다면 사랑이라 할 것입니다. 거친 숨을 몰아쉬며 죽을 것 같은 순간에도 나의 기운을 회복시켜주는 존재는 초월자입니다. 굳이 말하거나 뒤돌아보지 않아도 상상력보다 더 큰 존재를 상정해야만 하는 것은 인생이 그만큼 수수께끼 같기 때문입니다.

인간이 영원히 거주할 곳은 초월자의 품입니다!

초월자에게는 '예외적인 인간'이란 존재하지 않습니다. 특별히 다른 사람과 달라서 마땅히 그리 살아야 할 존재를 예외자라고 한다면, 그것은 그리스도인입니다. 그러나 초월자의 거처(inhabitabo in domo Domini)에서 사는 존재는 차별이 없습니다. 그 거주처는 초월자가 마련한 잘 손질된(habitus) 삶의 장소입니다. 초월자의 품은 낯선 듯 낯익은 삶의 장소입니다. 시인은 이렇게 말합니다.

> "내 마음 안에/ 이렇듯 깊은 우물 하나/ 숨어 있는 줄을 몰랐다/ 네가 나에게/ 사랑의 말 한마디씩/ 건네줄 때마다/ 별이 되어 찰랑이는 물살/ 어디까지 깊어질지/ 감당 못하면 어쩌나/ 두려워하면서도/ 아름다움으로 빛나는/ 낯선 듯 낯익은/ 나의 우물이여"(이해인, "사랑에 대한 단상", 외딴 마을의 빈집이 되고 싶다, 열림원, 1999, 109-110)

초월자의 거처가 내 마음에 있기 때문에 낯이 익는 것이요, 깊은 우물과도 같기에 낯선 곳입니다. 자비롭고 온화하심, 선하심과 인자하심(benignitas et misericordia)이 초월자의 속성이라면 인간에게 있기도 하고 없기도 한 품성입니다. 초월자의 품은 늘 그렇게 있는 품성입니다. 그런데 내 마음에는 그와 같은 품성은 자칫 상상 속에나 존재하는 것일 수 있습니다. 거처에 대한 욕망은 모든 존재자가 다 가지고 있습니다. 동물의 서식지, 식물의 군락, 인간의 거주지는 모두가 생명에 대한 무한한 욕망과 안전에 대한 욕구를 갖고 있다는 반증입니다.

우리가 추구해야 하는 것은 초월자의 품성입니다. 일평생 초월자가 나를 보호하시고 이끌어 주시고 먹을 것을 주셔도 초월자의 깊은 우물을 발견하지 못한다면 다 헛것입니다. 시인은 깊은 우물의 두려움에 대해서 말하면서도 사랑을 더 깊이 신뢰합니다. 깊은 우물에는 사랑이 있습니다. 두려움 안에 사랑이 있듯이 마음속 심연에 안 보이지만 사랑이 존재합니다.

우리는 정말 거주해야 할 곳을 잃어가는 현실에서 살고 있습니다. 다시 나의 정신을 깨어나게 하는 거처를 잊혀가고 있는 상황을 목도하고 있습니다. 시편 23편의 시는 널리 인구에 회자되는 야훼 초월자에 의한 삶의 안도와 그 존재에 대한 칭송시라고 볼 수 있습니다. 시편의 작가는 지금 무엇으로 인간이 숨을 쉬는지를 일깨워주고 있습니다. 시인은 인간이 어디에서 쉬어야 하는지, 어디서 놀아야 하는지 알고 있습니다. "푸른 풀밭에 누워 놀게 하시고"(표준새번역: 나를 푸른 풀밭에 누이시며)라고 말한 시인은 인간이 어디에서 자리를 잡아야 하는지 일러줍니다. "누이시며" 혹은 의역투의 "누워 놀게 하시고"의 라틴어 collocavit는 '더불어', '함께' 있는 장소(곳), 어느 존재의 보호 아래에 있는 자리나 장소(cum+locus)를 의미합니다.

인간의 삶의 장소 혹은 거처는 초월자의 집(in domo Domini)입니다. 그 존재의 집은 나의 고향이요 거처(domus)입니다. 낯익은 듯하지만 낯선 곳입니다. 초월자의 품으로서의 집이 내게 낯설게 느껴진다면, 그곳은 내게 무덤(domus)이 될 것입니다. 낯익은 초월자의 품으로서의 집이 익숙한 것은 어디까지 깊어질지 아무도 모르지만, 결국은 두려움과 아름다움 사이에서 사랑과 자비라는 존재의 마음을 알기 때문입니다.

사람들은 마음속에 저마다 깊은 우물 하나쯤은 다 가지고 있습니다. 깊기 때문에 두렵습니다. 아예 그 우물 속을 들여다보지 못하는 경우도 있습니다. 그러나 그 마음속 깊은 우물 속을 들여다보면 아름다운 초월자가 존재한다는 것을 깨닫게 됩니다. 내 마음이 언제 그 깊은 곳까지 다다를 수 있을까, 내 마음 깊은 곳 심연에 언제 초월자가 아름다운 존재로 자리 잡을 수 있을까 두렵고 조바심이 날 것입니다.

건네는 말 한마디 한마디가 그 심연에 사랑으로 가득차면 두려움에서 숭고한 심미성으로 바뀌게 될 것입니다. 심연 안에 초월자가 거주하고 있다는 것을 알기 때문입니다. 나의 깊은 우물 속에 거주하는 초월자가 존재하고 있기 때문입니다. 따라서 나의 거주처가 따로 있는 것이 아닙니다. 내 심연 깊은 우물 속에 있습니다. 따뜻한 말을 건네면서 말입니다. 건넴(trans)은 초월자의 품으로의 이행입니다. 동시에 사람들 안에 자리 잡은 초월자의 장소로의 초월입니다. 그것이 초월자의 진정한 사랑과 인도입니다.

(시 23)

내가 사는 것은 존재의 선물입니다!

우리는 오늘 하루도 내가 살았다고 말하곤 합니다. 하지만 이 삶은 내 삶이 아닙니다. 존재의 증여가 없으면 나는 살 수가 없습니다. 존재는 오늘을 살라고 내게 삶을 줍니다. 그것은 존재의 곁에, 존재 가까이, 존재 근처에서(apud) 살라는 암시입니다. 삶은 단순합니다. 인간들의 삶이 복잡하고 거칠고 비본질적이라고 해도 삶은 단순함 속에 있습니다. 존재의 속에 있다는 사실입니다. 이해인 수녀는 그것을 이렇게 말합니다.

> "날마다 나도 모르게/ 먼지를 마시며 살고/ 날마다 일어나서/ 먼지를 쓸며 사네/ 어디서 오는지/ 분명치 않은 먼지와 먼지"(이해인, "먼지가 정다운 것은", 시간의 얼굴, 분도출판사, 1989, 33)

밝은 곳에서 오는 것 같지 않은 비은폐성(Unverborgenheit)의 삶, 그것이 진리(a-letheia)입니다.

알지 못하면서 안다고 말하는 것도 오만입니다. 인생이 어디서 기원하는지 알지도 못하면서 수십 년을 살다가 갑니다. 나도 모르게 태어나서 먼지(pulverem)를 마시고 연이어 먼지와 먼지 속에서 살다가 먼지로 돌아갑니다. 인생이 그렇다는 것을 잘 알면서 오늘 내가 먼지가 아닌 것에 대해서 가슴을 쓸어내리며 안도의 숨을 쉽니다. 하지만 언젠가 우리는 모두 먼지로 돌아갈 것입니다. 존재의 곁에 있으면 존재로 인해서 내가 얼마나 왜소한 실존인지를 깨닫습니다. 그러기에 우리는 초월자에 대한 경외(timentium)로 가득할 수밖에 없습니다.

인생의 불확실성은 인간을 두렵게 만듭니다. 초월자는 확실한 존재입니다. 반면에 인생은 불확실성입니다. 상대적인 미소微小가 존재에 대해서 두렵고 떨림으로 받아들입니다. 먼 미래일 것까지도 없습니다. 지금 살고 있는 이 세계와 관계에 대해서 수많은 불확실성과 다변화적인 사태는 인생을 가늠하기 어렵습니다. 초월자는 이러한 불확실한 존재자들에게 자신을 드러내어 확실성으로 인도합니다. 초월자의 확실성이 나의 확실성으로 여길 때에 찬송, 곧 laudabunt가 절로 나옵니다. laudo는 초월자를 값있게 인정하는 것입니다. 찬미나 찬양은 목소리의 울림이나 공기의 파장에 의한 미세한 떨림만을 의미하지 않습니다. 그것은 초월자의 인정입니다. 찬미와 찬송은 그를 높여드리는 것이며, 콕 집어서 그 대상만을 위한 언어와 마음의 표현입니다. 그 이유는 분명합니다. 그가 삶의 불확실성을 확실성으로 만들어 주기 때문입니다.

이해인 수녀는

"하얀 민들레 솜털처럼/ 먼지가 정다운 것은/ 내가 살아 있음을/ 확인하기 때문이지"(이해인, "먼지가 정다운 것은", 시간의 얼굴, 분도출판사, 33)

라고 노래합니다. 먼지라는 일시성과 잠정성, 그리고 존재라고 하기에는 너무나도 하찮은 입자임에도 불구하고 그것은 나를 나로서 만들어줍니다. 나를 나로서 인식하게 합니다. 인간이 존재 그 자체인 초월자를 찾는 이유는 먼지와도 같은 우리를 배려하기 때문입니다. 먼지의 상대성은 나라는 절대성과 초월자의 필연성을 깨닫게 합니다. 그처럼 우리는 지금 살아-있음이라는 실존의 상태가 반드시 거창한 욕망의 구현이 아니라 바로 가난한 사람조차도 그냥 두지 않으려는 초월자의 마음을 아는 데 있음을 새삼스레 고백하게 됩니다.

지금 넉넉하고 풍요로운 삶(saturabuntur) 만족스러운 삶은 야훼의 배려입니다. 야훼의 배려라기에는 비루하고 보잘 것 없다고 말할 수 있습니다. 하지만 지금 나로서 내가 존재하고 살아가는 기적은 어떤 무엇으로도 설명할 길이 없습니다. 그렇기 때문에 우리는 그것을 먼지라는 매체를 통해서 나의 살아-있음의 실존의 상태를 확인합니다. 비교의 대상이 먼지라서 그 먼지에게 미안하지만 그것은 결국 나를 지금 여기에 있게 만드는 것입니다. 동시에 나는 먼지로서 사라져 가고 있다는 것을 먼지는 일깨워 줍니다. 이해인 수녀의 글이 이를 방증합니다.

> "어느 날/ 나도 한줌/ 가벼운 먼지로 남게 됨을/ 헤아려 볼 수 있기 때문이지"(이해인, "먼지가 정다운 것은", 시간의 얼굴, 분도출판사, 33)

내가 사는 것은 초월자 덕분입니다!

가만히 생각해보면 산다는 것 자체는 기적입니다. 온갖 수식어를 나열해도 산다는 것만큼 준엄한 말이 있을까요? 그런데 그렇게 살도록 만드는 것은 내가 아닙니다. 어떤 삶의 조건도 아닙니다. 관계와 관계, 사이와 사이, 틈새와 틈새, 거리와 거리를 씨줄과 날줄로 엮어주는 존재가 나를 살도록 해줍니다. 그는 끊임없이 생각나게 하는 존재(Reminiscentur: re+memini)입니다. 인간의 정신이자 기억입니다(mens). 인간은 살면서 삶의 모든 것에서 그 존재를 기억하는 정신입니다. 그리고 인간은 다시 생각하여 그 존재를 향해서 다시 돌아갑니다(convertentur: cum+verto).

초월자에게, 초월자와 더불어 돌아가는 삶, 늘 변화하여 초월자를 향하여 나아가는 삶(convertentur ad Dominum)이어야 하는 것은 인간의 삶의 절대적 권위, 최고의 권한(regnum; rex)이 초월자에게 있기(est) 때문입니다. '이다'와 '있다'는 존재 동사이면서 소유동사입니다. 초월자는 그런 권한과 힘을 가진 상태로 존재합니다. 존재 자체가 인간을 살도록 합니다. 초월자는 우리를 존재하게 합니다. 지금 있게 하고 지금 내 생명을 소유하게 합니다. 그 근원지는 초월자입니다. 탈은폐하여 빛으로 드러나기 전까지는 잘 모르지만, 그는 인간의 존재 바탕입니다. 그것을 부인할 수 없습니다.

이해인 수녀는

> "당신은 내 생에 그어진 가장 정직한 하나의 선線. 그리고 내 생에 찍혀진 가장 완벽한 한 개의 점. 오직 당신을 위하여 살게 하십시오"(이해인, "가을편지 18", 오늘은 내가 반달로 떠도, 분도출판사, 1986, 19)

라고 기도합니다. 이해인 수녀의 또 다른 시집에서는

> "당신만큼 나를 구속하는 이도 없고 당신만큼 나를 자유롭게 하는 이도 없습니다. 당신 없이는 아무것도 할 수 없는 바보이면서 당신과 함께라면 무엇이나 다 할 수 있는 만능가입니다. 당신 만큼 나를 어리석게 만든 이도 없고 당신만큼 나를 슬기롭게 하는 이도 없습니다"(이해인, 두레박, 1988, 32-33)

라고 고백합니다.

항상 은폐된 존재인 것처럼 보이나 그는 단 한번도 자신을 숨긴 적이 없습니다. 감추어져 있는 것처럼 그는 드러나 있습니다. 그렇지 않다면 인간은 한시라도 살 수 없습니다. 내 삶이 삶인 것은 존재의 덕택입니다. 아무리 부인하고 싶어도 심연의 깊은 곳에서 울림이 있는 것은 존재의 개입이 있기 때문입니다. 삶에서 점점이 순서 없이 등장하는 사건들 속에 완전하게 들어맞는 삶의 순간이 존재하는 것은 나의 노력이라기보다 존재의 간섭이라고 해야 옳습니다. 불편하리만치 삶의 연속선상에 나타나기에 섬겨야 하는 존재는, '만큼'이라는 원인, 근거의 의존명사가 따라야 할 정도로 추종을 불허합니다.

저마다 삶이 힘들다고 말합니다. 힘든 만큼 포기하고도 싶습니다. 어찌하다 보니 먼지 속에 태어난 것 같은데, 내 의지와는 상관없이 태어난 듯한데, 그런 만큼 삶의 원인과 근거가 되는 존재에 대한 의식이 없다면 허망하기 이를 데가 없을 것입니다. 그는 우리의 삶에 오고오는 존재입니다. 영원히 인간에게 다가오는 존재(venturae)입니다. 그는 아직-오지 않은-지금의 존재입니다. 그는 인간으로 하여금 살 수 있도록 지금 도래(도착)하려고 하는 존재(venio)입니다. 그는 우리의 삶 속에서 늘 나타나는 존재(venio)입니다. 그는 우리의 삶이 성장하기를 바라는 존재(venio)입니다. 그는 우리가 참된 인간이 되게 하는 존재(venio)입니다.

우리는 그 존재를 '초월자'라고 부릅니다. 그가 지금 인간에게 오고 또 오고 있습니다. 바로 우리의 현재적 삶이 그것을 알려주고(annuntiabunt), 우리의 삶이 그것을 전해주고 있는 것입니다.

(시 22,25-31)

“나는 죽음을 죽는다”(키르케고르)

찬양은 생명을 그리는 그리움의 표현입니다!

찬양(Cantate; cano)은 초월자를 노래로, 시로 지어서 드러내는 것입니다. 초월자를 지어 입히는 것, 초월자를 지어서 그리는 것은 초월자가 어떤 존재인가에 대해서 내가 그분을 드러내는 것입니다. 나의 언어로 초월자의 존재를 드러내는 것을 '읊는다'고 합니다. 이해인 수녀는 이렇게 초월자를 노래합니다.

“겨울 내내 참고 있던 진분홍 그리움이 진달래로 피는 봄. 당신이 오시어 다시 피는 이 목숨의 꽃도 흔들립니다. 크신 이름이 나날이 새로 돋는 이 연두빛 가슴에 진정 죽은 것이란 하나도 없습니다. 소생하는 당신의 대지 위에서 다시 낯을 씻는 나. 당신이 창조하신 죄없는 꽃들의 얼굴을 닮게 하시고 그 웃음처럼 환히 당신 앞에 피는, 그 울음처럼 겸허히 당신 앞에 지는 한송이 떨리는 영혼이게 하소서. 때를 가릴 줄 아는 지혜를 깨우치게 하소서”(이해인, 내 혼에 불을 놓아, 분도출판사, 1984, 147-148)

시를 짓고 노래를 하는 것은 기쁨과 즐거움, 슬픔과 고통과 같은 인간의 감정을 토로하는 삶의 이야기입니다. 동시에 신앙적으로는 삶에 다가오는 초월자를 드러내는 시학(poetics)입니다. 초월자를 말로서 노래로서 악기로서 표현하는 것은 온통 변하는 세계에 변하지 않는 존재에 대한 감사입니다. 변하지 않는 존재가 변하지 않는 그 무엇이 있다는 것을 깨우쳐 주는 것만 해도 살만한 가치가 있는 듯합니다. 다 죽어가는 세계에 죽지 않는 그 무엇을 목적으로 해서 살아가도록 만드는 존재가 있다는 것만으로도 위안입니다.

시인은 이 세상이 변하는 형형색색의 존재들 틈새로 변하지 않는 생명이 있다는 것을 발견합니다. 봄이 되면 온갖 생명체들이 아름답게 자신을 뽐내며 등장합니다. 봄뿐만 아닙니다. 여름은 실록으로 그 절정에 다다릅니다. 가을은 자신의 생명을 모든 존재자들과 나눕니다. 그리고 겨울에는 생명을 감춥니다. 변하는 것 같지만 변하는 것이 아닙니다. 변하지 않는 것, 그것이 생명이기 때문입니다.

인간이 늘 새롭게 하루하루를 살아갈 수 있는 것은 바로 변하지 않는 존재가 우리의 생명을 이끌고 있기 때문입니다. 그래서 그 존재에 대해서 시로 노래로 악기로 드러내는 것입니다. 죄없는 꽃들을 보면 나도 죄없이 살아겠구나, 하는 아름다운 마음이 싹틉니다. 그 꽃들은 우리에게 어떤 존재의 아름다움을 드러내줍니다. 시편의 작가도 기적(mirabilia)이라는 말로 표현하고 있습니다. 이 말은 죽은 것 같은 세계를 죽지 않게 한 그 존재 사건에 대한 고백적 언어라고 할 수 있습니다. 우리는 왕왕 변하는 세계를 감상하고 관조합니다(miror). 그 때 변하지 않고 순진무구하게 살아가도록 만드는 그 초월적 의지를 발견합니다.

삶을 살게 하고 모든 생명적 존재를 변함없이 존재하게 하는 것은 경탄할 만한 일입니다. 우리는 세계에서 그것을 봅니다. 우리가 그것을 봄으로써 사라져 갑니다. 사라져 가지만 영원히 사라지는 것이 아닙니다. 꽃과 나무에 시선을 두고 동물과 식물을 보면서 우리는 살아 있는 존재자들과 호흡합니다. 동시에 우리를 살게 하는 궁극적 존재를 깨닫습니다. 세계는 변하는 것 같지만 변하지 않는다는 역설을 가능하게 하는 것은 바로 그러한 존재자들을 통해서 삶의 지혜를 배우기 때문입니다. 죽음이 아니라 영원한 생명이 지금 우리 눈앞에서 존재하고 있다는 것을 경탄의 눈으로 바라봅니다.

이김은 삶의 흔들거림에 초월자의 오심입니다!

이해인 수녀는 〈나팔꽃〉이라는 시를 통해서 이렇게 읊고 있습니다.

"햇살에 눈뜨는 나팔꽃처럼/ 나의 생애는/ 당신을 향해 열린/ 아침입니다/ 신선한 뜨락에 피워 올린/ 한 송이 소망 끝에/ 내 안에서 종을 치는/ 하나의 큰 이름은/ 언제나 당신입니다/ 순명보다 원망을 드린/ 부끄러운 세월 앞에/ 해를 안고 익은 사랑/ 때가 되면/ 추억도 버리고 떠날/ 나는 한 송이 나팔꽃입니다"(이해인, 내 혼에 불을 놓아, 분도출판사, 1984, 48-49)

아침은 하루에 첫 출발이기에 늘 새로운 삶입니다. 언젠가 사라지게 될 꽃과 같은 인생이지만, 생애 전체를 살아가도록 만드는 존재는 결국 생명의 유한성을 깨닫게 합니다. 흔들거리는 꽃은 자신의 운명을 탓하지 않습니다. 자신이 피어야 할 때와 저야 할 때를 분명하게 알고 있습니다. 다만 꽃은 자신이 피어 있는 동안 흔들거리더라도 그 흔들림과 함께 하는 존재를 웃으며 맞이할 뿐입니다. 꽃과 같은 인생은 자그마한 바람에도 흔들리고 꽃을 피운 자신의 몸뚱이조차도 감당하지 못하는 아픔을 겪는 경우도 있습니다. 그렇지만 존재는 우리로 하여금 아침을 열게 합니다. 그래서 그의 다가옴은 누구에게나 공평하고 정의롭습니다(iustitia). 모든 존재자들은 한결 같이 아침을 맞이할 것이고 그 아침을 맞이하는 존재자는 선이든 악이든 자신의 행위에 대해서 책임을 져야 합니다. 꽃은 아무런 죄가 없지만 꽃을 피우지 못하게 한 죄에 대해서는 삶의 한가운데로 동일하게 다가오는 존재 앞에서 옳고 그름에 대한 대답을 분명하게 내어놓아야 합니다.

"해마다 부활하는/ 사랑의 진한 빛깔 진달래여/ 네 가느단 꽃술이 바람에 떠는 날/ 상처입은 나비의 눈매를 본 적이 있니/ 견딜길 없는 그리움의 끝을 너는 보았니/ 봄마다 앓아눕는/ 우리들의 지병持病은 사랑/ 아무것도 보이지 않는다/ 아무것도 잡히지 않는다/ 한 점 흰 구름 스쳐가는 나의 창가에/ 왜 사랑의 빛은 이토록 선연한가/ 모질게 먹은 마음도/ 왜 아래 부서지는 꽃가루인데/ 물이 피 되어 흐르는가/ 오늘도 다시 피는/ 눈물의 진한 빛깔 진달래여"(이해인, 내 혼에 불을 놓아, 분도출판사, 1984, 41-42)

시인의 말이 사물에 닿으면 그 말은 구원을 속삭입니다. 말이 생명체에 도달하면 구원이 됩니다. 말은 존재의 말씀이기에 그렇습니다. 시인은 존재의 말을 전달하도록 보냄을 받는 자입니다. 그는 존재의 말을 통해서 모든 존재자들은 사랑이요 부활이라고 나팔을 붑니다.

라틴어 salutare는 안녕과 구원을 가져다주는 것을 뜻합니다. 생명을 주는 인사人事를 암시합니다. 존재에게 환호성을 올리는(Sonet; sono) 이유는 소리쳐 외치는 말이 인간에게 도달할 때 안녕, 구원, 생명을 주기 때문입니다. 소리를 지르고 온 세계에 메아리치게 하는 것은 지병과도 같은 존재에 대한 사랑입니다. 그는 인간에게 견딜 수 없는 그리움을 갖게 만드는 존재입니다. 그 그리움은 매일 아침 다가오는 존재의 빛에 의해서 나의 삶이 환히 열릴수록 더욱 커집니다. 존재에 대한 그리움과 삶에 대한 애착은 동일한 지평 속에 있다고 해도 과언은 아닙니다. 왜 살아야 하는가에 대한 물음을 던질 때 어떤 당위성과 목적이 있어야 합니다.

시인의 말대로 바람에 꽃술이 떨듯이 삶이 흔들릴 때 존재는 자비(misericordiae=miser+cors, 불쌍한 마음, 연민)로 다가옵니다. 참과 진실(veritatis)로서 다가오는 존재는 마음조차도 내 마음이 아니게 만듭니다. 사물을 보면서 마치 모든 세계가 흔들리듯이 보이는 것은 내 마음이 흔들리기 때문입니다. 그처럼 삶이 흔들리는 것도 어쩌면 마음이 흔들리기 때문인지도 모릅니다. 흔들리는 꽃술을 보고 나비가 상처를 입었다는 시인의 표현이 '진리'처럼 들립니다. 거기에서 우리의 흔들리는 마음을 보고 공의로운 심판조차도 뒤로 미루는 존재를 봅니다. 오히려 흐느적거리며 힘겹게 살아가는 인간의 삶에 대한 연민을 품는 존재의 마음을 읽습니다.

그저 사라져 가는 인생이고 삶이지만 존재는 그래도 내일 또 모레 다시 아름다운 꽃처럼 피어나는 존재자가 되라고 힘을 줍니다. 매일 또 매일 존재 그 자체를 향한 아침을 평등하고 올바르게 맞이하도록 일깨워줍니다. 따라서 삶에서 '심판'이라면 존재가 우리의 삶 속으로 그렇게 다가오는 공평하고 연민의 마음을 채 읽지도, 알아차리지도 못하면서 무의미하게 살아가는 것입니다. 존재의 빛, 햇빛이 찬란하게 비추는 이른 아침에 우리를 향해서 말 건네는 그 존재를 단 한번이라도 생각하지 못하는 그것이 잔혹하고 안타까운 심판일 것입니다. 시인의 말처럼 우리는 정작 존재가 선연한 사랑의 빛으로 세계에 다가와 한 송이 꽃잎을 피우도록 한다는 것을 모릅니다. 그것이 수치스럽기 짝이 없는 것은 아닐까요?

(시 98)

삶을 곱씹는 사람

설익은 삶이 악이 될 수 있습니다!

오늘 나에게 주어진 삶은 평범하기 그지없습니다. 아무런 의미 부여를 하지 않는다 하더라도 그 삶이 나의 삶이기에 더욱 소중합니다. 사람이 악할 수도 있고 선할 수도 있습니다. 그에 따라서 삶도 동일하게 변할 수 있습니다. 그래서 삶은 무한한 가능성을 열어두어야 합니다. 마치 감탄을 하게 만드는 어떤 깨달음이 생기면 이내 삶은 활짝 열리는 꽃들판이 되는 것처럼 말입니다. 깨달음이 없으면 삶이 설익어서 인생을 피상적으로 삽니다. 그것을 달리 본질적으로 살지 못한다고 말합니다. 본래적인 삶을 살지 못한다는 말이 더 맞을 것 같습니다. 하루의 일상이 시로 시작해서 시적인 삶으로 끝을 맺는 이해인 수녀의 시를 읽어보겠습니다.

"오 그랬구나/ 내가 여러 날/ 열이 나고/ 시름시름 아픈 건/ 내 안에서 소리 없이/ 시가 익어가느라고 그런 걸/ 미처 몰랐구나/ 뜸들일 새 없이/ 밖으로 나올까/ 조바심하느라고/ 잠들지 못한 시간들/ 그래 알았어/ 익지 않은 것은/ 내놓지 않고 싶어/ 그러나 이왕 내놓은 걸/ 안 익었다고/ 사람들이 투정하면/ 그러면 나는 어떻게 하지?"(이해인, "시가 익느라고", 외딴 마을의 빈집이 되고 싶다, 열림원, 1999, 98-99)

시인의 몸살앓이인지 마음앓이인지 정확하게는 알 수 없으나 시적인 삶이란 신열身熱을 앓듯이 앓고 난 후에 문득 깨달음을 얻는 과정("오 그랬구나")이자 자신의 일상적 삶의 깊이에 대한 체험입니다. 악과 선은 여기에서 갈립니다. 삶이 무르익어서 그 삶이 배태하고 있는 좋은 열매를 맺어간다면 좋지만 무르익기도 전에 삶을 단정지어버리는 어리석음을 범할 수 있습니다. 삶을 속단한다는 것이 그것입니다. 그러면 불충실한 삶(impius), 과오를 범하는 삶(peccatorum), 비웃음을 사는 삶(derisorum)을 살게 마련입니다. 시인이 말한 시적인 삶이란 삶을 주체적으로 주조鑄造(bauen)하는 삶입니다. 주조한다는 것은 삶의 활동이고 삶의 결실을 위한 작품(Werk)을 만드는 일입니다. 삶이 작품이기 위해서는 자신에게 설익은 마음, 설익은 정신, 설익은 언어를 함부로 쏟아내면 안 됩니다.

종교에서 설익은 삶은 아직 여물지 않은 신앙의 지표를 나타냅니다. 사람들은 그것을 단박에 알아보고 나무랄 것입니다. 시인의 삶의 언어가 내면의 정신세계를 확인시켜주는 것처럼, 종교적 삶에서 완전히 여물었다는 것은 신앙의 경건성의 지표가 됩니다. 다시 말해서 종교인의 내면성을 보여주는 보증서 같은 것입니다. 조신操身하고 경신敬愼해서 내면에서 어떤 소리가 익어가는가를 살펴야 합니다. 신앙은 내면의 소리에 따라서 판단하고 삶을 꾸립니다. 그것은 소리가 없습니다. 인기척이 없이 익어갑니다. 그렇게 소리가 나지 않으니 자칫 설익은 삶을 내보일 수밖에 없습니다. 삶을 곱씹고 삶의 말을 되새겨서 온전히 익은 삶을 내보여야 합니다.

익지 않은 삶을 내놓지 않으려는 내면의 소리가 있습니다. 내면의 소리가 직조하는 작품이 인생입니다. 삶의 구석구석을 내면의 소리가 들리게 해서 그 소리가 닿지 않은 곳이 없을 정도가 되어야 비로소 내 삶을 내놓아도 버림받지 않습니다. 설익은 삶을 잘못 내놓으면 사람들로부터 외면을 받습니다. 지금의 종교의 모습이 그렇습니다. 바깥을 의식해서 내면의 소리를 알아차리지 못한 결과입니다. 모름지기 종교란 내면의 소리에 귀 기울이고 그 소리를 바깥의 존재자들에게 삶으로 전달하는 것입니다. 그러기 위해서는 명령이 되는 법(lege)의 소리가 익어가는 시간이 필요합니다.

삶의 관조觀照는 감은 눈 안에서 나와 존재를 보는 것입니다!

내면의 소리는 잠시 잠깐의 여백의 간격에서 울려 나옵니다. 오늘날 삶에서 그와 같은 짬과 틈을 내면에서 만들어낸다는 것은 쉬운 일이 아닙니다. 그것이 짧으면 관상觀想이요 길면 잠입니다. 물론 긴 관상 짧은 잠도 있을 수 있습니다. 관상과 잠의 공통점은 생각의 정지라는 데 있습니다. 관상을 하는 순간에는 생각이 없어야 존재에 대한 온전한 집중이 가능해집니다. 잠을 자고 있을 때는 의식세계가 활동하지 않고 낮 동안 있었던 삶의 의식적 경험들이 정리됩니다. 그러므로 삶의 관조는 눈을 감고 존재와 진정한 나에 대해서 열어놓는 것입니다. 특히 삶을 관조하기 위해서는 나의 삶을 곱씹고 되새기는 깊이 생각함(meditatur; 묵상, 명상: 어근 med는 '중얼거리다', '읊조리다는 뜻. 생각은 man/mens, 곱씹다는 mando와 연관)이 있어야 합니다.

묵상은 자신의 삶을 텍스트로 하여 생각하고 또 생각하는 것입니다. 그것은 초월자의 법(lex)을 읽고(lego) 따라감입니다(lego). 묵상은 흩어진 나의 마음을 모으고 초월자의 생각을 모으게 합니다. 잊었던 마음이 다시 되새겨지고 없었던 마음이 되찾아집니다. 마음을 잃어버린다는 말을 종종합니다. 마음을 눈 감아 내 안으로 모으지 못하기 때문입니다. 모으지 않아서 그럴 수도 있습니다. 마음을 진정한 삶의 텍스트 바깥으로 몰아놓고 있어서 더욱 그렇습니다. 이해인 수녀는 깊은 관조적인 삶과 육체의 잠을 이렇게 읊고 있습니다.

"잠 속에/ 나를 묻고/ 나를 잊네/ 그의 품에 안기면/ 누구라도 용서하는/ 천사의 마음이 되네/ 감은 눈 안으로/ 빛을 그리며/ 다시 태어나리/ 순하게/ 부드럽게/ 청빈하게/ 살아 있는 고마움을/ 꿈에도 노래하리/ 어느 날/ 다시는 깨어나지 못할/ 단 한 번의 영원한 잠/ 끝까지 기다리며/ 오늘을 사랑하리"(이해인, "감은 눈 안으로", 시간의 얼굴, 1989, 분도출판사, 26)

영원이 아니어도 괜찮습니다. 잠시 잠깐이라도 눈을 감아야 할 때가 있습니다. 적어도 하루에 한 번은 눈을 감고 생각을 모으는 시간이 필요합니다. 관상도 잠도 그렇습니다. 시인은 자신을 잠에서 묻고 잊는다고 표현합니다. 묻고 잊음이라는 말은 존재의 깊이로의 침잠입니다. 자신을 잊는다는 것이 가능한 일은 아닙니다. 잊음은 오히려 확실한 자신을 찾기 위한 적극적 태도입니다. 잊어야 할 것이 있다면 자기 자신이 아닌 자기의 생각이나 모습입니다. 초월자의 법, 초월자의 규칙은 우리로 하여금 진실한 삶으로 마음이 모이도록 합니다. 존재의 깊이 속으로 들어가면 그 존재의 품에서 "천사의 마음"이 됩니다. 내가 있었던 마음의 자리를 되묻고 그 자리가 진실한 나의 자리가 아니었을 때는 초월자의 법 아래로 내 마음을 모으는 일이 필요합니다.

그렇게 마음을 묻고 또 묻는 일이 묵상이요 명상입니다. 그러면 마음은 초월자의 삶의 규칙 아래 모아지면서 새로운 마음으로 태어납니다. 종교는 인간의 마음을 새롭게 태어나고 다시 묻었다가 또 태어나게 하는 역할을 합니다. 신앙은 늘 마음을 새롭게 하는 것입니다. 명상하고 묵상하는 일, 곧 묻었던 마음, 묵혔던 마음을 끄집어내어 깊이 생각하고 또 생각함으로써 마음을 새롭게 하기 위한 방법입니다. 시편의 작가는 그것을 '밤낮으로'(die ac nocte)라고 말합니다. 일생토록 인간이 인간답게 살아가기 위해서는 쉬지 않고 자신의 마음받을 살펴야 합니다. 마음이 있는지 없는지, 그 마음이 있었는지 없었는지도 모른 채 삶을 살아간다면 그처럼 불행한 일이 없습니다. 시편에서 말한 '행복한 사람'[Beatus(beo) vir]은 진실한 자기 마음을 찾기 위해 부단히 생각하고 노력하는 사람입니다. 핵심을 잊어서는 안 됩니다.

선과 악이 따로 있는 것이 아닙니다. 삶의 길을 잘못 접어들었을 때 선이 되고 악의 길이 됩니다. 그 길은 마음의 길입니다. 삶을 삶답게 만드는 방법(via)은 마음의 길을 잘 찾아나서는 것입니다. 삶을 덜 힘들게 운반하는 방법은 마음의 길을 가능한 한 옳은 길(viam iustorum)에다 두면 됩니다. 그 옳은 길에 따라서 살려고 할 때 존재, 곧 야훼는 우리를 평안한 삶의 길로 인도할 것이요 고단한 삶을 날라줄 것입니다(veho; veha). 그것이 우리가 마음의 길을 잘 식별하려고(novit; nosco) 애쓴다는 것을 존재가 알아주는 것이요 동시에 인정해 주는 것입니다.

이해인 수녀는 삶의 쉼은 존재의 깊이 속에 이루어진다고 봅니다. 그 마음을 순수하고 청빈하며 온유하게 간직한다면 오늘 우리의 삶을 더욱 사랑하게 될 것입니다.

(시 1)

삶은 갑니다! 하지만 다시 옵니다!

우리는 삶을 산다 혹은 삶을 살아간다고 말합니다. 여기서 '살다'와 '간다'라는 두 개의 동사를 연달아 붙여 사용하는 문법적 삶을 어떻게 이해해야 할까요? '삶을 사는 것'과 '삶을 살면서 동시에 가는 것'은 다른 것일까요? '사는 것'과 '가는 것'은 같습니다. '사는 것'과 '가는 것'은 사라져간다는 공통점이 있습니다. '삶'이 동사적 명사형인 것은 멈추지 않고, 삶이 늘 한결 같기를 바라는 사람들의 염원을 반영한 것입니다. 그래서 동서고금을 막론하고 죽었다가 살아남, 아니면 영원한 삶을 희구하는 것입니다. 이해인 수녀는

"산이/ 살아서 온다/ 저만치 서 있다가/ 나무 함께 조용히/ 걸어서 온다/ 창은 움직이는 것들을 불러 세우고/ 서서히 길을 연다/ 꿈꾸게 한다"(이해인, "나의 창(窓)은, 민들레의 영토, 가톨릭출판사, 1987, 47)

고 말합니다.

창을 통해서 사물을 보면 투명한 인생이 다가오는 듯합니다. 가림막이 있으면 내 눈이 아무리 밝아도 대상의 깊이를 꿰뚫어 보지 못합니다. 어림짐작만 할 뿐입니다. 제대로 보지도 못합니다. 올바로 볼 수

도 없습니다. 창을 통해서 세계를 바라보면 창에 내가 비치고 창속의 내가 창을 통해 들어온 사물을 투명하게 쳐다봅니다. 사물이 살아서 오는 것입니다. 아니 사물이 창에 투명하게 비췄다고 말하는 게 맞을 것입니다. "산이 살아서 온다"는 시인의 말 속에는 산을 통째로 보는 생명인식이 엿보입니다. 산이 살았다, 산이 온다는 것처럼 사람은 뼈(ossibus) 따로, 살(carnes; caro) 따로 살지 않습니다. 사람은 뼈에 살이 붙어야 온전한 몸입니다. 뼈처럼 서 있는 몸에 새 살이 붙게 하는 것은 정신(spiritum, 숨; 생기)입니다. 종교적으로는 그것을 숭고한 정신, 거룩한 정신이라 표현합니다.

뼈와 살이 만나서 하나의 온전한 몸을 이루게 하는 정신이 없으면 뼈가 되었든 살이 되었든 아무런 소용이 없습니다. 뼈 안에 정기가 있고 살에도 숨이 살아 숨 쉬게 하는 것이 있어야 몸입니다. 정신은 뼈가 되게 하고 살이 되게 합니다. 그 정신이 있어야 삽니다. 따라서 삶은 정신에 바탕을 두어야 사라지지 않습니다. 쉽게 살아지는 것이 삶은 아니지만, 그렇다고 사라져가는 것만이 삶은 아닙니다. 삶은 사라지지 않고 살며시 다가옵니다.

시인에게 창은 맑은 정신입니다. 정신은 운동하게 하고, 삶의 길을 열어갑니다. 투명한 창, 곧 맑은 정신(영)은 움직이는 모든 것들을 이어줍니다. 정신은 길이요 진리요 생명의 원천입니다. 스쳐지나가는 바람과 같아도 귓가에 생명이라 외치면 이내 투명한 창에 비춰 온전한 자기 자신으로 밝게 드러납니다. 다가오는 세계, 살아가는 사람, 움직이는 생명들은 정신으로 인해서 꿈꾸는 존재가 됩니다. 정신은 숨겨져 있는 듯하지만, 모든 존재자들 속에 숨을 불어넣으면 살포시 자기 자신을 만방에 나타냅니다.

얼빠진 사람처럼 사는 사람들, 혼을 쏙 빼놓고 살아가는 사람들이 많이 있습니다. 세상 세태가 얼도, 혼도 별로 중요하게 생각하지 않습니다. 자신이 창밖에 있으나 창 안에 있으나 창은 서로를 잘 보이도록 비춤으로써 실재를 살아있게 합니다. 달리 말하면 창에 비친 상像은 나의 정신, 나의 얼, 나의 혼입니다. 뼈처럼 드러나 삶의 현실을 외면하지 않고 눈가에 맺힌 바깥의 상들이 생명력을 갖고 꿈틀대기를 희망합니다. 맑은 정신을 가지고 삶을 그렇게 꿈꾼다는 것이야말로 뼈만 남아 다 죽어갈 것 같은 존재자에게 생명을 불어넣는 것이나 다름이 없습니다. "산이 살아서 온다"는 시인의 전언은 죽은 뼈에다 살을 붙여서 마침내 움직이게 하는 맑은 정신을 나타내는 문법적 '자동사'의 표현입니다. 맑은 정신, 곧 영은 오직 그것만으로도 스스로 움직이는 힘입니다. 지금 우리에게 필요한 것은 바로 그 절대정신입니다.

삶은 앙상합니다! 하지만 되살아납니다!

우리의 삶은 메마른 뼛조각처럼 날카롭고 생명력이 없어 보입니다. 비관적으로 들릴 수 있으나 현실이 그렇습니다. 살(carnes)만 바른 후 뼈만 남겨놓은 것처럼 사람들에게는 생동감이 없습니다. 사익과 사적 관심과 명예와 권모술수와 본능에 충실하여 자신의 내면을 들여다보지 못합니다. 건강하지 못한 신앙은 사람들을 죽이고 있다는 것을 모르고 있습니다. 마른 뼈가 살이 붙어 있는 온전한 몸을 비난하는 형국입니다. 정작 자기 자신은 알지도 못하면서 초월자를 본다고 말합니다. 그런 사람이야말로 마른 뼈에 지나지 않습니다. 존재의 맑은 정신으로 몸과 마음이 다시 살아나야 할 사람입니다.

이해인 수녀는 창인 듯 마음인 듯 마음 창을 통한 세계를 이렇게 바라봅니다.

"기쁨을 데려다 꽃피워 주는/ 창은 고운 새 키우는 숲/ 창 속의 숲마을은/ 꺼지지 않는 불빛으로/ 밝아오는 고향/ 온갖 어둠 몰아내고/ 처음인 듯 새롭게/ 창은/ 부활하는 아침/ 갑자기 꽃밭이 되어/ 나를 데리러 오면/ 나는 작아서 행복한/ 여왕이 된다/ 하야 날개루/ 하늘을 날으던 구름/ 어린 시절엔/ 그리 황홀했던 꿈/ 지금은 그냥 잊어만 간다/ 창은-나의 창은/ 오늘도/ 자꾸 피리를 분다/ 끝없이 나를 데리고 간다"(이해인, "나의 창은", 민들레의 영토, 가톨릭출판사, 1987, 48-49

맑은 정신을 통해서 세계를 바라보는 사람은 자신의 망막에 비친 하나하나의 존재가 다 살아서 마음 창을 더 행복하게 합니다. 마음 창을 깨끗하게 닦으면 닦을수록 창밖의 세계는 더 선명하게 보입니다. 마음 창 안에는 온갖 아름다운 세계가 펼쳐집니다. 예쁜 꽃과 청아하게 지저귀는 새, 생명으로 가득 찬 숲, 밝은 불빛, 고향 같은 따사로움은 마른 땅(campi; campus, 혹은 골짜기)에서 찾을 수 없는 것들입니다. 척박한 들판에서는 죽어 있는 뼈들만이 난무할 뿐입니다. 태곳적의 생명은 온데간데없고 풀 한포기 자라지 않는 마음의 종말을 경험하고 있는 듯이 황량하기 그지없습니다. 세계는 물론 사람들의 삶 또한 그러한 현실입니다.

이제 우리가 해야 할 일은 마음의 무덤(tumulos)에서 나와야 합니다. 맑은 정신을 통해서 본래의 마음의 창을 되찾아야 합니다. 존재가 부여한 마음의 창을 망각한 세계에서 다시 그 마음의 창을 더듬더듬

찾아나가야 합니다. 생명의 살이 붙지 않은 상태에서 마른 뼈가 움직인다는 것이 쉬운 일은 아닐 것입니다. 그러나 더 이상 내 마음의 무덤이 부풀어 오르고 그곳이 위험한 상태(tumeo)가 되기 전에 존재의 목소리에 인도되어 원래의 마음의 창을 향해 발돋움을 해야 합니다. 우리는 지금 존재가 분노하고 있는 목소리를 듣고 있으면서도 못 들은 척하고 무덤과 무덤이 싸워서 서로 매장시키고 있습니다(tumulo).

존재는 그와 같은 마음의 무덤에서 나와서 순수한 태곳적 존재의 품으로 돌아갈 것을 말합니다. 맑은 정신에 귀를 기울인다면 그 정신이 끊임없이 말하고 있는 생명적인 것, 본질적인 것을 지향하게 됩니다. 존재는 우리 속에 자신의 정신을 두겠다고 합니다(dabo spiritum meum in vobis). 존재는 우리 안에 기운을 차릴 수 있는 정신을 주겠다고 약속합니다. 정신이 있어야 삽니다(vivetis). 맑은 정신, 절대정신, 존재의 정신이 우리 안에 있어야 살 수 있습니다. 존재의 정신을 품고 있어야 존재와 더불어 지냅니다. 존재와 지낸다는 것은 달리 1차적으로 인간이 먹고 사는 것을 뜻합니다. 더 나아가 존재와 지낸다는 것은 존재와 교제하며 살아간다는 것(vivo)입니다. 존재는 나의 마음의 창에서 자꾸 나를 불러서 자신의 고향으로 불러 세웁니다. 그 목소리를 외면한다면 우리는 여전히 들판에 널브러져 있는 마른 뼈에 불과합니다.

그렇다면 우리는 마른 뼈입니까? 아니면 살이 붙어 있는 몸, 곧 생명입니까?

(겔 37,1-14)

삶은 성스러워라

삶은 고결함을 드러내는 선언적 현실입니다!

이 세상에 태어난 사람은 분명 살아내야 하는 몫이 있습니다. 삶을 말한다는 것은 내가 있다는 것, 내가 존재한다는 것과 다르지 않습니다. 내가 있으니 삶도 말할 수 있습니다. 내가 없다면 삶도 없습니다. 삶을 삶답게 만들어야 하는 것도 나의 몫입니다. 삶의 본래적 구조는 그렇지 않은데 삶을 삶답게 살지 못하게 하는 현실적 구조나 모순이 존재하는 것도 사실입니다. 하지만 삶은 모두에게 공평하게 주어진 최초의 사실입니다. 세계가 존재를 만나는 순간 내뱉은 말은 '당신은 참 거룩하십니다'(Sanctus), 라는 고백적 선언이었습니다. 라틴어 sacer에서 파생된 이 말은 금지나 신성불가침의 의미가 강합니다. 같은 어원을 지닌 sancio는 이런 뜻과 함께 '바치다', '헌정하다', '명령하다'를 품고 있습니다.

'상투스'(sanctus)는 존엄한 존재, 덕스러운 존재, 신성불가침한 삶을 가능하게 한 존재에 대한 찬미입니다. 삶의 본래적인 것을 가능하게 한 것은 내가 있다는 것을 증명해 줄 수 있는 존재가 있기 때문입니다. 내 삶이 삶다워야 하는 당위성도 내가 있기 때문이라는 것, 나의 그 존엄함에 대한 충실한 삶을 살기 위한 것입니다. 동시에 나의 있음을 가능하게 만들어 준 존재가 살라고 명한 그 말에 대한 의무를 다하기 위한 것이기도 합니다. 삶은 그래서 존엄하고 덕스러운 것일 수밖에 없습니다. 삶의 원본적 성격은 인간다운 삶, 곧 고결하고 순결한 삶입니다. 그것을 최대한 지켜나가야 하는 것이 삶입니다. 삶은 나와 외따로 뚝 떨어져 있는 것이 아닙니다. 삶은 삶을 살라고 보낸 자에게 온전하게 바쳐져야 합니다. 삶이 형이상학적이고 초월적인 것을 지향하는 명분이기도 합니다.

이해인 수녀는 삶을 이렇게 풀어냅니다.

"당신의 숲속에서 나는/ 도토리만한 기쁨을 주워 먹으며/ 마음도 영글어 가는/ 한 마리의 신나는 다람쥐/ 때로는 동그란 기도의 알을 낳아/ 오래 오래 가슴에 품어 두는/ 한 마리의 다정한 산새"(이해인, "당신의 숲속에서1", 두레박, 분도출판사, 1988, 128)

시인에게 숲은 존재의 품입니다. 존재의 품에서 자신이 존재하고 기쁨을 표현합니다. 존재의 숲에는 나라는 존재만 있는 것이 아니라 온갖 존재자들이 다 있습니다. 그들과 마음을 나누고 생각을 공유하고 삶을 고결하게 물들이는 것이 인생의 과제입니다. 우리가 '삶속'이라는 말하는 것도 기실 삶을 가능한 존재의 숲속의 삶입니다. 존재의 숲이 훨씬 넓습니다. 아무리 삶을 살기 위해서 발버둥치고 생각하고 감정을 드러내도 결국 늘 제자리인 듯한 허탈함을 느끼는 것도 존재의 숲에서 그 존재를 드러내는 충실한 삶을 살지 않기 때문입니다. 그저 이기적이고 욕망적인 삶을 살기 위해 바쁠 뿐입니다. 존재의 숲을 망각하고 있는 인간의 나약한 모습이기도 합니다.

존재의 숲에서 존재가 부여해 준 삶을 고결하고 존엄하게 살아간다는 것은 시인의 표현처럼 소박합니다. 그저 삶의 소소함과 자족, 소박함에 만족하면서 존재의 뜻을 잊지 않고 살아가는 것입니다. 다람쥐에게 도토리는 좋은 삶의 매체이자 살아가야 할 이유입니다. 사람이 보기에는 하찮은 것이 다람쥐에게는 기쁨이요 하루의 전부입니다. 그 보잘 것 없다는 것에 기쁨을 감추지 못하고 한참 동안 존재를 생각해 볼 수 있는 것이 나의 삶을 덕스럽게 할 수 있습니다. 마음을 기도로 쌓되 아무런 사심이 없이 오직 존재만을 그리는 것이라면 그 마음도 어느 새 고결해질 수 있습니다. 그래서 존재가 거룩하다는 말은 달리 그 거룩함에 따른 나의 금기를 성실하게 지켜나가는 것인데, 그것이 마음의 기도입니다.

마음의 기도는 존재의 숲에서 평안을 누리고 누구도 침범할 수 없는 나의 고유한 삶을 살아낼 수 있도록 해줍니다. 새 한 마리가 훨훨 날아(volabat; volo) 창공의 저 끝에 닿고자 웅크리는 그 순간은 하나의 기도입니다. 기도는 존재의 마음과 생각, 그리고 의지와 바람(volo)을 품는 것입니다. 인간의 삶은 그렇게 살아가는 동안 존재를 품고 다시 태고의 고향으로 돌아갈 채비를 하는 것입니다. 그것은 길기도 하고 짧기도 합니다. 이를 한 세상에서의 찰나의 마음, 그러나 존재의 마음을 가득히 쌓는 삶의 시간, 인생기도의 시간이라 해도 좋을 듯합니다.

삶은 세상으로의 파송입니다!

종교에서 '성전'이라고 번역되는 라틴어 domus는 달리 '집', '고향', 심지어 '무덤'이라는 뜻으로 쓰입니다. 사람이 존재를 만나고 경험하고 기억하는 곳은 성스러운 집입니다. 그 집에서 인간은 다시 태곳적 고향을 그리는 시간을 갖습니다. 구별된 공간은 동시에 잠시잠깐이라도 성스러운 시간을 체험하도록 해줍니다. 일상의 시간이 아닙니다. 그 시공간에서는 존재에 대한 깊은 생각에 잠겨 오롯이 그 존재가 준 삶을 성찰합니다. 존재가 주었지만 어느 새 엉켜버린 삶의 올이 풀어지는 순간입니다. 삶을 전체로 보면 인간이 사는 것 같지만 존재가 그 의미를 부여해 주고 자신을 드러내는 삶을 인간이 살아내는 것뿐입니다. 삶은 인간이 이 세상에 잠시 파송되어 살아간 흔적입니다.

이해인 수녀는 인간의 삶의 시공간적 의미를 이렇게 적고 있습니다.

"당신의 숲속에서 나는/ 사유思惟의 올을 풀어 내며/ 하늘 보이는 집을 짓는/ 한 마리의 고독한 거미/ 그리고 때로는/ 가장 조그만 은총의 조각들도/ 놓치지 않고 거두어들이는/ 한 마리의 감사한 개미"(이해인, "당신의 숲속에서1", 두레박, 분도출판사, 1988, 128)

인간이 존재의 숲에서 삶을 살아가면서 부여받은 명령은 존재를 드러냄, 존재를 생각하여 그 올을 풀어내는 것입니다. 존재의 숲에는 존재가 올올이 스며있습니다. 그 존재의 의미를 풀어내는 것이 나의 삶입니다. 만일 실타래처럼 뭉쳐있고 엉켜있다면 풀어내어 잘 짜내는 것도 나의 삶입니다.

시인이 시를 짓듯이 집을 짓는다는 표현이 흥미롭습니다. 집을 짓는 것, 하늘을 향한 집을 짓는 것이야말로 인간이 존재로부터 왔다는 것을 말해줍니다. 삶을 제대로 살아보라고 보냄을 받은 것(Ecce ego, mitte me)이 인간이라면 삶의 집짓기를 잘 해야 합니다. '보내다'(mitto) 라는 동사에는 '선물로 보내다', '생산하다', '산출하다'는 뜻도 들어있습니다. 그런 의미에서 보면 나의 삶은 모든 사람들과 더불어 있어야 하는 선물이요 다른 사람과 함께 무엇인가를 창조적으로 만들어내야 하는 것입니다. 이해인 수녀는 그것을

"자기만 생각하는 '이기적인 예민함'이 아닌 남을 생각하는 '이타적인 예민함'"(이해인, "당신의 숲속에서1", 두레박, 분도출판사, 1988, 130)

이라는 멋진 말로 밝혀줍니다.

인간이 서로에게 보냄을 받은 선물이요 그 증정을 통해서 존재를 깨우치는 일은 저마다 공통적으로 주어진 삶의 집짓기입니다. 듣기는 듣지만 깨닫지 못하고, 보기는 보아도 알지 못하는 삶(Audientes audite et nolite intellegere, et videntes videte et nolite cognoscere)이라면 갑갑하기 이를 데 없을 것입니다. 존재의 숲에서 부여받은 공평한 삶이건만 누구는 깨닫고 아는데, 반면에 누구는 깨닫지도 알지도 못한다면 삶은 본래적인 동력을 상실하고 말 것입니다. 그렇기 때문에 시인의 말대로 존재는 서로의 삶에 영향을 끼치는 은총이 되고 감사가 되라고 말합니다.

존재에 대해서 잘 모르는 사람이 있을 때, 삶은 그 존재에 대한 편린들을 잘 연결시켜주어야(inter+ligo) 합니다. 삶의 이치에 대해서 우민憂悶할 때는 더불어 아는 것(cum+gnosco)이 필요합니다. 그게 삶이요 살아감이요 살아냄이요 살아 있음입니다. 존재와 사람들, 사람들과 사람들, 그리고 삶과 사람들을 잘 이어주는 삶, 그것이 삶을 선물로

받은 우리들의 예의입니다. 이해인 수녀는

"고마움, 놀라움, 새로움에 눈뜨는 삶의 주인이 되고 싶은 것이다"(이해인, "당신의 숲속에서1", 두레박, 분도출판사, 1988, 129)

라고 말하면서, 시편 작가의 삶짓기를 인용합니다.

"내가 있다는 놀라움, 하신 일의 놀라움, 이 모든 신비들, 그저 당신께 감사합니다"(시 139,14)

(사 6,1-9)

노예가 된 사람들

우리는 스스로 자유인이 되어야 합니다!

성서의 이야기를 읽다보면 왜 인간이란 존재는 스스로 자립적인 삶을 살려고 하지 않는 것일까, 하는 의문을 품을 때가 있습니다. 사람들은 신을 믿는다고 하면서도 그 존재가 보이지 않으니 가시적인 어떤 권력자를 만들고 추종하는 것이 훨씬 더 낫다고 생각하는 것 같습니다. 키르케고르는 인간이란 신 앞에서 선 단독자(Der Einzelne)라고 했는데 그러한 존재는 고독할 수밖에 없습니다. 개별적 인간은 언제나 외롭습니다. 그럼에도 신을 믿는 사람들이 신을 믿는 것이 아니라 나를 지배하고, 나를 대변해줄 수 있는 군주를 원한다는 것이 비신앙적인 것은 아닐까요? 이해인 수녀는 부끄러운 고백이라는 시에서 이렇게 말합니다.

> ““이러면 안 되는데!” 늘 이렇게 말하다가/ 한생애가 다 끝나는 것은 아닐까/ 그런 생각을 자주 해요/ 하느님과의 수직적인 관계/ 이웃과의 수평적인 관계/ 나 자신과의 곡선의 관계/ 시원하고 투명하길 바라지만/ 살아갈수록 메마르고 복잡하고/ 그래서 부끄러워요”(이해인, “부끄러운 고백”, 기쁨이 열리는 창, 마음산책, 2004, 42)

후회가 밀려오는 말의 연속과 요청들은 비단 신과의 관계에서만 이루어지는 것은 아닙니다. 사람과 사람과의 관계에서도 무엇을 요청하거나 반대로 요청을 받는다고 할 때는 지배와 피지배의 관계가 되어버립니다. 외부의 조건이나 상황이 자신을 위협할 때에 반드시 살아남기 위해서 생의 힘을 다하려고 하는 게 인지상정입니다. 하지만 그것을 넘어서 자신의 주체성이나 삶의 주도권마저도 임의의 권력자에게다 양도를 하게 되면 내 삶은 더 이상 자유롭지 못합니다. 여기서 외부의 조건이란 나의 삶을 위험에 빠뜨릴 수 있는 온갖 권모술수와 음흉한 권력 집단, 심지어 전쟁을 일컫습니다. 이러한 가능한 한 상황을 염두에 둔 연약한 사람들은 자신의 주체적인 힘을 다른 권력자를 내세워 자기가 가진 생명이나 재산을 지켜주기를 바랍니다.

신앙인도 예외가 아닙니다. 유대인은 자신들을 이집트로부터 탈출시킨 존재에 대한 확고한 신앙을 점차 망각합니다. 대신에 자신들의 기득권이나 삶의 안정성을 확보해줄 수 있는 새로운 영도자를 찾습니다. 그렇게 지도자를 뽑고 나면 자신들의 삶이 달라질 것이라고 생각하나 후회만 가득해집니다. 내가 내가 아니게 되고 삶은 나의 삶대로 꾸려지지 않습니다. 지도자의 권력에 의해서 삶이 형성되는 것이니 만큼 종속된 존재로서, 노예로서 살아가는 삶이나 다름이 없습니다. 초월자만이 자신의 지도자가 되어야 한다는 절대적인 믿음을 점차 상실하면서 나타나는 현상입니다. 사람에 매이게 됨으로써 자연히 초월자에 대한 신앙은 옅어집니다.

시인이 말한 것처럼 사람이 사람을 지배하거나 군림해서는 안 됩니다. 초월자만이 인간의 지향성이자 힘이 되어야 합니다. 사람과 사람의 관계는 나란히 관계입니다. 평등한 관계입니다. 그러기 위해서는 나는 반성적인 존재가 되어야 합니다. 나 자신을 객관적으로 살펴보면서 나의 강점과 약점을 낱낱이 늘어놓고 초월자에 의해서 나의 삶이 결정되는 '신정정치'神政政治가 최선의 신앙적인 형태입니다. 신앙에서도 누군가에게 의존하여 자신의 영혼을 의탁하는 태도는 그 사람에게 신앙의 노예가 되는 것이나 다름이 없습니다. 본래 예언자는 바로 그러한 것을 경계하던 신분이었습니다.

신이 인간을 다스리던(iudicet) 것을 대신해서 특정한 권력자를 뽑아 다스리게 한다는 것은 달리 그에게 나의 생각이나 행동의 결정권, 심판권을 맡긴다는 의미입니다. 인간이 인간을 판단하고 삶의 사안에 대해서 결정하면 둘 사이의 관계는 수평적인 관계가 아닙니다. 혼탁하고 불투명하며 메마르며 복잡한 관계가 됩니다. 신앙은 예속이 아니라 자유입니다. 오직 신 앞에서 단독자로서의 자유입니다. 누구에게도 속해있지 않습니다. 초월자에게만 속해 있는 존재가 신앙인입니다. 그것을 잊지 말아야 합니다.

모든 사람이 삶의 주체가 되어야 합니다!

우리의 삶은 과연 주체적입니까?, 라고 묻는다면 그에 대해 자신있게 답할 수 있는 사람이 별로 없을 것입니다. 신화나 경전의 이야기를 읽어보면 인간의 삶과 의식, 그리고 행동이 얼마나 수동적이며 비이성적 혹은 몽롱한 정신의 상태에 있는지를 깨닫게 해줍니다. 이해인 수녀는 이렇게 쓰고 있습니다.

"좀더 높이 비상할 순 없는지/ 좀더 넓게 트일 수는 없는지/ 좀더 밝게

웃을 수는 없는지/ 나는 스스로 답답하여/ 자주 한숨 쉬고/ 남몰래 운답니다/ 그러나 이 또한/ 기도의 일부로 받아들여주신다면/ 부끄러운 중에도/ 조금은 위로가 될 것 같다고/ '내 탓이오, 내 탓이오……'/ 가슴을 치는 이 시간은/ 눈물 속에도 행복하다고/ 바람 속에 홀로 서서/ 하늘을 봅니다"(이해인, "부끄러운 고백", 기쁨이 열리는 창, 마음산책, 2004, 42-43)

'조금 더'라는 시인의 부사적 표현을 보면 인간의 아쉬움이 많이 배어납니다. 주체적 정신의 발로는 내가 좀 더 신앙의 본래성에 귀를 기울일 걸, 신앙의 대상에게 나의 모든 정신이 포섭될 수 있도록 할 걸이라는 안타까운 자신의 심정에서 비롯됩니다. 선한 행위든 악한 행위든 종국에는 인간의 주체적 정신의 결과로서 나타난 평가입니다. 다만 그 주체적 정신의 본래성은 초월자의 말씀 안에 있는 것을 의미합니다. '좀 더'라는 부사는 무게 중심이 초월자쪽으로 기울어지길 바라는 인간의 염원입니다. 높음, 넓음, 밝음은 '좀 더'라는 부사어에 어울리지 않습니다. 이미 한쪽으로 기울어진 마음의 지향성이 다 드러났기 때문입니다.

인간이 어떻게 타락을 했는지에 대한 이야기는 인간의 주체적인 정신이 어디로 나아갔는지에 대한 짤막한 기술입니다. 주체적인 정신이 초월자를 향한 기도와 부합하여 그가 말한 것에 대한 절대적 의지를 알아차렸더라면 그것은 악이 아니라 선이 되었을 것입니다. 주체적인 정신은 혼탁해지고 신의 마음을 품고 있었던 그 자리는 죄로 물들고 말았습니다. 그 때 주체는 신이 인간에게 부여해 준 순수한 정신을 상실했습니다. 맑은 정신을 탁하게 한 것입니다. 주체가 정신을 갖는다는 것은 그저 변명만 주저리주저리 늘어놓는다(Dixitque)는 것이 아닙니다.

타락설화는 인간의 부끄러운 고백과 핑계, 그리고 다른 사람의 판단과 판결을 하고 있는 인간 자신의 민낯을 그대로 보여주고 있는 이야기입니다. 이야기가 갖고 있는 진실은 시인이 말한 "부끄러운 고백"입니다. 잘못을 저지르고 나서 공연히 여자(mulier, 아내) 때문에 그랬다, 속아서(decepit; de+capio) 그랬다, 유혹을 당해서 그랬다 등등 떠넘기며 구차한 설명을 하는 게 인간의 일반적인 모습입니다. 이제 인간은 더 이상 주체적인 정신을 갖고 있는 존재가 아닙니다. 주체의 정신은 자신을 속이고 자신으로 하여금 죄를 짓도록 만든 자에게 자기를 양도했습니다. 그럼에도 그 탁한 정신으로 남을 판결합니다. 바로 그가 죄인이라고 말입니다.

인간은 주체적 정신의 잘못된 생각이 욕망으로 드러나 잘못을 저지르곤 합니다. 남의 탓이 아니라 자기의 탓으로 돌리는 것이 건강할 때가 있습니다. 자기의 탓이 될 때 영원한 죄가 되지 않는 법입니다. 삶의 이치는 그저 침묵을 하고서 자신의 가슴에 고통을 주는 것이 오히려 먼 훗날의 그 사람의 삶의 진리나 진실이 됩니다. 당장이 중요한 것이 아니겠는가, 라고 반문을 할지도 모릅니다. 하지만 순간을 모면하려다가 영원을 놓치는 게 인생입니다. 이상을 향해 날아갈 수 있고 더 넓은 마음으로 삶을 살아갈 수 있고 웃는 낯으로 삶을 맞이할 수 있는데, 아차! 하는 순간의 정신은 자신을 들들볶는 답답한 삶의 연속으로 몰고 갑니다.

물론 삶은 그렇습니다. 내가 아닌 남이 그랬다고 하는 유아적인 변명이나 탓을 하고 싶어합니다. 잘못을 저지르는 나를 인정하기 싫어

합니다. 하지만 그렇다고 해서 남의 탓을 한다는 것은 오히려 자신에게 덫을 놓는 것입니다. 시인이 말한 삶의 이법은 이렇습니다. '눈물 속에서 행복함, 바람 속에 홀로 있음, 그러한 단독자로 다시 하늘을 바라봄'입니다. 이러한 인간의 태도는 삶의 어두움을 초탈하는 자세입니다. 설령 사실로서 삶이 나를 속이고, 남이 나를 문제로 삼아 넘어뜨리더라도 부조리함 속에서 자기 자신을 바라봄, 그리고 오롯이 다시 하늘을 향한 삶으로 뚜벅뚜벅 걸어가는 삶이 더 당당해보입니다.

인간은 원래 태생이 단독자입니다. 누군가 "어쩌다가 이런 일을 했느냐?"(Quid hoc fecisti?)고 묻는다면, '부끄럽지만 제 탓입니다!'라고 대답할 것입니다. 그게 단독자인 인간의 솔직한 모습입니다.

(삼상 8,4-11·16-20; 창 3,8-15)

사람의 마음자리

맨 처음 사람은 하늘이 내리는 법입니다!

어느 곳이나 사람들 사이에서는 조금 혹은 많이 특별해 보이는 사람이 있기 마련입니다. 물론 사람을 다르게 본다는 것이 그 사람을 위계적 시선으로 볼 수 있는 여지가 있습니다. 그것은 자칫 사람과 사람 사이의 차별을 낳고 구분을 지을 수 있습니다. 그래도 사람들이 모여 사는 곳에서 '맨 처음 사람'이 있어서 그 사람으로 인해서 사람들의 삶이 나아진다면, 그 사람을 사표로 해서 살아갈 수 있을 것입니다. 종속되거나 예속되는 상태가 되지 않는다면 말입니다. 사람들 앞에 누군가가 세워지거나, 사람들을 앞에서 이끄는 사람은 맨 처음 사람이라 말할 수 있습니다.

맨 처음 사람이라 함은 사람들 앞에서, 사람들 옆에서, 사람들 뒤에서 사람들을 살리는 일을 하는 사람이기 때문입니다. 또한 그러한 사람은 하늘이 내기에 맨 처음 사람이라고 말합니다. 여기서 '맨'이라는 관형사는 '다른 것은 섞이지 않고 온통', '다른 것을 더하지 않은'이라는 뜻으로 사용합니다. 맨 처음 사람은 사심이 없이 오직 사람들을 위해서 존재하는 하늘에서 내린 사람입니다. 우리는 다른 어느 것도 섞이지 않은 하늘의 사람을 바라면서도 그 사람에게 바라는 욕망이 너무 많습니다. 그래서 오히려 그 사람을 끝내 오염시키고 맙니다.

이해인 수녀는 우리에게

"너는/ 나만의 것은 아니면서/ 모든 이의 것/ 모든 이의 것이면서/ 나만의 것/ 만지면/ 물소리가 날 것 같은/ 너"(이해인, "보름달에게1", 시간의 얼굴, 분도출판사, 1993, 40)

라고 낭랑한 소리를 들려줍니다. 시인은 보름달을 향하여 '너'라는 인격체를 부여합니다. 그와 더불어 사물성을 나타내는 소유적인 의미의 '것'(thing)이라 말합니다. 저 우주에 둥그렇게 떠있는 보름달마저도 소유하고 싶어지는 게 사람의 본능입니다. 주변의 사물들이 무엇이건 자신의 것으로 해야 직성이 풀리는 게 인지상정입니다. 하물며 사람이라고 오죽하겠습니까? 사람들이 맨 처음으로 앞세우고 싶은 사람이 오로지 그 자체로만 존재하기를 바랍니다. 하지만 동시에 그 맨 처음이 나만을 위한 존재이기를 바랍니다. 사람의 이중적인 모습입니다.

맨 처음의 사람으로 보냄을 받은 사람은 나의 존재이기도 하지만 모두를 위한 존재입니다. 보통사람들과도 같은 성정을 지닌 것도 있지만 그렇다고 해서 맨 처음의 사람을 사물처럼 다룰 수 없습니다. 그것은 하늘이 원하는 것이 아닙니다. 모든 사람들은 하늘의 기원을 갖습니다. 개중 하늘에서 특별한 명령을 받은 맨 처음의 사람은 그 누구의 소유가 아닌 하늘의 것입니다. 그렇기 때문에 하늘의 사명을 펼치라는 태곳적 소리를 깨달은 사람이 온전히 사람들의 행복을 위한 맨 처음의 사람으로 살지 않으면, 하늘은 그 맨 처음의 사람으로서의 영도력領導力을 몽땅 거두어 갑니다. 그것을 다른 말로 '지도자의 자격과 운명'이라 합니다.

맨 처음의 사람, 많은 사람들의 사표가 되는 사람 자신도 잘못하면 어느 특정한 사람의 사물로 전락할 수 있습니다. 어느 불특정 다수의 이익을 대변하는 불의한 사람이 될 수 있습니다. 마치 자신이 신이라도 된 것 인양 수많은 사람들 위에 군림하는 폭군이 되기도 합니다. 자신이 맨 처음의 사람, 처음보다 더 앞선 사람, 사람들 앞에 제일 먼저 나서서 순진무구하게 하늘의 뜻을 알리고 그 마음이 실현될 수 있도록 헌신해야 한다는 것을 잊지 말아야 합니다.

맨 처음의 사람은 사람들로 하여금 '너'라는 친근함으로 다가가도록 해서 궁극적으로는 하늘을 땅으로 낮춰 내려서 그 하늘을 맛보게 하는 사람입니다. '너'라는 친밀감의 호칭은 맨 처음의 사람이 군림하거나 지배하는 사람이 아니라 사람들의 배려자요 중재자요 친구와 같은 사람이라는 것을 드러내는 관계적 용어입니다. '것'이라는 사물적 관계가 아닌 인격적 관계를 엮어가는 사람을 의미합니다. 지금 사람과 사람의 관계는 사물적이고 비인격적으로 변해버렸습니다. '너'라고 지칭할 수 있는 맨 처음의 하늘 사람이 나타나주기를 바라는 마음이 간절해지는 시대입니다. 우리는 그 사람을 볼 때까지는 영원한 기다림 속에 있을 수밖에 없습니다. 그런데 혹 그 맨 처음의 하늘 사람이 다른 사람이 아닌, 바로 나 자신임을 깨닫지 못하고 있는 것은 아닐까요?

사람은 본시 마음을 잘 살펴야 합니다!

시간이 갈수록 사람들은 겉꾸림에 관심을 많이 두는 듯합니다.

내면은 곤궁해지고 가난해지는데 겉은 부유해보이고 권력이 있어 보이고(intuetur; intuitum) 싶어합니다. 자신의 겉모습(vultum) 혹은 외모를 통해서 어떻게 다른 사람에게 보여지는가에만 초점을 맞춥니다. 사람들을 지칭하는 라틴어 hominis 혹은 homo는 사람 일반을 일컫기도 하지만 권력자(남성)를 나타낼 때도 사용하는 말입니다. 사람들은 자신이 주체적인 판단을 할 수 있음에도 불구하고, 다른 사람에게 맡겨서 마치 그가 나를 판단해 주기를 바라는 마음이 있습니다. 나의 삶이나 모습의 판단은 내가 해야지 다른 사람의 판단에 따른다는 것은 그의 시선이나 판단에 의해서 살아간다는 것을 의미합니다. 이것은 객관성이나 조언과는 다른 차원의 문제입니다.

그저 외양에만 치우칠 경우에는 오늘 내가 정말 나 자신을 봐야 할 시선의 방향성을 잘못 짚을 수 있습니다. 사람이라면 외양이 아니라 내면에 더 많은 관심을 기울여야 합니다. 그럼에도 대부분의 사람들은 외양에 따라서 타자를 판단합니다. 용모, 피부색, 옷걸침, 자가용, 아파트의 평수, 연봉, 지위, 학력 등이 중요한 판단 기준이 됩니다. 하지만 신은 속마음을 봅니다(Dominus autem intuetur cor). 그 사람의 사람됨과 마음(cor)은 같은 말입니다. 단지 겉모습이 좋다고 해서 그 사람의 사람됨 또한 그렇다고 말할 수 없습니다. 겉꾸밈이 아름답게 보인다고 해서 속마음까지 아름답다고 할 수는 없습니다.

겉과 속이 일치되면 더없이 훌륭한 인간됨의 모습일 것입니다. 하지만 그런 경우는 흔하지 않습니다. 사람들은 드문 확률을 좇아서 내게 득이 없는 사람을 만나느니 겉꾸밈에서 곧바로 드러난 사람에게서 1차적 진실성을 찾고 싶어합니다. 그러다가 항상 인생의 낭패를 당합니다. 이해인 수녀는〈보름달에게1〉라는 시 3연과 4연에서 이렇게 말합니다.

“세상엔 이렇듯/ 흠도 티도 없는 아름다움이 있음을/ 비로소 너를 보고 안다/ 달이여/ 내가 살아서/ 너를 보는 날들이/ 얼마만큼이나 될까?”(이해인, “보름달에게1”, 시간의 얼굴, 분도출판사, 1993, 40)

마음에 흠이 없고 티도 없는 사람을 찾기가 쉬운 일은 아닙니다. 많은 사람들이 때가 묻은 채 살아갑니다. 종교인도 예외는 아닙니다. 역설적이게도 우리가 인간인 것은 죄인이라는 것, 오염이 되어 있다는 것을 자인하는 것입니다. 독일 신학자 도로테 죌레(D. Sölle) 부부는

“사람이 죄의식을 가질 수 있다는 것은 인간만의 위대성에 속하는 것이다. 이렇게 자기의 죄의식을 철저히 의식할 수 있는 사람만이 죄에서 돌아서서 생명으로 향할 수 있다”(Fulbert Steffensky, Dorothee Sölle, 이희숙 옮김, 예, 아멘이라고만 하지 말라, 종로서적, 1990, 16)

고 했습니다. 그래서일까요? 흠결이 있다는 시인의 고백은 자신에 대한 겸허함으로 들립니다. 그래서 시인은 달에게서 인간의 원형을 찾고 있습니다. 달을 보면 내 마음이 어떠해야 하는지를 일러주는 것 같습니다. 달을 보면 내 마음을 다시 한번 들여다보게 됩니다. 달을 쳐다보고 있으면 달을 통해서 내 속마음이 참 까맣구나, 하는 것을 알게 되는 것 같습니다. 시인이 볼 때 달은 사람의 거울인 셈입니다.

사람들은 겉모습에다 자신의 참 인간됨의 원형을 감추고 겉꾸밈이 본래의 자기 자신인 척 말하곤 합니다. 우리 자신도 그렇게 생각

할 뿐만 아니라 그들과 똑같은 삶을 살고 있으니 그런 사람의 속마음은 잘 보지 못합니다. 외려 그 겉모습이 진실인 것처럼 착각하고 살아갑니다. 인생에서 티없고 흠없는 속마음을 지닌 사람을 만난다는 것은 차라리 천운이나 복에 가깝습니다. 서로 깨끗하고 아름다운 속마음을 가지고 살기 위해 애를 써야 합니다. 겉모습으로만 판단하는 권력자 혹은 지배자의 시선을 거두고 서로가 하늘의 눈과 시선과도 같은 거울이 되어주어 자기 자신을 보아야 합니다. 그렇게 자신을 상대방에게 서로 비춰주면서 아름답고 훌륭한 마음, 순수하고 거룩한 마음, 자비롭고 사랑하는 마음을 기를 수 있을 것입니다. 만일 그럴 수만 있다면 어느 새 우리도 저 멀리 있는 달과 같이 동그랗고 하얀 순백색의 마음이 생겨나지 않을까요? 죽는 그 날까지 그 속마음을 잘 닦는 것이 모든 사람들의 공통된 염원이 되어야 하지 않을까요?

(삼상 15,34-16,13)

삶은 버겁지만 영혼은 자유로워야 합니다!

프랑스 시인 보들레르(Charles Baudelaire)는 자신의 몸에서 피가 콸콸 쏟아져 나가는 듯하다면서 아무리 더듬어도 삶의 상처는 찾을 수 없다고 말을 합니다. 삶의 결투장과도 같은 거리를 가로질러 사는 자신의 인생을 은유적인 시어로 표현했지만, 그의 시적 언어는 처참한 삶의 사실적 묘사이자 우리의 현실이기도 합니다. 살다보면 삶이 전쟁터처럼 느껴질 때가 많이 있습니다. 좀처럼 삶의 문제가 잘 해결되지 않거니와 본의 아니게 다른 사람과 경쟁관계가 되기도 합니다. 어느 곳에서나 더불어, 함께 산다는 것이 어려운 이유입니다. 나라와 나라 사이, 민족과 민족 사이, 부족과 부족 사이, 개인과 개인 사이에는 늘 크고 작은 갈등이 존재합니다. 영토 싸움이든 자원의 독점이든 정보의 선점이든 먹거리의 안정적 확보든 교육 권력의 욕망이든 수많은 삶의 요소들이 사람과 사람 관계를 힘들게 하고 고통스럽게 합니다. 그럴 때 삶은 참 무겁구나, 하는 생각을 하게 됩니다.

삶이 가벼운 것도 문제지만 삶이 무겁게 다가올 때는 그만 주저앉아 포기하고 싶은 마음이 많이 듭니다. 이해인 수녀는 이러한 현상을 신문의 무거움으로 표현합니다.

"한 장의 신문이 왜 이리 무거운가. 전쟁, 살인, 폭력 등 끔찍한 기사들로 채워진 신문에 눌려 밝은 아침도 어둡고 무거워진다. 신문에도 보도 안 된 어지러운 세상 소식들을 제단에 올려 놓고 착잡한 기도를 시작한다"(이해인, 두레박, 분도출판사, 1988, 41)

그저 기도로만 신문 속 무거운 세상 사람들의 삶이 평화롭기를 바라는 심정은 비단 수도자만의 마음만은 아닐 것입니다.

성서에서도 여러 역사적 질곡과 개인의 아픔, 삶의 애환 등이 자주 등장합니다. 싸움에는 이골이 난 한 이방 장수와 겨루는 다윗이라는 자그마한 청년(adulescentia) 이야기는 우리에게 잘 알려진 이른바 '골리앗 전승'傳承입니다. 싸움은 청년에게 무겁게 생각되었을 법한데 그렇게 말하지 않습니다. 이미 자신의 삶이 그러한 전투와도 같은 나날들이 있었습니다. 양치기로서 이력이 붙은 그가 양을 보호하기 위해서 자신의 목숨을 위협하는 사나운 짐승들과도 맞서 싸웠습니다. 그의 삶은 한마디로 매일이 싸움터였을 것입니다. 그는 지금 이방 장수를 상대로 해서 싸워야 하는 상황을 마치 양치기로 잔뼈가 굵은 자신의 경험과 유사하다고 판단했던 것 같습니다.

한갓 양치기라고 하더라도 그것은 낭만이 아니었습니다. 양치기는 양의 생명을 보호해야 하는 막중한 임무를 띤 사람입니다. 어쩌면 그러면서 자신의 생명도 내놓아야 하는 상황에도 직면했을 것입니다. 삶은 그만큼 치열합니다. 타자의 생명을 지키기 위한 것은 넓게 보면 나의 생명을 지키기 위한 것이니 말입니다. 녹록치 않은 삶의 현실을 견뎌온 가치 있는 삶을 한꺼번에 무너뜨리는 세력에 대해 맞서 싸울 수 있는 것은 자신의 삶의 이력이 아닙니다. 삶의 이력은 그저 수많은 경험의 변수 중에 여러 변수들을 종합해낸 확률에 불과할 뿐입니다. 삶은 확률도, 모험도 아닙니다. 삶의 전쟁터에서 살아날 수 있고 자신의 삶의 가치를 오롯이 펼칠 수 있는 것은 '신 앞에서 단독자'임을 인정하는 것입니다. 다시 말해서 초월자의 은덕(Dominus tecum sit)을 입지 않고서는 어떠한 삶도 예측할 수가 없습니다. 라틴어 불가타 성서의 tecum을 '그대와 함께'라고 번역합니다만 이것은 곧 '너를 너답게 할 수 있는 존재는 초월자이다', 혹은 '그 존재가 네 곁에서 보호해 주기를 원한다'는 그 간절함의 축약어입니다. 그것만이 싸움터에 선 다윗을 버티도록 할 뿐입니다.

우리도 마찬가지입니다. 삶은 버겁지만 우리의 영혼은 존재 그 자체를 향해서 나아가는 자유로운 '나'가 되어야 합니다. 그 나는 파울 틸리히(Paul Tillich)가 말한 '존재 그 자체'(Sein-Selbst)와 더불어 있는 단독자입니다. 이해인 수녀는 우리에게

> "옮게 받쳐 입은/ 보랏빛 고운 적삼/ 찬 이슬 머금은/ 수줍은 몸짓/ 사랑의 순한 눈길/ 안으로 모아/ 가만히 떠 올린/ 동그란 미소"(이해인, "도라지꽃", 민들레의 영토, 가톨릭출판사, 1987, 44)

라고 말을 건넵니다. 우리는 시간이 지날수록 점점 존재 그 자체를 머금은 삶과 신앙이 되어야 합니다. 다윗에게 빌어준 존재 그 자체, 곧 초월자가 너와 함께 하기를 빈다는 그 말은 삶의 전쟁터에서 존재 그 자체를 몸에 붙인/스민 채 살라는 말로 들립니다. 그럴 때 나의 삶을 위협하는 모든 것들과 맞설 수 있고 버틸 수 있습니다. 숱한 삶의 경험들이 나를 보랏빛이 아닌 검디검은 빛으로 물들이고, 붉디붉은

삶으로 적시려고 한다 해도 초월자가 함께 하는 삶은 그 사랑에 힘입어 가느다란 미소라도 지을 수 있지 않을까요?

삶을 가볍게 하세요!

현대인들은 삶의 전쟁터에서 살아남기 위해서 몸 안팎으로 온갖 장치를 다 달고 다닙니다. 칼, 방패, 투구, 갑옷 등을 장착한 나는 진정한 삶을 살고 있는 것일까요? 그것은 나도 똑같이 다른 사람과 싸우겠다는 폭력적인 인간의 모습에 지나지 않습니다. 장치들은 있어도 그만, 없어도 그만입니다. 오히려 불편합니다. 몸과 영혼이 더 가벼워야 삶을 자유롭게 살 수 있습니다. 적을 맞이하더라도 무장해제가 된 상태에서 싸울 의사가 없음을 명백히 할 때 평화로운 관계가 될 수 있습니다. 굳이 싸워야 한다면 몸을 가볍게 해야 합니다. 몸만 잘 사용해도 유리합니다. 몸이 가벼워야 마음도 편안해져서 사태를 잘 보게 됩니다. 몸이 무거우면 외부의 상황을 예의주시하는 능력이 떨어집니다. 그래서 다윗은 몸만 사용합니다. 기껏해야 자신의 장치라곤 물맷돌뿐입니다.

그리고 가장 중요한 순간에 자신의 정신을 존재 그 자체에게 맡깁니다. 삶의 도구나 수단들은 말 그대로 부수적인 것들입니다. 정신이 이미 몸을 가지고 있는데(habeo), 도구들까지 지니고는 삶을 가볍게 할 수 없습니다. 사람들이 몸도 무거운 데다가 부수적인 장치들도 가볍게 하지 않으니 그것을 더 가지려고 이전투구를 합니다. 서로 다투고 죽이는 아수라장이 됩니다. 자신을 죽이려고 하는 자에 맞서 똑같이 죽이기 위해서 더 좋은 몸, 더 좋은 장치들, 더 좋은 수단들만을 덕

지덕지 붙이기 시작하니까 서로 더 심각한 전쟁이 발생합니다.

삶을 가볍게 하면 정신도 영혼도 맑아집니다. 사람들의 삶의 방향은 존재 그 자체를 알려고 하는 데에 초점이 맞춰져야 합니다(ut sciat omnis terra quia est Deus). 좀 더 정확하게는 존재 그 자체를 알리는(scio) 삶이어야 합니다. 속속들이 알고 싶어하는 것은 타자의 사정이나 외부적 정보나 물질의 관심이나 학력의 스펙이 아닙니다.

사람들은 나를 나되게 하는 존재 그 자체에 대한 인식이 없이 살아갑니다. 그렇게 살아가도 삶이라고 생각합니다. 존재 그 자체에 대해서 알리지 않고 알지 않아도 삶은 지속된다고 믿습니다. 하지만 인간다운 삶은 아닙니다. 인간이 인간다운 삶을 살려면 존재 그 자체를 잘 알고 있어야 합니다. 그래야만 삶이 가벼워집니다.

이해인 수녀는 〈도라지꽃〉 5연에서부터 8연에 이르기까지 다음과 같이 말을 이어갑니다.

"눈물 고여오는/ 세월일지라도/ 너처럼 유순히/ 기도하며 살고 싶다/ 어느 먼 나라에서/ 기별도 없이 왔니/ 내 무덤가에 언젠가 피어/ 잔잔한 연도煉禱를 바쳐 주겠니"(이해인, "도라지꽃", 민들레의 영토, 가톨릭출판사, 1987, 45)

삶을 살다보면 눈물을 지을 수밖에 없는 현실을 맞닥뜨리는 일이 다반사입니다. 시인은 그 때 기도를 올리고 싶다고 합니다. 기도의 순간에는 모든 것들이 거룩해집니다. 퍽퍽한 삶도 태양이 뜨면 이내 사라질 이슬도 이름 없는 풀꽃도 다 순호純乎하게 보입니다. 전쟁과 같은 삶의 싸움이 다 끝난 직후에 내 무덤가에 초연하게 피어나는 도라지꽃이 나를 달래줄 것 같은 믿음은 삶의 가벼움과 매순간의 삶을 쳐다보면서 기도를 떠올리는 데서 일어납니다. 시인의 삶에 대한 고백은 그래서 순수해보입니다.

다윗이 블레셋 장수와 싸운 이야기가 우리에게 주는 의미는, 우리의 삶터에서 전쟁을 치르는 존재는 우리 자신이 아니라 바로 존재 그 자체, 야훼 자신이라(ipsius enim est bellum)는 것입니다. 그가 몸소(ipse) 우리를 대신해서 삶터에서 싸워준다는 그 사실만이 순연한 진실(enim)입니다. 다만 우리는 삶터든 죽음터든 몸과 마음을 가볍게 해야 합니다. 어떠한 삶의 도구나 수단[gladio, 칼: 무력(권력)/ hasta, 창: 토지경매(부동산)]이라 할지라도 전체로서의 삶에서 보면 그것으로써 우리를 구원(salvat)할 수 없다는 것을 알아야 합니다.

삶터에서 싸움은 내가 하는 것이 아닙니다. 야훼가 합니다. 그는 우리의 전쟁과 같은 삶터에 '진실로' 있습니다. 우리의 삶은 가벼운 몸과 마음 안에 선물(donum)처럼 넘겨받을(tradet; trado=trans+do) 준비만 하면 됩니다. 그것이 우리에게 알려주는 (신앙의) 진실(enim)입니다.

(삼상 17,32-49)

사랑한다는 최후의 유약함

우정은 사랑 위의 사랑입니다!

"사랑한다는 최후의 유약함에 동의함으로써 우리는 정말로 강해진 우리 자신을 되찾게 될 거야."(R. Barthes, 변광배·김충현 옮김, 바르트의 편지들, 글항아리, 2020, 160)

프랑스 기호학자 롤랑 바르트가 친구 로베르 다비드(R. David)에게 보낸 편지글 일부입니다. 사람들은 때때로 사랑을 세상의 모든 것이라 생각합니다. 그럼에도 사랑만으로도 살 수 없는 게 삶입니다. 삶 안에 이 모양 저 모양의 다층적이고 다관점적인 삶이 존재하기 때문입니다. 수많은 삶의 결을 사랑이라는 한마디의 말로 정의내기기가 어렵다는 말입니다. 성서 안에도 여러 사랑이야기가 전해옵니다. 아가서雅歌書는 연인 사이의 달콤한 사랑이야기나 다름이 없습니다. 예수이야기는 자신의 민족뿐만 아니라 전 인류에 대한 사랑이야기입니다. 그런데 다윗과 요나단의 우정 관계는 가히 연인 사이의 사랑만큼이나 진한 감동을 줍니다. 오죽하면 한 때 자신의 정적이었던 사울의 아들이었지만, 그와는 별개로 깊은 우정을 나누었던 벗이었기에 그가 죽은 후 조가弔歌(plango)를 지어서 바치기까지 했을까요?

연인에 대한 사랑이 깊고 깊어서 사랑노래를 지었다는 말은 참 많습니다. 반면에 친구가 죽어 조가를 지은 경우는 그리 많지 않습니다. 많지 않다고 해서 그만큼 벗과 벗 사이의 우정이 사랑보다 더 가치가 떨어진다는 말은 아닙니다. 오히려 애절한 슬픔을 글로 표현하기가 더 어렵기 때문일 것입니다. 사랑은 말이 길어지고 어휘가 풍부해지지만, 슬픔은 말로 다 이어가기가 난감할 정도로 애간장이 다 타들어갑니다. 필자는 그래서 우정을 사랑 위에 사랑이라고 말하고 싶습니다. 이해인 수녀는

"돌아도 끝없는/ 둥근 세상/ 너와 나는/ 밤낮을 같이하는/ 두 개의 시계바늘/ 네가 길면/ 나는 짧고/ 네가 짧으면/ 나는 길고/ 사랑으로 못박히면/ 돌이킬 수 없네"(이해인, "너와 나는", 오늘은 내가 반달로 떠도, 1986, 64)

라고 말합니다.

돌고 도는 게 인생이라고 합니다. 삶이 유일회성이라고 하지만 지구가 둥근 것처럼 인생은 반복과 재현의 연속인 것처럼 느껴집니다. 삶의 결이 무수히 많고 복잡하지만 그래도 삶과 죽음 그 사이 어디쯤인가를 가고 있는 것처럼 보입니다. 사람과 사람 사이도 어떤 인과관계가 있는 듯이 서로 인연을 맺어가며 삽니다. 그 시간과 공간 사이에서 연인도 밤낮없이 사랑을 합니다. 이상하게도 사랑은 그렇게 불타오르다가 일정한 시간이 지나면 시효가 다 된 듯이 사그라져갑니다.

하지만 우정은 시간이 갈수록 다져지고 더 신뢰를 갖습니다. 무엇인가 부족해도 불만이 없습니다. 그 자체로 서로 인정을 하기 때문입

니다. 무엇이 잘나도 그 잘남이 시기의 대상이 되지 않습니다. 친구가 잘 되면 그 친구가 잘 됨으로써 그의 기쁨과 더불어 나의 기쁨이 됩니다. 사랑은 연인이 잘 되면 그것으로 족합니다. 성숙된 감정은 연인의 잘됨과 잘 안 됨이 관계의 멀고 가까움을 결정하지 않습니다. 이와는 달리 벗의 인식은 여여한 데 있습니다. 친구가 잘 안 되면 친구가 잘 안 됨으로써 그의 고통과 더불어 나의 고통이 됩니다. 친구가 아프면 그의 아픔으로써 나의 아픔으로 다가옵니다. 친구는 너로서의 나와 동등한 인격이고, 나는 나로서의 너와 동등한 인격입니다. 그래서 예수가 너희를 종이라 하지 않고 이제부터는 친구로 대하리라 한 것입니다. 종속 관계나 소유 관계가 아니라 나란히 수평적 관계입니다.

사랑은 나와 너의 구분을 사라지게 해서 온전히 너를 나로 만들면서 나와 완전한 일치의 감정을 갖습니다. 모든 것이 희생적 관계가 될 수 있는 것은 그 때문입니다. 사랑은 희생적이지만 우정은 온전한 나로 있으면서 상대방을 온전한 너로 있게 합니다. 사랑은 서로 소유하려 하지만, 우정은 서로 자유롭게 합니다. 사랑은 감정이지만, 우정은 사유입니다. 그렇다고 사랑과 우정의 우열을 논하자고 하는 것은 아닙니다. 다만 두 가지 관계의 성격이 그렇다는 것입니다. 어쩌면 사랑이 점점 성숙되어진다는 것은 그렇게 우정의 관계로 나아가는 것인지 모릅니다. 그래서 롤랑 바르트는 "사랑만이 유일하게 진정으로 뭔가를 창조해내며, 사랑은 사막을 빛내는 장식의 한 요소"라고 말하면서, "한 사람에게서 정신적 진보란 바로 이것을 예견하는 것"(R. Barthes, 앞의 책, 160)이라고 말을 합니다.

우정은 상호성으로 비로소 완전해집니다!

다윗은 선대 왕 사울과 친구 요나단이 죽고 난 후에 모든 권력과 전쟁이 다 소용이 없다는 것을 깨닫습니다. 우정 앞에서는 권력도 정치도 국가도 이익도 다 부질 없는 것들입니다. 사람과 사람과의 깊은 관계의 축적이 더 중요합니다. 벗과 정을 나누는 데는 재력, 명예, 계산, 사익 그 어느 것 하나도 주요한 요소가 될 수 없습니다. 장점이 있다고 해서 질시가 되지도 않거니와 단점이 있다고 해서 우쭐댈 것도 아닙니다. 연인은 이해득실도 따져야 하고 장단점도 톺아봐야 합니다. 벗은 자신을 다 적나라하게 노출시켜도 하나도 부끄럽지 않습니다.

친구의 또 다른 말로 친고親故가 있습니다. 오래 사귄 벗이라는 뜻입니다. 연인은 잠시 잠깐의 감정적 일치로 금방 가까워지고 관계의 일치가 결심에 이르면 결혼이라는 제도로 묶이기도 하지만, 친구는 오래 사귈수록 형식과 틀을 넘어서 벗의 진가를 알게 됩니다. 연인 사이의 감정을 운명이라고 표현하기도 합니다. 그런데 그 운명보다 더 질긴 관계가 숙명입니다. 이해인 수녀는 시〈너와 나는〉5연에서

> "서로를 받쳐 주는 원 안에/ 빛을 향해 눈뜨는/ 숙명의 반려/ 한순간도/ 쉴 틈이 없는/ 너와 나는/ 영원을 똑딱이는/ 두 개의 시계바늘"(이해인, "너와 나는", 오늘은 내가 반달로 떠도, 1986, 65)

이라고 말합니다.

우정은 벗의 죽음 너머로부터 옵니다. 벗에 대한 감정과 관계는

숱한 경험과 사유의 산물입니다. 시인이 말한 것처럼 원이 완전한 원이 되고자 할 때 선과 선은 서로를 받쳐주고 이어줘야 원이 됩니다. 원은 동그랗지만 기실 원도 직선의 연속일 뿐입니다. 하나의 점이 또 다른 하나의 점을 이어주고 받쳐주는 관계가 사랑이요 우정이요 벗의 힘입니다. 숙명은 그렇게 서로를 위해서 받쳐주는 힘이어야 하기에 한편 고통입니다(doleo). 사랑이 고통 없이 온전한 사랑이 될 수 없듯이, 우정 또한 벗에 대한 살뜰한 감정과 관계와 더불어 죽음과 같은 고통 너머에서 오지 않는 한 참된 우정이라 할 수 없습니다. 다윗과 요나단의 사례가 그것을 말해줍니다. 시인의 단 한순간도 쉴 틈이 없이 상대방을 위해서 움직이는 힘, 영원을 지향하는 마음은 여인을 사랑하는 마음과도 같습니다.

불가타 성서에서는 요나단이 다윗을 우의적으로 사랑했던 것을 amor라는 남성명사로 번역합니다. 그것은 잘 알다시피 본능적인 사랑이나 애정을 나타내는 매우 강렬한 표현합니다. 다윗과 요나단은 그랬습니다. 형인 요나단은 다윗을 끔찍하게 생각했습니다. 라틴어 성서는 '과할정도로(매우) 유쾌하게(맛을 느끼게)'(suavis nimis) 해주었다고 표현합니다. 다시 말해서 요나단은 나이 어린 벗 다윗을 살맛나게 해주는 존재였습니다. 벗과 벗 사이는 삶을 삶답게 만들어주는 상호지지相互支持의 관계입니다. 삶을 공유한다는 의미에서는 부부나 가족도 그렇다고 생각할 수 있습니다. 서로 받쳐주는 관계이기에 벗과 같은 우정의 관계도 가능할 수 있다고 말할 수 있습니다. 같기도 하고 다르기도 합니다. 하지만 이해인 수녀의 또 다른 시에서는 친구에 대한 감정을 이렇게 묘사합니다.

"나무가 내게/ 걸어오지 않고서도/ 많은 말을 건네 주듯이/ 보고 싶은 친구야/ 그토록 먼 곳에 있으면서도/ 다정한 목소리로/ 나를 부르는 너"(이해인, "친구에게", 시간의 얼굴, 분도출판사, 1989, 36)

멀리 있어도 그 존재만으로 마치 지금 여기에서 들리는 듯한 목소리가 되는 게 벗입니다. 그래서 공자도 말합니다. "有朋이 自遠方來면 不亦樂乎아"(벗이 있어 먼 곳으로부터 찾아오면 또한 즐겁지 아니한가!) 벗의 목소리와 발걸음은 부부나 연인, 혹은 가족과 같이 직접성을 띠지 않는다 하여도 그 자체로 이미 살맛나게 해주는 존재입니다. "友자의 갑골문을 보면 又(또 우)자가 나란히 (𠦃)그려져 있습니다. 이것은 친한 벗과 손을 맞잡고 있는 모습을 형상화한 것으로서 사이가 매우 가깝다는 뜻입니다"(네이버 한자사전). 우리는 이것을 이미 삶의 한 가운데서, 그리고 그리스도교 신앙의 종사宗師인 예수에게서 느끼고 체험했던 바 있습니다. 영원에의 동경을 꿈꾸지 못하고 현실에 안주하는 사람에게는 지금 여기에서 서로 있어만 주어도 즐거움과 기쁨을 주는 벗과 같은 존재를 찾는 게 거의 신비에 가까운 일이라고 생각할 것입니다. 많은 사람들이 관계를 수치화, 계량화, 도구화, 수단화하기 때문입니다. 그럴 때면 다윗과 요나단의 관계와 같은 벗이 그리워집니다. 예수는 우리와 그 관계를 보여주었습니다.

그러기에 우리 스스로가 벗과 같은 예수를 닮아야겠다는 마음을 다잡아 봅니다.

(삼하 1,1·17-27)

새롭게 피어나는 삶

이끄미(이끎이)는 가시가 없어야 합니다!

사람과 사람의 관계에서 지배자와 피지배자가 있다는 것은 불합리하다는 생각이 듭니다. 똑같은 사람으로 태어나서 평등한 존재로 살아가는 것이 마땅한 일인데, 이상하게도 세상은 지배자와 지배자의 관계가 깨지지 않습니다. 오죽하면 신정정치神政政治를 해오던 이스라엘마저도 눈에 보이는 왕(rex)을 원했을까요? 무한자가 인간과 세계를 다스린다는 통념을 깨버리고 자신의 대표자를 내세워서 제발 다스려달라는 것은 인간의 고유한 권리를 다른 사람에게 이양하는 것입니다. 초월자에게 의탁해야 할 사람들이 내게 힘이 될 것 같고 보호를 해줄 것 같은 사람에게 자신의 생명권을 넘겨주는 셈이 되는 것입니다.

왕을 나타내는 라틴어 rex의 원래 어근은 rego입니다. 이 말은 '인도하다', '이끌어주다'라는 뜻 이외에 '풀어주다', '바로잡아 주다'와 같은 의미도 함께 품고 있습니다. 왕은 이끌기도 하지만 풀어주고 고쳐준다는 생각이 반영된 것이라 봅니다. 세상은 늘 아름다운 꽃길만 있는 것이 아니라 가시를 잔뜩 바깥으로 세우고 서로 찌르고 찔리는 구조가 존재합니다. 이해인 수녀는 〈장미의 기도〉에서

"피게 하소서/ 주여/ 당신이 주신 땅에/ 가시덤불 헤치며/ 피흘리는 당신을/ 닮게 하소서/ 태양과 바람/ 흙과 빗줄기에/ 고마운 새롭히며/ 피어나게 하소서"(이해인, "장미의 기도", 가톨릭출판사, 1987, 76-77)

라고 말합니다.

땅은 모든 생명들이 함께 사는 공간입니다. 생명들이 존재하는 곳은 늘 평온하지만은 않습니다. 가시를 세우는 일이 참 많습니다. 땅 위에 이끄미가 존재해야 하는 당위성이 있다면 틀림없이 그것은 평화를 위한 것입니다. 이끄미는 자신의 가시가 없어야 합니다. 오히려 이끄미는 가시를 없애는 존재가 되어야 합니다. 시인이 이 땅을 가시덤불이 있는 곳으로 묘사하고 있는 것은 현실적인 삶의 모습을 잘 반영한 것입니다. 단순히 꽃밭길이나 평탄한 대로가 아닌 게 삶입니다. 그 속에서 평화의 맨 몸으로 돋친 가시를 받아들이는 사람이 진정한 이끄미입니다. 다스리고 군림하는 사람이 이끄미가 아닙니다.

시인이 생각하는 삶은 장미의 가시미학의 역설입니다. 가시와 함께 붉게 피어나는 장미꽃은 가시로서 자신의 존재를 확인하지 않습니다. 붉은 이파리로 가시를 무화시키는 게 장미의 주어진 본능입니다. 자신이 이끄미라고 하면서 가시 돋친 말과 날카로운 미소로 사람들을 기만하는 경우가 많습니다. 세상의 모든 아름다운 생명과 추한 것들조차도 하나의 하늘 아래에서 빛과 바람과 흙과 물이라는 공통적인 고마움 속에 존재합니다. 삶의 감사는 가시이건 아니건 모든 존재자에게 다 해당되는 것입니다. 가시는 없어야 할 삶의 장애이고 상처입니다. 그것이 삶의 본질은 아닙니다. 그래도 가시는 존재할 수밖에 없습니다. 존재하는 가시를 그냥 인정하려면 같이 뒹굴며 가시를 끌어안는 것입니다. 그러면 가시는 이내 타자에 의해서 없어지고 피흘림 속에서 서로 가시 없음을 보게 됩니다. 마치 예수가 가시덤불을 헤치고 스스로 뒹굴어 가시를 다 받아들인 것처럼 말입니다. 그 순간 가시는 이끄미의 것처럼 보이지만 그의 이끎(dux: duco)을 통해서 사람들을 살게 하고 그들의 가시를 빼내줌으로써 비로소 이끌고 뽑아서 삶을 삶답게 만들어주는 것이기에 그 가시는 모두의 것이 됩니다.

가시를 지닌 채 세상 바깥으로 피어나오는 것은 삶의 부담입니다. 아름다운 꽃일수록 그것이 갖고 있는 그 아름다움에 심취되면서 가시를 미처 보지 못하니 상처나 실망이 생깁니다. 이끄미는 가시와 같은 삶을 중재하고 해결해줄 수 있습니다. 이끄미가 가시를 자신의 몸에 갖겠다는 자발성은 이끄미의 자질입니다. 하지만 모든 삶의 가시를 공감하고 공유하는 이끄미의 그것이 숙명입니다. 이끄미는 그래서 고통의 존재입니다.

초월자가 깊이 신뢰하는 사람이 이끄미(이끎이)입니다!

이끄미는 자신과 자신을 믿는 사람들과 별개로 존재하지 않습니다. 그는 평범한 사람들과도 한몸(caro)입니다. 프랑스 철학자 장-뤽 낭시(Jean-Luc Nancy)가 "몸, 멀리서 오는 지금"이라는 역설적 표현을 사용한 것도 모든 사람은 몸으로서 만나고 "타자란 하나의 몸"(-Jean-Luc Nancy, 김예령 옮김, 코르푸스-몸, 가장 멀리서 오는 지금 여기, 문학과지성사, 2012, 33)이기 때문입니다. 이끄미는 단지 사람들을 인도하고 지도하는 존재가 아닙니다. 사람들과 몸으로 알게 되는 존재입니다. 그것은 이해인 수녀의 시에서도 잘 나타나 있습니다.

그의 시 〈장미의 기도〉4-7연까지 풀어놓은 문자의 향연은 이렇습니다.

"내 뾰족한 가시들이 남에게/ 큰 아픔이 되지 않게 하시며/ 나를 위한 고뇌 속에/ 성숙한 기쁨을/ 알게 하소서/ 주여 당신 한 분/ 믿고/ 사랑하게 하소서/ 오직 당신만을 위해/ 마음을 가다듬는/ 슬기를/ 깨우치게 하소서/ 진정/ 살아 있는 동안은/ 피흘리게 하소서/ 죽어서 다시 피는/ 목숨이게 하소서"(이해인, "장미의 기도", 가톨릭출판사, 1987, 77-78)

평범한 사람들과 이끄미 사이에는 수많은 가시가 있습니다. 가시나 고뇌를 달고 사는 게 인간이고 특히 평범하게 살아가는 사람들일수록 더 많은 아픔들이 존재합니다. 그것을 이끄미가 알아차릴 수 있는 매개는 자신과 타자가 공통적으로 지니고 있는 코르푸스(corpus), 곧 몸입니다.

이끄미의 몸과 타자의 몸은 다르지 않습니다. 부자의 몸과 빈자의 몸이 다르지 않습니다. 서로 사랑해야 할 몸입니다. 이끄미는 가시와 아픔과 고뇌 속에 살고 있는 이들을 위해서 자신의 몸으로 받을 준비를 해야 합니다. 그게 진정한 정치요 지도자라 할 수 있을 것입니다. 사람들의 대표자(representative)는 자신의 몸을 통해서 신이 계속 현존하고 있음(re-present)을 보여주어야 합니다. 이끄미의 몸은 자신을 위한 몸이 아니라 평범한 사람들의 몸이요 빈자의 몸이요 약자의 몸입니다. 그 몸 안팎에 신이 반복적으로 현존하고 있음을 자신의 몸을 통해서 알게 해주어야 할 책무가 있습니다. 자신의 대표성이 신의 현존 그 자체가 아닙니다. 이끄미의 몸이 평범한 사람들과 동일시되려면(caro tua sumus), 평범한 사람들이 처한 삶의 현실을 외면하지 말아야 합니다. 다시 말해서 이끄미와 평범한 사람들이 존재(sumus)하는 곳(혹은 공통의 이유)에는 초월자가 곁에 있기 때문입니다(erat cum eo).

이끄미가 사람들의 대표자가 되는 이유는 함께 살아가는 모든 사람들이 더불어 초월자를 위해서 존재하기 때문입니다. 이끄미를 존재하게 하고 수많은 사람들을 존재하게 하는 것은 초월자(을 위해서)입니다. '있다'(1인칭 복수 sumus; sum의 3인칭 단수 미완료 직설법 erat)는 우선순위에서는 초월자의 있음이 먼저입니다. 그 다음에 인간의 있음이 있습니다. 모든 존재가 초월자의 존재 안에 있습니다. 자신의 가시가 아닌 것으로 받아들이고 인간의 고통스러운 가시에 의미를 부여해 준 초월자의 의도가 있다면, 그것은 '서로를 위해서 존재하라'는 것입니다. 서로를 위해서 존재하는 것이 힘들면 이끄미를 통해서 서로의 가시를 빼주는 고통을 감내하면서 부둥켜 살라는 것입니다. 그것만이 우리가 다시 살 수 있는 길입니다. 도로테 죌레 부부 신학자는 부활이란 엠마오 발현사화를 통해서 익명의 존재들과 함께 걷고 함께 식사하고 함께 협력하는 것임을 상기시킵니다.

서로 가시에 찔리면 피가 나고 고통스러울 것입니다. 하지만 그것이 곧 수많은 사람들이 내가 있다, 내가 존재한다는 것을 깨우쳐주기 위해서 예수가 겪은 고통스러운 가시로 받아들여야 합니다. 만일 그렇게 된다면 이끄는 사람이나 이끌림을 받는 사람을 통해서 내가 산다, 혹은 내가 있다라는 것을 다시 한 번 더 깨닫는 기회가 될 것입니다. 다른 사람들보다 이끄미의 막중한 책무는 바로 거기에 있습니다. 또한 그런 의미에서 이끄미 자신에게 현존자로서의 실체(ousia; praesentatio)가 법칙(Gesetz)이 되고 그 존재를 현전시키는 자임을 잊지 말아야 할 것입니다. 이끄미는 그 초월자의 법칙 옆에 자신을 두고(setzen) 일하는 사람이기에 그렇습니다.

(삼하 5,1-5.9-10)

삶의 내적 깨달음은 내 것만이 아니라 모두의 것입니다!

사람들은 좋은 것이 있으면 그것이 무엇이든 자기만 독차지하고 싶은 욕망이 강합니다. 심지어 무한자도 혼자만 소유하고 나에게만 복을 베풀어 주기를 원합니다. 사람의 심리가 그러하기 때문인지 삶의 세계는 늘 제자리걸음입니다. 흘러야 할 삶이 정체되어서 그렇습니다. 좋은 것, 무한한 것은 서로 나누고 공유해야 합니다. 그런데 그럴수록 사람들은 자기 것으로 만들어 버리고 감추려고 합니다. 삶이 파편화되고 무미건조해지는 이유입니다. 특히 종교적 삶이라는 것은 그 무엇보다도 세계에 개방되어야 하고 나눠야 합니다. 소유하려고 하지 말고 흐르도록 해야 합니다. 종교는 만인을 위한 것이기에 무한자는 그 누구의 틀 안에 가둬둘 수 있는 존재가 아닙니다.

이해인 수녀의 다음과 같은 표현을 보면 초월자의 언약궤와 유비점을 찾을 수 있을 것 같습니다.

> "기쁨아, 너는/ 맑게 흘러왔다/ 맑게 흘러나가는/ 물의 모임이구나/ 빠르게 느리게/ 높게 낮게 모여드는/ 강, 바다,/ 호수, 폭포/ 조금씩 모습을 바꾸며/ 흘러오는 너를/ 나는 그때마다/ 느낌으로 안다"(이해인, "기쁨에게", 꽃삽, 샘터, 2002, 67)

기쁨(gaudio; gaudium)은 감정입니다. 사람의 어떤 기분(Befindlichkeit)이나 정황성(심경)을 뜻하기도 합니다. 특별히 기쁨이라는 것이 고여 있는 것이 아니라 흐르고 흘러서 우리에게 '온다'는 시인의 발상이 흥미롭습니다. 물방울이 모여서 흐르는 강물이 되듯이 기쁨이라는 기분도 누구의 것이 아니라 모두의 것처럼 퍼져나가야 합니다.

근원적 기쁨, 기쁨의 원천인 무한자의 상징인 궤(arcam; arca) 혹은 상자는 원래 정주定住의 대상이 아닙니다. 무한자는 모두의 기쁨이 되도록 막거나 고착화시키지 말아야 합니다. 언어로 규정을 하거나 기쁨을 누리는 범위를 제한시키거나 무한자로부터 오는 한없는 즐거움을 제어하려는 태도는 오히려 무한자를 감옥(arca의 다른 뜻)에 가두는 것입니다. 다윗이 수많은 정예 군사로 호위를 해서 거룩하고 신비로운 상자를 옮겨올 때는 일정한 공간에 무한자를 한정限定하려는 의도가 아니었을 것입니다. 무한자는 흘러왔다가 흘러나가는 기쁨이자 물과 같이 거침이 없는 존재입니다. 가두려고 한다고 해서 구속되는 존재가 아닙니다.

기쁨의 원천을 어디서나 맛볼 수 있어야 삶이 삶답게 됩니다. 궤가 초월자의 이름(nomen Domini)과 동일시된다고 하는 것은 이름이 들리는 곳이라면 기쁨이라는 삶의 기분은 막히지 않고 늘 편만할 것입니다. 흘러나오고 다시 흘러나가는 장소, 그 깨달음의 자리는 모두에게 열려있습니다. 이름이 불리고 들리는 곳이라면 초월자의 궤는 항상 지금 여기에 있습니다. 그 이름은 기쁨의 원류이고 바로 거기서부터 기쁨은 흘러서 모든 사람들에게 기쁨을 가져다 주는 이름이 됩니다. 궤나 상자가 중요한 것이 아니라 그것이 가리키는 존재가 누구냐가 더 중요합니다. 거룩한 이름은 때로 평범한 사람들 속에 있습니다.

사물 속에도 있습니다. 황폐한 자연 속에도 있습니다. 가난하고 병든 사람들 속에 있습니다. 그렇게 궤는 내면을 파고 들어서 성스러운 내적인 목소리로 수많은 존재자들에게 기쁨의 원천이 됩니다. 초월자의 이름은 이렇게 저렇게 모습을 바꿔서 나타납니다. 그러면서 기뻐하는 기분을 느끼게 해줍니다.

무한자가 올 때는 기쁨으로 오고 다시 흘러나가 다른 모든 존재자들에게 기쁨으로 흘러들어갑니다. 기쁨의 기분은 이 세계에 닫혀있는 것이 아니라 항상 무한자의 자유에 의해서 세계에 개방되어 있습니다. 사람들이 그것을 볼 수 있고 깨달을 수 있어야 합니다.

무한자에 대한 인식으로 춤을 추는 것, 그것이 삶입니다!

삶이 멈칫거릴 때가 참 많이 있습니다. 흘러가는 삶이건만 자의든 타의든 무한자에 대한 인식을 하든 안 하든 주춤거릴 때가 있습니다. 삶이 덩실덩실 춤을 추며(saltabat; salio) 날마다 축제처럼 지속될 수는 없을 것입니다. 다윗은 초월자의 궤가 도성에 당도하자 춤을 춥니다. '춤을 추다'라는 라틴어 saltabat는 뛸 듯이 기뻐하는 모습을 일컫습니다. 마치 수컷과 암컷이 성관계를 하며 나누는 기쁨을 연상케 하는 단어입니다. 그만큼 강력하면서 황홀한(홀레한) 기분과 느낌, 그리고 감정을 직접적으로 나타낸 것입니다.

무한자를 갈망한 후 그 무한자를 만나는 기분은 춤을 추고 싶을 만큼 기쁜 것입니다. 무한자를 대한다는 것이 비일상적인 경험이라고 말할 수 있습니다. 하지만 비교신화학자 요제프 캠벨(Joseph J. Campbell)에 의하면, 무한자의 흐름과 현존은 일상적인 사건 안에서도 경험

이 가능합니다. 이해인 수녀는

"하느님을 알고, 믿고, 그분께 매일 새롭게 응답하는 삶 자체가 기쁨인 것이다"(이해인, "기쁨에게", 꽃삽, 샘터, 2002, 65)

라고 말합니다. 무한자를 체험하면 알지 못했던 신에 대한 거룩한 감정이 자신의 내면에서 깨어 나옵니다. 심장도 두근거립니다. 이와 같은 기분을 종교학자 루돌프 오토(R. Otto)는 "mysterium tremendum et fascinosum"(두렵고 매혹적인 신비)라고 정의내린 바 있습니다.

무한자를 대하게 되면 일상적 삶이 비일상적 삶으로 변합니다. 삶이 달라지고 축제가 됩니다. 다윗이 그랬던 것처럼 삶은 흥분의 도가니가 됩니다. 삶이 늘 그렇다면 일상과 비일상의 경계가 사라질 것입니다. 다윗이 사울의 딸에게서 비웃음을 산 것도 일상과 비일상의 구분을 넘어섰기 때문입니다. 내가 신 안에 있고 내 안에 신이 있으면 그 기분에 일상과 비일상은 의미가 없습니다. 이해인 수녀는 성스러운 존재(numinous)로 인한 일상과 비일상의 변화된 삶의 지평을 이렇게 확장시킵니다.

"모든 맑은 물이 그러하듯/ 기쁨아, 누구도 너를/ 혼자만 간직할 수 없음을/ 세상은 안다/ 그래서/ 생명으로 네가 오면/ 나도 너처럼/ 멀리 흘러야 한다/ 메마른 세상을 적시며 흐르는,/ 웃지 않는 세상에 노래를 주는/ 한 방울의 기쁨으로/ 깨어 있어야 한다"(이해인, "기쁨에게", 꽃삽, 샘터, 2002, 68)

기쁨의 원천은 신에게 있습니다. 기쁨은 초월자가 주신 기쁨입니다. 우리는 인간이기에 본성적 기쁨을 자유롭게 향유할 수 있다고 생각합니다. 기쁨이 들고 나가는 그 조건은 내게 있는 것이 아니라 신에게 있습니다. 시인이 "기쁨아"라고 호명한 것은 내 안에 신의 신비가 함께 있기 때문에 가능합니다. 기쁨이 되었다가 슬픔이 되었다가 분노가 되었다가 사랑이 되었다가 시도 때도 없이 변하는 인간의 기분이란 종잡을 수가 없습니다. 그러므로 삶의 기쁨을 가능하게 하는 신에게서 그 기원을 찾지 않는다면 과연 내 기쁨이 정말 참 기쁨일까, 하는 의구심이 들 수밖에 없습니다.

가장 중요한 것은 무한자에 대한 인식입니다. 무한자를 내가 어떻게 경험하고 느끼느냐가 삶의 기쁨 여부를 결정합니다. 다윗은 무한자를 경험하고 그 존재에게 예를 표하고 이웃과 삶의 기쁨을 나누었습니다. 무한자에 대한 경험과 인식의 결과, 그 현시(Darstellung)는 바로 존재 앞에서 겸허한 마음으로 무릎을 꿇는 것입니다. 그리고 신의 경험에서 비롯된 기쁨과 복을 어떻게 표현할 것이냐, 하는 것입니다.

일상을 살아가는 평범한 사람들에게 낯설지만 그 거룩한 낯섦의 삶을 공유하려고 애쓴다면, 비일상적 낯섦도 결국 또 하나의 삶의 현실이라는 것을 알게 될 것입니다. 그러나 나의 기쁨(festus, gaudium)이 나만의 즐거움(축제 혹은 축일; fetivus)이 되지 않기 위해서는, 신의 사랑을 독점하지 말아야 합니다. 그와 더불어 핏기 없는 온 세상을 기쁨으로 적시고 기쁨의 노래를 들려주며 자신이 한 사람의 기쁨의 사도가 되어야 합니다. 그러나 그 무엇보다도 마땅히 깨어서 신을 경험하고 인식하는 것이 선행되어야 합니다.

"기쁨의 원천이신 주님 안에서 기쁨을 길어, 나와 이웃의 삶을 적시는 한 방울의 기쁨으로 깨어 있어야겠다"(이해인, "기쁨에게", 꽃삽, 샘터, 2002, 67)

이해인 수녀의 말입니다.
(삼하 6,1-5.12-19)

거처 없는 도처의 성스런 거처

생명이 있는 곳이라면 무한자는 바로 거기에 있습니다!

사람은 무한자를 사람처럼 생각합니다. 거처와 먹을 것이 필요하고 돌봄이 있어야 하는 듯이 그를 대합니다. 무한자를 사랑하는 만큼 그러한 마음을 갖는다는 것은 지극히 자연스러운 일일 수 있습니다. 하지만 무한자는 그러한 것을 요구한 적이 없습니다. 자신의 입지를 위해서 인간에게 그 무엇을 요구하지 않습니다. 무한자는 자기 자신으로 족합니다. 학문적 용어로 자존적 존재라고 해도 될 것입니다. 만일 무한자가 내게 이것이 필요하다 저것이 부족하다고 말한다면 그것은 무한자 자신을 위해서가 아닙니다. 무한자를 통해서 기본적인 삶을 영위하지 못하는 사람들을 위한 요청일 것입니다.

무한자는 다윗에게 "지금 내가 거처해야 할 집이 필요하다"고 말한 적이 없습니다. 무한자 스스로가 나의 집이 있어야 하지 않겠느냐, 하는 것은 자신의 운신의 폭을 그 집에 제한하는 것입니다. 사람들, 생명들이 있는 곳이면 어디든지 있어야 할 존재가 일정한 공간에 한정된다면 그것을 무한자라 할 수 없을 것입니다. 지나친 신심은 오히려 해가 됩니다. 무한자는 자유로운 분입니다. 자유로운 존재이기에 사람들을 통해서, 사람들 사이에서, 사람들과 함께 움직였던 것입니다. 그런 의미에서 이해인 수녀의〈7월은 치자꽃 향기 속에〉라는 시에서 떠올리는 심상心想은 우리가 가져야 할 신상(神象, 神想; 무한자의 이미지)입니다.

"7월은 나에게/ 치자꽃 향기를 들고 옵니다/ 하얗게 피었다가 질 때는/ 고요히 노란빛으로 떨어지는 꽃은/ 지면서도 울지 않는 것처럼 보이지만/ 사실은 아무도 모르게 눈물을 흘리는 것일 테지요/ 세상에 살아 있는 동안만이라도 내가/ 모든 사람들을 꽃을 만나듯이 대할 수 있다면/ 그가 지닌 향기를/ 처음 발견한 날의 기쁨을/ 되새기며 설렐 수 있다면"(이해인, "7월은 치자꽃 향기 속에", 기쁨의 열리는 창, 마음산책, 2004, 32)

치자꽃은 향기가 좋다고 합니다. 달작지근하다고 표현하는 사람도 있습니다. 영국에서는 가데니아(Gardenia)라고 불리는 이 꽃은 순결한 소녀가 순결한 남성을 만나서 행복한 결혼생활을 한다는 이야기가 얽혀있습니다. 하얀 치자꽃이 노랗게 시들어 갈 때는 슬픔이 묻어납니다. 사라진다는 것처럼 서글픈 것이 없으니 말입니다. 하지만 살아 있는 동안의 향기는 늘 처음의 그 향기를 머금고 있을 것입니다. 그래서 조선 세조 때 양희안의《양화소록》이라는 글에 보면 치자는 꽃 향기가 맑고 부드럽고 겨울에도 시들지 않는 잎을 가지고 있다고 기록하고 있습니다.

사람들에게는 각자 고유한 향기가 있습니다. 처음의 향기 때문에 그 사람을 알게 되고 그 좋은 향기로 인해서 그 사람과 인연을 맺어갑니다. 시간이 갈수록 향기가 퇴색된다고 생각하고는 이내 그 처음 향기는 기억하지 않고 다른 향기를 욕망하곤 합니다. 사람 따라 향기가 간다고 생각하지 않고, 향기 따라 사람이 간다고 생각하기 때문입니다. 다시 말해서 사람이 향기를 발하는 것이지 향기가 그 사람의 독특한 냄새를 풍기는 것은 아니라는 말입니다. 무한자의 향기, 무한자의 존재도 사람이 있는 곳에서 현전합니다. 무한자는 자신의 집을 가져본 적이 없습니다(Numquam enim habitavi in domo). 오히려 무한자는 자신의 집에 대한 관심이 전혀 없습니다. 그는 자신의 백성이 어디서 살지가 더 중요합니다. 어느 곳에서 자리를 잡고 살도록 만들어 줄 것인가가 그의 관심사입니다(ponam locum populo).

사람이 올바로 자리를 잡고, 사람이 거처할 만한 곳, 안전한 곳, 안정적인 곳을 마련한 후에도 여전히 자신의 자리에 대한 고민은 하지 않습니다. 무한자는 자신의 사람들이 어떻게 사느냐에 대한 염려가 더 큽니다. 자신의 사람들이 거처하는 공간과 자리에 무한자가 현존한다는 것은 달리 말하면 자신의 백성이 자리매김하는 곳이라면 무한자는 언제든 어느 곳에든 존재한다는 것입니다. 사람에 대한 그의 관심이 먼저지, 자신의 거처가 먼저가 아니라는 것을 생각해보면 사람에 대한 무한자의 사랑을 다시 깨닫게 됩니다. 그런데 정작 우리는 사람으로서의 자기 자리에 대한 고민을 하지 않습니다. 내가 있는 곳, 내가 거처하는 곳, 내가 일하는 곳, 내가 말하는 곳이 성스러운 자리가 될 수 있구나, 하는 생각을 거의 하지 않고 삽니다. 그저 무한자의 자리를 빙자하여 자신의 자리를 생각하고 있을 뿐입니다. 지금 나의 자리는 무한자의 현전을 보이고 있는가, 하고 자문해 보아야 합니다.

무한자의 거처를 마련하기 위해서는 '관계'가 우선입니다.

종사宗師의 가르침에 따라서 일정한 공동체가 탄생하면 유형의 조직을 갖춘 종교적 건물을 마련하려고 하는 게 인간의 의지입니다. 유형의 건축물을 통해서 신에 대한 사랑과 헌신, 그리고 그 뜻을 실현하고자 하는 것입니다. 이른바 '신전'(aedificabis; aedes)입니다. 성전(temple)이라고도 합니다. 그런데 집을 짓는다는 것은 연결입니다. 사람의 집을 지을 때도 마음과 마음, 몸과 마음을 잇고 관계를 더욱 돈독히 하기 위함입니다. 이것은 유형의 집을 짓기 전에 먼저 관계를 정립해야 한다는 것을 의미합니다. 사람의 집을 짓기 위해서는 그 집에 모여 사는 사람들이 어떤 관계이냐에 따라서 집의 성격이 달라집니다. 관계를 우선으로 해서 디자인과 크기와 예산과 형태와 의미 등 두루 고려해야 합니다.

무한자의 집도 마찬가지입니다. 다윗에게 말하고 있는 무한자의 말씀은 자신을 위한 집을 짓기 전에 관계를 먼저 생각하라는 말로 들립니다. '내가 살 집을 네가 짓겠다는 말이냐?'(Numquid tu aedificabis mihi domum ad habitandum?) 이 질문은 무한자의 집을 짓기 전에 그 무한자와 사람과의 관계를 먼저 생각하고 있는 나의 의중을 파악하라는 말로 해석됩니다. 무한자는 사람들과 관계를 맺은 후에 그 성전에서 자신의 이름(nomini)이 드러나기를 바랍니다. 무한자는 사람들의 아버지가 되고, 사람들은 신의 아들이 되기를 의도합니다(Ego ero ei in patrem, et ipse erit mihi in filium). 종교(교회)는 이 무한자의 의지를 반영할 준비가 되어 있는가를 점검해야 합니다.

무한자의 거처를 축조하기 전에 무한자는 사람들이 자신의 이름을 길이길이 기억해 줄 수 있는지를 타진합니다. 건축은 무한자가 직접하기 때문에 그에 앞서 아버지로서의 신과 아들로서의 사람의 관계를 더욱 확고히 하는 게 더 중요합니다. 달리 표현하면 무한자가 거처하는 성전이 모든 세속적인 시간성을 넘어서(tem-ple) 무한자와 어우러지는 회상(상상력)과 무한자를 구현하는 공간이 될 수 있는가 하는 것입니다. 이해인 수녀의 시 후반부를 마저 읽어보겠습니다.

"어쩌면 마지막으로/ 그 향기를 맡을지 모른다고 생각하고/ 조금 더 사랑할 수 있다면/ 우리의 삶 자체가/ 하나의 꽃밭이 될 테지요/ 7월의 편지 대신/ 하얀 치자꽃 한 송이 당신께 보내는 오늘/ 내 마음의 향기도 받으시고/ 조그만 사랑을 많이 만들어/ 향기로운 나날 이루십시오"(이해인, "7월은 치자꽃 향기 속에", 기쁨의 열리는 창, 마음산책, 2004, 32-33)

인생은 사방으로 돌아다니는 나그네의 삶입니다. 정주하고 싶으나 그 시간은 잠깐일 뿐 실상은 한시도 머무르지 못하고 떠나는 순간적인 삶입니다. 그 나그네와 같은 인간의 삶을 먼저 안정적으로 정주시키고 자신의 거처를 생각해보겠다는 무한자의 의지에서 우리는 처음부터 마지막까지 변하지 않는 인간에 대한 그의 사랑을 깨닫습니다. 자신의 정체가 이미 떠돌이였습니다(ambulabam; ambio). 자신이야말로 나그네였습니다. 자신이 사랑하는 이스라엘의 백성들과 함께 두루 돌아다녔습니다(transivi cum omnibus filiis Israel). 그래도 "내 거처를 먼저 마련하라", "내 자리가 최우선이다"라고 말하지 않았습니다.

만일 우리가 무한자의 사랑을 먼저 깨닫고 그와의 관계를 더 두텁게 만들면서 무한자가 거처하는 집을 짓는다면 그 집에서는 무한자의 향기가 더욱 짙게 발할 것입니다. 그곳에 모인 사람들에게서 무한자의 사랑을 발견하게 될 것이고 무한자와 더불어 풋풋한 사랑이 넘치는 집이 될 것입니다. 그게 신과 우리와의 진정한 관계여야 합니다. 신전이라 하면서 그곳에 들어가 예배를 잘 드린다고 해서 될 일이 아닙니다. 무한자의 사랑을 알리고 그에 대한 조그마한 사랑이라도 표현하여 곳곳에 그 향기가 배어 있는 집으로 만드는 일이 선행되어야 합니다. 애써 지어달라는 말도 하지 않았음에도 불구하고 신전이라 지어놓고 하는 일이란 사랑도 없고 무한자의 향기도 나지 않는 곳이라면 그가 지향하고 있는 번지수를 잘못 짚은 것입니다.

무한자는 말합니다.

"나는 내 백성이 머무를 곳을 정해 주어 그 곳에 뿌리를 박고 전처럼 악한들에게 억압당하는 일이 없이 안심하고 살게 하리라. 지난날 내가 위정자들을 시켜 내 백성 이스라엘을 다스리게 하던 때와는 달리 너희를 모든 원수에게서 구해 내어 평안하게 하리라. 나 야훼가 한 왕조를 일으켜 너희를 위대하게 만들어주리라. 네가 살 만큼 다 살고 조상들 옆에 누워 잠든 다음, 네 몸에서 난 자식 하나를 후계자로 삼을 터이니 그가 국권을 튼튼히 하고 나에게 집을 지어 바쳐 나의 이름을 빛낼 것이며, 나는 그의 나라를 영원히 든든하게 다지리라. 내가 친히 그의 아비가 되고 그는 내 아들이 되리라."(삼하 7,11-14a)

교회는 그 무엇보다도 무한자의 사랑을 나누어 주는 곳입니다. 그와 같이 무한자의 사랑을 이웃을 위해서, 백성을 위해서 펴주는 성전의 역할을 담당했던 개념이 원시그리스도교 공동체의 에클레시아(ekklesia, qahal)였습니다. 그와 같이 되지 않는다면 아무리 좋고 화려한 집을 짓는다 하여도 무용지물이 될 것입니다. 이를 명심해야 할 것입니다.

(삼하 7,1-14a)

권력은 하늘 소리를 듣는 땅에 속한 사람들의 것입니다!

권력은 평범한 사람들로부터 나옵니다. 평범한 사람들의 의지는 곧 하늘의 의지이기도 합니다. 하늘의 의지를 대신 실행하여 사람들로 하여금 삶을 사는 재미가 있도록 만드는 사람이 정치가, 곧 지도자입니다. 널리 알려진 것처럼 지도자는 태생적 존재가 아닙니다. 땅에 속한 사람들에 의해서 그리고 그 땅에서 사는 사람들의 마음을 헤아리는 무한자에 의해서 선택된 사람이 대표자가 됩니다. 대표자라 해서 사람들 위에 군림을 해도 된다는 말이 아닙니다. 말을 사용해서 무조건 명령을 내리는 사람이 되어서도 안 됩니다. 무한자는 사람들을 동일한 생명이요 평등한 존재로 창조했습니다.

이해인 수녀는 〈반지〉라는 시 1연과 2연에서 이렇게 말합니다.

"약속의 사슬로/ 나를 묶는다/ 조금씩 신음하며/ 닳아가는 너"(이해인, "반지", 내 혼에 불을 놓아, 분도출판사, 1984, 31)

반지는 권력의 상징이기도 합니다. 또한 약속의 상징, 구속의 상징으로 보기도 합니다. 반지는 언제고 낄 수 있는 것도 뺄 수 있는 것도 아닙니다. 그것은 약속과 파기의 위험한 경계를 넘나드는 것이기 때문입니다. 사슬이요 묶임은 단순히 손가락 하나만을 의미하지 않는 것도 그 이유입니다. 특히 반지는 권력자가 등극을 할 때 사람들의 권력의지를 이양 받은 힘의 상징입니다.

이스라엘 민족이 사울이나 다윗을 내세워서 나라(사람)를 다스려 주기를 원했다고 하는 것은 사람들의 권력의지가 반영된 것입니다. 그러니 권력자는 약속을 받은 존재입니다. 사적 약속이 아니라 공적 약속입니다. 수많은 사람들의 공통된 의지를 담아서 그 마음을 잘 헤아리고 올바른 정책을 펴야 하는 게 권력자의 약속이행의 자세입니다. 아무나 권력자가 될 수 있는 것은 아닙니다. 반드시 사람들의 공통된 약속과 그 마음을 공유한 사람이 권력자가 되어야 합니다. 반지가 닳고 닳도록 나라의 백성들을 어루만지는 손이 되어야 합니다. 결단코 그 손은 지배하는 손, 사적 이익을 추구하는 손이 되면 안 됩니다.

무거운 왕관을 쓰게 되면 목에 힘이 들어갑니다. 백성과 시선을 맞추기도 어렵습니다. 왕관에 신경을 쓰면서 권력의 무게를 느끼고, 반지를 쳐다보면서 자신의 권위만 인식하지 백성들의 마음을 보지 않습니다. 다윗이 한 장군의 아내를 쳐다보았다(Viditque)는 라틴어가 품고 있는 의미가 그저 아름다운 오브제를 바라보는 시선만을 뜻하지 않습니다. 거기에는 시각의 조심스러움, 지각과 깨달음도 함께 포함하고 있습니다. viditque는 권력의 시선을 어떻게 가져야 하는지를 잘 나타내 주는 말입니다.

하지만 다윗은 일반 백성들을 그윽한 눈빛으로 쳐다봐야 하는 공적시선이 아니었습니다. 사적 이익의 시선이었습니다. 소유의 시선을 통해서 백성의 마음과 몸을 지배하려고 하였습니다. 한 사람의 여성이라고는 하지만 그는 나라의 백성입니다. 그럼에도 몸과 마음을 대상화

하였습니다. 여인에 대해서는 잔혹한 폭력의 시선과 그녀의 남편에 대해서는 죽임의 시선을 가지고 권력과 권위로 압제한 것입니다. 이처럼 권력이 폭력의 속성을 갖고 있다는 것을 독일어 Gewalt가 증명하고 있습니다.

사람들을 향한 다윗의 약속은 어디로 간 것일까요? 반지가 닳도록 사람들을 사랑하고 무한자에게 기도하는 손이 되겠다는 초심은 사라진 것일까요? 우리가 잘 아는 〈반지의 제왕〉이라는 영화를 보면서 깨달았던 것은 수많은 존재자들의 권력에 대한 욕망이었습니다. 반지는 여전히 선망의 대상이지만 그것을 손에 끼울 때는 어디에 자신이 묶여야 할지 잘 모릅니다. 그것이 사랑이든 신자이든 권력자이든 다 마찬가지입니다. 반지로써 영원히 구속을 해야 하는 존재는 무한자입니다. 권력을 위탁한 백성입니다. 종교든 나라든 그것을 잊지 말아야 합니다.

권력은 사람을 사물적 존재로 가볍게 취급하지 않는 것입니다!

사람과 사람 사이를 한자어로 인간人間이라고 합니다. 그런데 사람 위에 사람, 사람 밑에 사람이라는 한자어는 없습니다. 사람은 관계적 존재이지 지배적 존재가 아니라는 반증입니다. 만일 어떤 사람이 권력을 갖는다면 그것은 다른 사람들에 대해서 서술하고 기술할 뿐만 아니라 명명하며 부르는 주체가 된다(dico)는 것을 뜻합니다. 권력자는 수많은 사람들의 이야기를 들어주며 그들의 이야기를 나의 이야기로 받아들여 삶을 편안하게 해주어야 합니다. 사람들이 삶의 이야기를 자기 스스로 말할 수 있도록 도와주는 협력자여야 합니다.

권력자에게 다른 사람들은 밑에 있는 사람이 아니라 나란히 옆에 있는 동등한 인격체입니다. 권력자가 이를 망각하면 사람을 사물로 취급하고 폭력으로 대하는 것도 모자라 심지어 죽음으로 몰고 갑니다. 이해인 수녀의 〈반지〉라는 시 나머지는 이렇게 씌어있습니다.

> "난초 같은 나의 세월/ 몰래 넘겨 보며/ 가늘게 한숨 쉬는/ 사랑의 무게/ 말없이 인사 건네며/ 시간을 감는다/ 나의 반려는/ 잠든 넋을 깨우는/ 약속의 사슬"(이해인, "반지", 내 혼에 불을 놓아, 분도출판사, 1984, 31-32)

시인에게 반지는 세월의 무게이자 사랑의 무게입니다. 한 손가락에 반지를 끼우는 것은 나와 다른 또 한 사람의 삶의 무게와 마음의 무게를 같이 지겠다는 상징입니다. 세월의 무게까지도 말입니다. 졸혼이니 해혼이니 하는 말이 무성하여 비판도 있지만, 그것이 나오게 된 것도 각자의 세월의 무게와 사랑의 무게를 균형 있게 해야 한다는 것이 아닐까 싶습니다. 하지만 삶의 시간은 반지와 함께 자신에게 감기게 됩니다. 타자의 시간과 내 시간이 중첩되는 그 이중의 무게를 서로 감내해야 하는 순간입니다. 그게 약속이자 구속이자 상호 묶임일 것입니다. 반지가 단순히 미의 상징성만 갖고 있지 않다는 것을 알게 될 때 반지의 무게는 더 커집니다.

권력자도 예외는 아닙니다. 권력과 권위의 상징으로서의 반지를 끼는 그 시간은 수많은 사람들의 삶의 무게가 한꺼번에 감깁니다. 그것을 감당할 수 없다면 권력자가 될 수 없습니다. 수많은 사람들의 삶의 무게뿐만 아니라 시간의 무게를 고스란히 책임지겠다는 생각을 갖게 되면 자신의 옆에서 자기를 감싸면서 나란히 손을 붙잡고 있는 사람들이 보입니다. 장수가 되었든 참모가 되었든 길가에서 쓰레기를 줍는 청소부가 되었든 일용직 노동자가 되었든 이주민 노동자가 되었든 모든 사람이 권력자에게 반지를 선사한 땅의 존재자입니다. 그들은 권력자의 아래에 객체로서 있는 사람들이 아닙니다. 권력자는 주관(주체: sub-iectum, 자기 자신으로부터 이미 앞에 놓여 있는 것)이고 일반 사람들은 객관(객체: ob-iectum, 주관에 대해 서 있는 것, 곧 Gegen-stand 혹은 맞서-던짐)이 아닙니다(김창래, 과학과 정신과학, 고려대학교출판문화원, 2021, 317 참조; R. Schaeffler, 이종진 옮김, 셰플러의 인식론, 도서출판 하우, 2021, 34). 권력자와 일반 사람들은 서로 삶의 체험을 같이 해야 할 사람들입니다. 권력자의 삶이 따로 있고 평범한 시민의 삶이 별개로 존재하지 않습니다. 반지의 한 묶임이 그렇습니다.

우리에게 잘 알려진 독일작가 루이제 린저(L. Rinser)는 "시간에 대한 적의"를 말한 바 있습니다. 길지 않은 인생을 놓고 보면 사람은 같은 수치의 계량적 시간을 살고 있습니다. 물론 의미의 시간은 다르다 할지라도 말입니다. 굳이 어떤 사람이 권력자가 되겠다고 하는 것은 사람 위에 군림하거나 사람을 임의로 지배, 관리, 처분(Walten)하려는 의지와는 다를 것입니다. 권력자는 오히려 더 많은 삶의 무게나 사랑의 무게, 그리고 시간의 무게를 짊어지고자 해야 합니다. 닳고 닳은 반지의 세월에 매여 있는 시간만큼 사람들의 공간과 시간, 그리고 삶을 사랑할 수 있어야 합니다. 다윗의 치명적인 실수는 권력자가 가져야 할 그 공적인 직무 부담을 너무 가볍게 생각했다는 데 있습니다. 한 개인의 시간과 삶, 그리고 사랑의 무게를 너무 하찮게 여겼습니다. 한 백성의 생명적 삶을 수직적인 권력으로 사라지게 했습니다. 반지의 무게, 하늘로부터 오는 반지의 권위를 무시했습니다.

신앙인들 중에는 교회의 권력과 권위에 대해서 회의적인 사람들이 많이 있습니다. 민중들은 정치가의 권력과 권위에 대해서도 고민이 커져만 갑니다. 이러한 때에 난초와 같이 가늘게 숨 쉬는 민중을 위해서 사심 없이 사랑의 무게를 약속할 수 있는 사람이 진정 없는 것일까요?

(삼하 11,1-15)

모든 존재자는 자기 자신이 주인입니다!

하나의 나라 공동체 혹은 집단이나 조직이 만들어지면 덩달아 수직적 위계질서가 생겨납니다. 관리나 질서라는 목적으로 지배나 통제가 자연스러워집니다. 따지고 보면 공무원이라는 관료제도라는 것도 나라를 잘 운영하기 위한 순기능도 있지만 집권과 권력이 원활하게 작동하게 하기 위한 체제에 지나지 않습니다. 나라 혹은 시민의 봉사직이 아니라 자칫하면 위계적 군림자가 됩니다. 권력, 돈, 명예 등이 따라붙어 문제가 생기는 것이 그 이유입니다. 다윗의 나라 운영 방식에서 문제라 할 수 있는 것은 자신이 봉사자나 헌신자라 생각하지 않은 데 있습니다. 마치 수하를 부리듯 사람들의 운명을 좌지우지 하는 것은 통치자의 무소불위의 권력을 휘두르는 폭군이나 다름이 없습니다. 목숨을 취하기도 하고 버리기도 하고 사람과 재산을 갈취하는 권력자의 힘을 연상케 하는 다윗의 이야기는 나라의 주인, 공동체의 주체가 누구인지에 대한 착각에서 일어난 현상입니다. 자신의 심복 우리야를 죽게 하고 그의 아내를 취하는 정치적 욕망과 인간적 욕심은 과거 정치사적 인물인 다윗의 이야기만은 아닙니다. 지금의 정치사도 다르지 않습니다.

여기서 권력자는 항상 옳고 혹은 주체이고, 시민들은 늘 그르며 혹은 객체인가 하는 물음이 던져집니다. 삶이라는 공통분모를 놓고 보면 아무도 주체 아닌 사람이 없습니다. 생의 철학자 빌헬름 딜타이(W. Dilthey)가 삶이라는 것은 삶 자체로부터 해석되고 길어 올려져야 한다는 삶의 원본성을 주장했습니다. 그것은 인식불가입니다. 삶은 체험이고 표현이고 해석학적 이해입니다. 이것은 이해인 수녀의 시에서도 잘 드러납니다.

"내 몸속에 길을 낸 혈관 속에/ 사랑은 살아서 콸콸 흐르고 있다/ 내 허전한 머리를 덮은 머리카락처럼/ 죽음도 검게 일어나/ 나와 함께 매일을 빗질하고 있다/ 깎아도 또 생기는 단단한 껍질/ 남모르게 자라나는 나의 손톱처럼/ 보이지 않는 신앙도/ 보이지 않게 크고 있다"(이해인, "삶", 내 혼에 불을 놓아, 분도출판사, 1984, 78)

하루에도 수많은 세포가 죽었다가 다시 생성되고 심장의 혈액은 몸의 생명을 유지시키기 위해서 쉼 없이 박동질을 합니다. 혈액을 통해서 산소나 영양분이 운반되지 않으면 몸은 죽게 될 것입니다. 기초적인 생물학 시간에 모든 생명체가 그렇게 살아간다는 것을 잘 배웠으면서도 정작 자기는 예외성을 지닌 특별한 존재라고 생각합니다. 생명 일반은 다 똑같습니다. ["과학적으로 인간의 몸을 분석해 구성요소를 보면 이렇다. 물이 2말 정도이고 지방질은 세숫비누 7개를 만들 수 있는 분량이다. 연鉛은 9자루 연필의 심을 만들 수 있고, 석회질은 방 한 칸을 바를 수 있다. 인燐은 성냥 2,200개비를 만들 수 있고, 유황은 방 한 칸에 쓸 만한 DDT살충제가 나온다. 철은 쇠못 한 개를 만들 수 있다. 이것이 몸이다." 이상국, 저녁의 참사람: 다석 류영모 평전,

메디치, 2021, 407] 무한자는 그렇게 생명을 만들었습니다. 사람도 동일한 생명체계로 구성되도록 했습니다. 그래봐야 80세 아니면 100세를 넘길 수 있을까요? 그럼에도 왜 우리는 욕망적 존재로 살아가야 하는 것일까요? 사람을 죽이고 사람을 수단화하고 사람을 사물화 해서 자기 맘대로 하려 할 뿐 모든 생명적 존재와 더불어 살려고 하지 않습니다. 힘이 생기면 다 갖고 싶어 합니다. 아니 원하면 욕망하는 그 무엇이든 다 가질 수 있다고 과신합니다.

머리카락이 생겼다 없어졌다를 반복하다 보면 어느 새 머리카락이 생기는 시간보다 사라지는 시간이 더 빨라집니다. 빗질을 할 때 한 움큼씩 빠지는 머리카락에 세월의 무상함을 떠올립니다. 안간힘을 씁니다. 시간이 갈수록 발톱-사람은 위에서 아래로만 내려다봅니다. 위의 다른 세포들을 위해서 저 밑에는 7만 개 이상의 신경세포들이 일하고 있는데 말입니다-과 손톱은 세월의 무게에 뭉퉁해집니다. 남은 것은 시인이 말한 것처럼 내 혈액 속에 쌓여 흐르고 있는 사랑과 기도의 연륜일 뿐입니다.

철학자 키르케고르는 인간에게 두 가지 착각이 존재한다고 말합니다. 하나는 진실이 아닌 것을 믿는 것이고, 다른 하나는 진실인 것을 믿지 않는 것입니다. 이처럼 아주 단순한 삶의 진실을 우리가 믿으려 하지 않는 것은 아닐까요? 모두가 삶의 주체라는 것을 말입니다. 권력자든 아니든 살아있는 동안 이 지구라는 행성 밖으로 온전히 나가 살 수 있는 존재자는 아무도 나갈 수 없다는 평범한 진실, 그리고 언젠가 죽어야 할 유한한 존재라는 사실, 그것을 생각한다면 무엇을 더 많이 욕망하며 다른 존재자들을 고통으로 몰아넣을 필요가 있을까요? 다윗은 그런 의미에서 용렬한 권력자였던 것 같습니다.

우리가 어떤 존재(정체성, 신분)이든 삶 앞에 겸손해야 합니다!

삶이라는 평범한 일상 혹은 개인을 매우 특별한 생명의 연속성이라는 이 두 가지 개별성(개별적 특성)과 보편성(보편적 특성)의 시선에서 볼 때 모든 것이 삶이라는 평등성, 평평함에 귀결됩니다. 권력자든 부자든 남성이든 여성이든 성적 정체성의 애매성이든 관계없이 삶의 시간은 누구나 다 동일하기 때문입니다. 다윗이 왕이라 해서 생명줄이 더 길거나 더 많이 가진다고 해서 그 행복감이 상대적으로 더 많거나 하지 않습니다. 반면에 가난하고 무지렁이라 해서 가질 게 없고 누릴 게 없기 때문에 불행하다고만 할 수도 없습니다. 이해인 수녀는 이를

"살아있는 세포마다/ 살아있는 사랑/ 살아있는 슬픔을/ 아무도 셀 수가 없다/ 산다는 것은 흐르면서 죽는 것/ 보이지 않게/ 조금씩 흔들리며/ 성숙한 아픔이다"(이해인, "삶", 내 혼에 불을 놓아, 분도출판사, 1984, 79)

라고 적고 있습니다.

몸의 세포들은 흐르는 시간을 견뎌낼 수 없습니다. 아직 시간의 불가역성이 존재하지 않습니다. 시간이 갈수록 세포의 생성과 죽음의 간극은 길게 벌어질 것입니다. 그만큼 삶은 기쁨보다 슬픔, 즐거움보다 고통이 점점 더 많은 시간을 차지할 것입니다. 시인은 그것을 잘 알기에 "살아있는 슬픔"이라고 말합니다. 단지 죽어가는 세포조직 사이로 삶을 숨 쉬게 만드는 것은 사랑뿐입니다. 살아가는 과정이 시간의 흐름 속에서 자기 자신이 천천히 사라져 가는 것임을 모르지 않을 텐데, 그렇기 때문에 그 앎은 성숙한 아픔으로 다가옵니다.

야훼의 눈에 거슬렸던(displicuit; displiceo) 다윗의 행보는 삶과 죽음의 단순한 지혜를 홀로 독차지 하려는 욕망을 보았기 때문입니다. 다윗의 실수나 어리석음만이 아닙니다. 모든 인간의 보편성을 나무라는 것이니 혹 우리도 욕망으로 무한자의 눈 밖에 나고 있는 것은 아닐는지요. 우리도 과연 무한자 앞에서(coram Domono) 그 존재의 뜻에 맞지 않거나 마음에 들지 않는 삶을 살고 있는 것은 아닐까요? 자문해 보아야 합니다. 마음에 흡족한 삶, 무한자의 마음에 드는 삶(placeo)이 아니라고 생각이 들 때, 혹 우리 스스로가 욕망으로 치닫고 있기 때문인지 모릅니다. 다 주었고 다 받았으며 다 풍족하게 갖고 있음에도 불구하고 인간은 "우리는 아직도 부족합니다", "더 주십시오", "더 필요합니다"라고 말하거나 그것을 바라다 못해 타자의 것을 유린한다면 그것은 죄를 짓는 것입니다. 이는 무한자가 말하듯이 자신을 '얕보며 눈에 거슬리는 짓을' 하는 것입니다. 이것은 무한자를 불순한 동기를 가지고 바라보는 것을 뜻합니다(malum in conspectu).

얼굴 바로 앞에서 바짝 들이밀고(co+os=coram) 곱지 않은 시선으로, 불만 가득한 눈으로 무한자를 바라보는 그림이 떠오릅니다. 살고 또 죽고, 죽고 또 살고 하는 시간의 흐름과 연속성에서 삶이 뚝하고 끊길 수 있는 때가 금방 찾아올 수 있음에도 오늘이라는 시간, 내일이라는 시간을 허락하는 무한자에게 매우 오만방자한 태도를 드러내는 말표현입니다. 더 주지 않는다고, 무한자가 자신의 욕망에 부응하지 않는다고 시선 속에 악이 담겨 있는 것처럼 느껴지는 인간의 욕망이란 끝이 없는 듯합니다.

야고보서신에는 "욕심이 잉태하면 죄를 낳고 죄가 자라면 죽음을 가져옵니다"(dein concupiscentia, cum conceperit, parit peccatum;

peccatum vero, cum consummatum fuerit, generat mortem)라는 말이 나옵니다. 욕망 혹은 탐욕이나 욕정으로 번역되는 라틴어 concupiscentia는 종국에는 인간을 죄와 죽음에 이르게 합니다. 싸움과 갈등, 그리고 죽임이라는 삶의 부정적 현실에 맞닥뜨리는 서글픈 진실에 다가서게 됩니다.

따라서 과욕은 금물입니다. 삶에서 필요한 욕구 이외에 욕망은 죄의 온상이 됩니다. 씻을 수 없는 죄에 대한 뉘우침(Peccavi Domino)을 통하여 죄를 옮기거나 연기하는 정도(transtulit peccatum)로는 부족합니다. 우리는 다윗이 평생 자신의 과오를 뉘우치며 살았다는 것을 잘 압니다. 과거의 이야기는 우리에게 교훈이 됩니다. 아무리 위대한 지도자라도 그의 삶을 통해 우리의 보편적인 과오가 되지 않도록 깨우쳐 줄 때 무한자 앞에서, 삶의 시간 속에서 겸허해지는 것 같습니다.

누구나 욕망 앞에 흔들리지 않을 수는 없습니다. 하지만 그것을 잘 넘어서며 살아가는 것, 그것이 인간의 성숙되고 참된 삶이라 할 것입니다.

(삼하 11,26-12,13)

삶이 저물어 갈 무렵

삶은 슬픔의 시간을 넘기는 시련의 꽃밭입니다!

삶은 간단하지도 단순하지도 않습니다. 화려한 것처럼 보이는 삶이라 할지라도 그 삶의 저편으로 돌아가면 그 뒷골목은 참 초라하기 그지없습니다. 어릴 때는 꽃발길 같은 인생을 살아갈 것이라고 생각하고 희망을 품고 살아갑니다. 하지만 삶의 여행에서 맞닥뜨리는 수많은 사건들에서 얻어지는 교훈을 통해 인생이 결단코 꽃길이 아니구나, 하는 것을 뼈저리게 느낍니다. 특히 부모와 자식 사이의 관계는 수수께끼입니다. 자식이 부모를 알 나이가 되면 부모는 더 이상 자신들의 곁에 남아 있지 않습니다. 알게 되었다 하더라도 떠난 부모를 생각하는 것도 한시적입니다. 금세 잊어버리는 게 살아있는 자식들의 기억입니다.

이해인 수녀는 수도자의 삶을 살면서 부모라는 혈육과 많은 교감이 있었을 것입니다. 뱃속으로 낳은 딸이 예수와 결혼을 하겠다고 하면서 한 여인이기를 포기하고 만인의 신앙 어머니가 되겠다고 했을 때는 억장이 무너졌을 것입니다. 때로는 편지로, 때로는 눈물로, 그러다가 어느 날 엄마는 수녀인 딸에게 글 없는 편지, 곧 꽃을 보냅니다. 그것은 엄마의 인생에서 시련이었을 딸의 삶을 보듬어 함께 승화시키겠다는 의지가 아니었을까요? 이해인 수녀는 그러한 마음을 〈엄마의 꽃씨〉라는 시를 통해 이렇게 드러내고 있습니다.

"엄마가 꽃씨를 받아/ 하얀 봉투에 넣어/ 편지 대신 보내던 날/ 이미 나의 마음엔/ 꽃밭 하나가 생겼습니다/ 흙 속에 꽃씨를 묻고/ 나의 기다림도 익어서 터질 무렵/ 마침내 나의 뜨락엔/ 환한 얼굴들이 웃으며/ 나를 불러세웠습니다"(이해인, "엄마의 꽃씨", 기쁨이 열리는 창, 마음산책, 2004, 46)

꽃씨는 생명이고 새로운 삶의 상징입니다. 이미 잉태된 생명을 나눈다는 것은 혈육의 DNA 만큼 강한 것입니다. 그렇기 때문에 꽃씨는 서로의 마음을 주고받는 메시지와도 같습니다. 다윗과 압살롬의 관계가 서로 죽일 수밖에 없는 막장으로 치달을 때 그 둘 사이의 메시지는 증오와 폭력, 분노와 애증이 교차되는 순간이었을 것입니다. 고통과 고난, 불신과 좌절의 메시지를 신호로 내보며 사는 게 부모 자식간에도 다반사로 일어나는 일인가 봅니다. 그 기막힌 현실, 그리고 슬픈 삶에서 우리는 저물어 가는 인생을 보는 듯합니다. 신앙이 있다고 해서 인생의 석양과 같이 희미하게 사라지는 노을의 아린 기억이 축적되지 않는 것은 아닙니다.

삶의 공통의 장에서 익명의 사람과의 뜻하지 않은 갈등으로 시련을 경험하고, 믿었던 피붙이인 자식으로부터 배반을 당하는 현실은 어떤 기대와 희망도 다 놓아버리게 합니다. 하지만 시인이 말한 것처럼 보이지 않는 한 알의 꽃씨, 어쩌면 그나마 남아 있는 꽃씨를 뿌리려는 노력이 있어야 합니다. 꽃씨가 땅속에서 싹을 틔우고 온 세상에 자신의 아름다운 자태를 드러낼 때 비로소 꽃씨를 주고받은 사람들의 마음에서도 웃음이 피어나지 않을까요? 그러기 위해서 먼저 꽃밭을 만들 준비를 해야 합니다. 아니 수많은 사람들에 의해서 부딪혀 상처가 나서 한 알의 꽃씨조차도 나의 마음에 반가운 서신으로 전달되지 않는다 하더라도 이미 서로에게 꽃밭이 있다고 믿어야 합니다.

아버지 다윗이 아들 압살롬에게 품었던 마음이 그런 마음이었을 것입니다. 빈 마음이라고 생각했던 아버지의 마음이 사실은 꽉 찬 메시지가 담긴 꽃씨 같은 마음이었음을 압살롬이 알아주기를 바라는 기대가 있었을 것입니다. 단지 그 꽃밭이 잠시 무너졌을 뿐입니다. 아예 그 꽃밭이 없었던 것은 아니었던 것입니다. 서로 알고 교감하고 이해하면 이미 서로의 꽃밭에 가득한 꽃이 피어난 것이나 다름이 없습니다. 다만 부자지간의 신뢰, 아버지의 마음에 깃들인 무한자의 생각, 아들이 가진 욕망과 자유에 대한 반항이 충돌하여 마음의 꽃밭이 무너지더라도 다시 쌓아올릴 용기가 필요합니다. 다윗과 압살롬이 겪은 삶의 공통된 실수는 그것이 아니었을까요?

삶은 슬픔 속에 녹아든 한 허무함을 깨닫는 배움터입니다!

다윗은 자식의 죽음을 전해 듣고 목놓아 울었습니다. "내 자식 압살롬아, 내 자식아, 내 자식 압살롬아, 차라리 내가 죽을 것을, 이게 웬일이냐? 내 자식 압살롬아, 내 자식아"(Fili mi Absalom, fili mi, fili mi Absalom! Quis mihi tribuat, ut ego moriar pro te? Absalom fili mi, fili mi!) 한 나라의 왕이라 할지라도 혈육에 대한 사랑과 감정은 주체할 수가 없었을 것입니다. 서로 기다리며 사랑의 꽃을 피울 수 있는 꽃밭을 만들면 좋은 부자 관계가 될 수 있었습니다. 하지만 인간이란 아무리 애를 써도 주변의 조건과 자신의 욕망에 매몰되면 이내 삶은 도덕적인 것은 고사하고 신앙적인 것과도 멀어집니다. 꽃씨의 가능태와 꽃밭의 현실태가 다 무너지는 순간이 옵니다.

이해인 수녀는 시 〈엄마의 꽃씨〉 후반에서 이렇게 다짐합니다.

"연분홍 접시꽃/ 진분홍 분꽃/ 빨간 봉숭아꽃/ 꽃들은 저마다/ 할 이야기가 많은 듯했습니다/ 사람들은 왜 그리 바삐 사느냐고/ 핀잔을 주는 것 같았습니다/ 엄마가 보내준/ 꽃씨에서 탄생한 꽃들이 질 무렵/ 나는 다시 꽃씨를 받아/ 벗들에게 선물로 주겠습니다/ 꽃씨의 돌고 도는 여행처럼/ 사랑 또한 돌고 도는 것임을/ 엄마의 마음으로 알아듣고/ 꽃물이 든 기도를 바치면서/ 한 그루 꽃나무가 되겠습니다"(이해인, "엄마의 꽃씨", "엄마의 꽃씨", 기쁨이 열리는 창, 마음산책, 2004, 46-47)

꽃씨는 아직 어립니다. 아예 눈에 보이지 않을 정도로 작은 것도 있습니다. 하지만 그러한 꽃씨들이 다양하고 아름다운 꽃으로 피어나는 것을 보면 여간 신비한 게 아닙니다. 사람들은 그 꽃을 소유하려고만 하지 꽃들이 말하고자 하는 메시지는 듣지 않습니다. 사람도 그렇습니다. 하고 싶은 말, 욕망적인 말, 이익이 되는 말, 교묘하게 속내를 감추는 말은 많은데 솔직한 말은 없습니다. 솔직하면 다친다고 생각합니다. 진실하고 진정성이 있는 말을 하면 상처를 준다고 여기고 피합니다. 다 말할 수 없고 다 들을 수 없다면 멈추거나 아예 말을 하지 않는 것이 상책입니다. 하지만 언제 우리는 진실을 말하고 진솔한 마음의 이야기를 나눌 수 있을까요?

엄마가 보내준 여러 꽃씨들은 그가 정작하고픈 말들을 대변하는 마음의 편지였을 것입니다. 꽃씨를 나누듯이 마음을 나누어라, 아름다운 꽃씨는 너 혼자 심어서 홀로 외롭게 싹틔우라고 있는 것이 아니라 온 세계에 아름다움을 같이 볼 수 있도록 하는 것이 마땅하다, 하는 마음 글의 표현입니다. 사람과의 관계, 부모 자식간의 관계도 너무 전략적입니다. 솔직하고 진솔하며 진정성이 있는 말이 자꾸 사라지는 것 같습니다. 그 결과는 파국의 슬픈 인생을 맛보는 지경에 이르게 됩니다. 꽃씨를 보내준 엄마의 마음은 나눔이고 공감이고 사랑입니다. 그것을 하지 못해서 마음을 애태우는 삶이 얼마나 힘든지 우리는 잘 압니다. 돌고 도는 게 인생이라는 말이 있듯이, 시인도 그러한 이치를 공감합니다.

압살롬의 죽음과 같은 극단적인 슬픈 현실을 맞이하기 전에 묻고 또 물으면서 마음의 꽃씨를 나눌 채비를 해야 합니다. 다윗이 아들 압살롬의 죽음에 대해서 자책을 하는 말은 후회와 회한이 뒤섞인 감정의 토로입니다. 나의 탓이다, 내가 네 마음을 나누었어야 했다(tribuat; tribus), 내가 대신 죽었어야 했다(moriar; morior)하면서 통탄하는 그의 모습에서 우리는 삶의 저 끝 어스름한 무렵을 나타내는 것 같은 느낌을 갖습니다.

꽃씨를 틔우기 위해서는 좋은 흙이 필요합니다. 그 위에서 꽃밭이 만들어집니다. 그러려면 꽃씨와 있는 시간, 꽃밭과 함께 하려는 시간이 절대적입니다. 그것 없이도 꽃씨는 뿌려지겠지만 꽃밭은 엉망이 됩니다. 정작 나눌 꽃씨는 만들어지지도 않을 것입니다.

죽음으로 해석되는 라틴어 morior는 '진력을 다하다'라는 속뜻도 같이 있습니다. 진력을 다하지 않으면 죽음도 성공하지 못합니다. 부자지간의 갈등이 빚어낸 자식의 죽음은 다윗 자신의 사라짐이나 마찬가지입니다. 삶의 허무함이 스쳐지나갑니다. 너무 슬퍼서 삶이 시련의 꽃이 돼버리기 전에 엄마(부모)의 마음을 얼른 알아채고 그 깊은 마음을 나누어야 합니다. 그렇게 된다면 세상의 아름다운 꽃씨는 돌고 돌아 긴 여행을 통해서 세상을 온통 아름다운 꽃물이 들도록 할 것입니다.

(삼하 18,5-9.15.31-19,1)

삶의 지혜, 사람-사이로 흐르는 무한자의 소리

지혜는 다른 사람들과 더불어 잘 살기 위한 것입니다!

지혜(Weisheit)는 삶의 방편(Weise)입니다. 그것이 가리키는(weisen) 대로 살아가면 삶이 더 행복해지거나 덜 불행해집니다. 지혜는 또 사람들을 인도하기도 합니다. 나를 인도하고 다른 사람들을 이끌어주는 좌표와도 같습니다. 그런데 지혜가 자기 자신만의 처세술이 된다면 그것은 이기적인 삶의 방법이나 수단에 지나지 않습니다. 지혜는 나도 잘 살고 너도 잘 살 수 있는 것이어야 합니다. 그게 참 지혜입니다. 우리가 일반적으로 '지혜롭다'는 말을 사용할 때는 그 위기를 잘 모면했다거나 상황에 걸맞게 잘 처신했을 때 평가하는 술어처럼 들릴 때가 많습니다. 한 사람의 생각이나 판단에서 비롯된 행동을 놓고 칭송을 할 때가 왕왕 있습니다. 하지만 지혜는 함께 더불어 잘 살기 위한 것입니다. 솔로몬의 기도에서 배울 점은 그것입니다. 지혜는 수많은 사람들을 '위한' 판단, 생각, 처신, 행동들을 잘 할 수 있도록 자기 자신을 공적으로 여기는 것입니다. 달리 삿된 생각을 쫓아내는(weisen) 것입니다.

이해인 수녀는

"잠에서 깨어나라/ 멈추지 말고 흘러가라/ 좁은 마음 넓혀서/ 네 마음과 마음 사이로/ 사랑이 파도치게 하라/ 푸르디푸른 음악으로 출렁이면 자꾸만 일어서려고 했던 나의 아침 바다여"(이해인, 꽃삽, 샘터, 2002, 176)

라고 말하면서 이렇게 덧붙입니다.

"홀로 듣는 음악도 아름답지만/ 함께 듣는 음악도 아름답다/ 홀로 부르는 노래도 즐겁지만/ 함께 부르는 노래도 즐겁다"(이해인, 꽃삽, 샘터, 2002, 177)

가리킴과 가리켜보여줌은 주관이나 객관과 상관없이 모두가 그 방향으로 나아가기 위한 삶의 인식(Wissen; wissend)입니다. 깨달음, 깨어남이라는 것은 홀로, 외톨이로 그렇게 살아가기 위한 인간의 최소한의 사람됨의 발로인 것은 맞습니다. 하지만 그것만은 아닙니다. 깨달음이나 깨어남은 자신만을 위한 것이 아닙니다. 시인이 언급하고 있듯이 깨달음과 깨어남은 상호주체성입니다. 나와 너 사이에 흐르는 음악과 같은 삶의 선율입니다.

지혜는 나와 너 사이에 흐르는 좋은 파장이요 화음입니다. 나의 깨달음이나 깨어남이 내게만 좋은 것이라면 아무 소용이 없습니다. 많은 사람들을 위해서 깨달음이요 깨어남이어야 의미가 있습니다. 멈추지 말고 흘러야 지혜요 사람들을 사랑하는 것이 지혜입니다. 솔로몬의 기도에서 함의하고 있는 마음은 자신을 위한 것이 아닙니다. 수많은 사람들을 위한 만인의 삶의 방편입니다. 거기에는 온갖 삶의 문제들을 생각하고 판단하고 결정해야 하는 정신의 치밀성이 필요합니다. 의식주의 문제까지 포함하면 자신의 깨달음과 삶의 깨어남은 단순히 사적이 아니라 공적인 앎, 곧 공적인 지식입니다. 그것이 지혜로움의 본질이 되어야 합니다. 더욱이 한 집단의 삶의 좌표를 보여주어야 할 사람에게는 많은 사람들을 위한 공적인 앎과 지식은 절대적입니다.

그렇게 지혜는 음악과도 같습니다. 함께 부르는 노래, 함께 듣는 음악이 더 아름답고 즐거운 법입니다. 외톨이 음악, 홀로 하는 노래보다 더 흥이 나는 가락은 함께 하는 것, 함께 할 때입니다. 소리를 들려주고 목소리로 아름다움을 전해주는 것은 홀로 음악으로는 알아줄 사람이 없습니다. 아름답다고 하는 것은 공동의 감각이요 깨달음이지 홀로 느껴지는 감성이 아닙니다. 지혜의 공공성이라는 것도 동일합니다. 아무리 내가 지혜롭다고 하더라도 타자가 존재하지 않는 이상 지혜로움은 아무 소용이 없습니다. 지혜가 온전하게 지혜다움이 되기 위해서는 외따로 존재할 수 없습니다. 지혜다움은 수많은 익명의 존재자에게 공명이 되어 함께 즐겁고 행복한 삶을 창출할 때 가치가 있습니다. 그런 의미에서 애초에 솔로몬은 지혜로운 지도자였다고 말할 수 있습니다.

지혜는 사람들 한 가운데에 있습니다!

솔로몬은 무한자에게 처신을 잘 할 수 있게 해달라고 기도합니다. 불가타성경에서는 처신을 '언제 나오고(출구) 언제 들어가야(입구) 하는지(egressum et introitum)'로 풀어서 번역을 했습니다. 처신은 달리 사람이 처한 삶의 상황이든 사람의 관계든 출입구를 제대로 아는 게 지혜입니다. 비속어로 말한다면 똥인지 된장인지를 잘 아는 사람이 지혜로운 사람입니다. 사이에 흐르는 파장과 기운과 분위기 나아가 갈등과 긴장을 잘 흐르도록 만드는 게 지혜입니다. 이해인 수녀는 〈흐르는 삶만이〉라는 시에서 그 묘수를 이렇게 가르쳐줍니다.

> "구름도 흐르고/ 강물도 흐르고/ 바람도 흐르고/ 오늘도/ 흐르는 것만이/ 나를 살게 하네/ 다른 사람이 던지는 칭찬의 말도/ 이런저런 비난의 말도/ 이것이 낳은 기쁨과 슬픔도/ 어서어서 흘러가라/ 흐르는 세월/ 흐르는 마음/ 흐르는 사람들/ 진정/ 흐르는 삶만이/ 나를 길들이네"(이해인, "흐르는 삶만이", 여행길에서, 박우사, 2001, 122)

사람들 사이에서 정체되어 멈추어 버린 삶은 삶이 아닙니다. 자연스럽게 흐르는 삶, 어떠한 관계에서도 막히지 않으면서 살 수 있는 삶이 지혜로운 삶입니다. 한 사람의 삶이 그러해야 하고 그러한 삶을 살 수 있도록 물꼬를 터주는 것이 참다운 지혜입니다. 지도자나 범인凡人이 공통적으로 갖추어야 지혜입니다. 삶을 살다보면 장소든 대화든 언제 들어가고 언제 나가야 하는지를 잘 아는 것도 삶을 달라지게 합니다. 행복과 불행의 관건이 됩니다. 물 흐르듯 들어가고 나가면 좋은데, 그게 그야말로 잘 안 되는 게 사람의 일이고 관계입니다. 잘 들어가다가도 나오는 시기가 그럴 때가 아닌데 나오게 되면 분위기가 이상해지고 관계가 깨지게 됩니다. 역도 마찬가지입니다. 그러니 불가타 성경에서 번역한 처신이라는 말의 의미가 참 적절합니다.

사회나 집단은 그런 것을 판별하는 능력을 잘 가르치지 않습니다. 보여주는 것조차도 하나의 이익이 되기 때문에 공유하지 않습니다. 판단과 식별의 몫은 개인입니다. 사람들 사이에서 중요한 삶의 부드러운 흐름들을 잘 꿰뚫는 것은 결국 개인의 몫일 따름입니다. 솔로몬의 기도에서 "당신의 백성 가운데서"(servus tuus in medio est populi) 라는 말이 중요합니다. 지혜는 사람들의 삶 한 가운데에 있습니다. 지도자의 지혜는 혼자서 가지고 있어봐야 아무런 가치가 없습니다. 사람들 한 가운데에서, 바로 그 무리들 안에서 가르치고 유순한 마음(cor docile)을 갖는 것, 선과 악을 잘 판별하는 능력(discernere inter bonum et malum), 슬기로운 마음과 명석함(cor sapiens et intellegens)이 있어야 합니다.

사람과 사람 사이, 사물과 사물 사이, 생명과 생명 사이, 사물과 사람 사이의 흐름을 막히지 않게 하는 지혜, 공적 지혜가 필요한 세상입니다. 솔로몬은 지도자였습니다. 지도자로서 가장 중요한 소양이 무엇인지 잘 알았습니다. 그것은 많은 사람들 가운데에서 흐르는 삶의 흐름들을 순조롭게 하는 것임을 간파했습니다. 물 흐르듯이 살아가는 삶은 거칠 것이 없고 다툴 것이 없습니다. 물은 부드럽습니다. 물은 소유할 것도 없습니다. 물은 만물을 감싸 안고 흐릅니다. 우리는 무한자에게 무엇을 요청해야(postula) 할까요? 부귀와 명예(divitias scilicet et gloriam), 장수(dies multos)일까요? 아니면 모든 사람들과 삶을 더불어 살아가는 공적 지혜일까요? 특히 타자의 막힌 삶을 힘겹지 않게 흐르도록 해주는 지혜를 달라고 무한자에게 기도해야 하지 않을까요? 무한자는 그것을 좋아하실 것입니다(placuit; 대견하게 여기다, 마음에 흡족하게 하다). 게다가 무한자의 교훈과 명령을 지키면(custodieris praecepta mea et mandata mea) 우리가 구하지 않은 그 외의 부수적인 삶의 요소와 조건들을 겸하여 받게 될 것입니다. 사람들 사이의 지혜를 찾으려고 노력하는 사람들에게는 말입니다.

지혜, 그것은 어쩌면 이웃과 나, 타자의 영혼과 나 사이에 흐르고 있는 무한자의 소리는 아닐까요?(이해인, "종소리", 오늘은 내가 반달로 떠도, 분도출판사, 1986, 78-79)

(왕상 2,10-12·3,3-14)

가까이 다가오는 삶

삶은 가까이 모셔오는 것입니다!

우리는 삶을 산다고 말합니다. 내가 있으니까 삶도 있는 듯이 말입니다. 만일 인간이 주체가 된다면 이 세계에서 삶을 산다고 말할 수 있을 것입니다. 그러나 반대로 삶이 주체가 된다면 우리는 삶을 사는 게 아니라 삶이 우리를 살게 하는 것입니다. 삶을 살아가는 데 여러 가지 요소, 곧 조건, 환경, 상황, 사물, 조직, 제도, 법이 있는데 그것이 우리를 살게 한다고 말할 수 있습니다. 여기에 덧붙여 종교를 갖고 있는 신앙인들은 종교, 곧 무한자라는 존재가 우리로 하여금 삶을 살아가게 만든다고 고백할 것입니다. 그런 의미에서 삶은 산다고 하기보다 삶의 주체(주관)를 내게로 모셔온다, 혹은 주체로서의 삶을 내게로 모셔온다고 하는 것이 더 정확할 것입니다.

일반적으로 삶을 살려고 하니까 힘들고 어렵습니다. 반대로 삶을 역설적으로 살아가려는 게 신앙인입니다. 이것을 이해인 수녀는〈제비꽃 연가〉에서 이렇게 말합니다.

"나를 받아주십시오/ 헤프지 않은 나의 웃음/ 아껴 둔 나의 향기/ 모두 당신의 것입니다/ 당신이 가까이 오셔야/ 나는 겨우 고개를 들어/ 웃을 수 있고/ 감추어진 향기도/ 향기인 것을 압니다"(이해인, "제비꽃 연가",

시간의 얼굴, 분도출판사, 1989, 68)

삶을 분출시키는 주체가 나라면 굳이 나를 받아달라는 기도를 하지 않을 것입니다. 나라는 존재, 혹은 내가 사는 삶을 살도록 하는 주체가 나를 받아주지 않는다면 내가 서 있는 삶의 자리는 늘 불안합니다. 인간은 그 지반이 없이도 살아갈 수는 있습니다. 그것은 신앙을 전제로 하지 않을 때는 가능합니다. 무수한 가능성과 우연성에 의해서 삶을 살아감으로써 인간은 그것을 가능한 한 필연성으로 바꾸고 싶어할 것입니다. 자신의 삶이 불안하지 않게 하기 위해서 말입니다. 사람의 정체성을 표현하는 언어들 중에 구체성을 띤 웃음, 추상적인 향기를 거론할 수 있습니다. 하지만 웃음도 향기도 내게서 발하는 것이 아닙니다. 인간의 향취나 인간으로서의 자기 정체성을 나타내는 표정도 무한자의 다가옴을 인식해야만 일어나는 현상입니다.

시인의 고백이 현실로 다가오는 솔로몬의 성전 건축이야기, 그리고 그 공간에 대한 성스러움을 위해서 야훼를 모시고 오는 사건을 보면 단순한 개인사라고 치부하기에는 그리 녹록치 않습니다. 무한자를 성스러운 공간으로 모셔 들임은 그곳에서 궁극적인 삶이 싹트고 그 삶을 통해서 수많은 사람들이 그리스도인의 삶의 근원과 탈속성脫俗性을 공유하고 공감하게 됩니다. 성전이라는 공간은 모름지기 그러한 거룩한 삶을 배태하는 공간, 성스러운 삶을 탄생시키는 장소입니다. 무한자의 다가옴, 그리고 무한자의 머무름을 통하여 우리는 삶이 내게서 이뤄지는 것이 아니라 무한자에 의해서 이뤄진다는 것을 다시 깨닫습니다. 적어도 신앙은 그렇습니다. 웃음 띤 얼굴, 고개 숙임, 삶의 남다른 향취는 신의 다가옴과 머무름 때문에 그 공간과 장소에 대한 성스러움의 인식에서 나타나는 몸과 마음의 반응들입니다.

따라서 우리는 삶이 왜 이 모양이냐? 하고 반문을 할 필요가 없습니다. 삶은 저편 초월적인 곳에서 우리를 향해서 오고 있는데, 그 받아 모심을 제대로 하지 못하고 있기 때문에 삶이 엉망이 되는 것입니다. 시인이 말하는 것처럼, "당신이 가까이 오셔야"라는 말은 삶이 내게 가까이 와야, 혹은 삶의 주관이 내게 가까이 와야 삶이 삶답게 됩니다, 라는 고백이나 다름이 없습니다. 그 삶이 삶답게 되고 삶이 우리로 하여금 무한자를 향해 추동하도록 하기 위해서 솔로몬은 야훼를 일정한 공간, 성스러운 자리에 모셔 들인 것입니다. 신앙적인 의미에서 무한자를 모셔 들임과 받아들임 혹은 삶을 모셔 들임과 받아들임은 이음동의어로 봐도 무난합니다.

사람은 무한자의 삶을 살아야 합니다!

솔로몬은 거룩한 공간, 곧 성전에서 '하느님, 당신과 같은 이가 이 세상에 어디에도 없습니다!'(non est similis tui Deus)라고 고백합니다. 무한자와 비슷한 존재, 닮은 존재도 없다는 말입니다. 그러면서 솔로몬은 무한자에 대한 죄송스러운 마음을 감추지 못합니다. "이 누추한 곳에 무한자 당신이 거처할 곳이 있겠습니까?(Deus habitet super terram) 하늘(caelorum)도 모시기가 녹록치 않은데, 제가 지은 집이라고 오죽하겠습니까?"(quanto magis domus haec, quam aedificavi!) 이러한 솔로몬의 겸손한 기도는 이해인 수녀의 시에서도 잘 드러납니다.

"당신이 가까이 오셔야/ 내 작은 가슴 속엔/ 하늘이 출렁일 수 있고/ 내가 앉은 이 세상은/ 아름다운 집이 됩니다/ 담담한 세월을/ 뜨겁게 안고 사는 나는/ 가장 작은 꽃이지만/ 가장 큰 기쁨을 키워 드리는/ 사랑꽃이 되겠습니다/ 당신의 삶을/ 온통 봄빛으로 채우기 위해/ 어둠 밑으로 뿌리내린 나/ 비오는 날에도 노래를 멈추지 않는/ 작은 시인이 되겠습니다/ 나를 받아 주십시오"(이해인, "제비꽃 연가", 시간의 얼굴, 분도출판사, 1989, 68-69)

무한자는 삶으로 내려옵니다. 인간이 삶을 성스럽고 고상한 것으로 만들려는 의지는 삶의 화신, 삶의 바탕으로 다가오는 무한자 때문입니다. 우리의 삶이 있는 곳에 무한자가 존재하는 이유이기도 합니다. 그래서 나의 삶을 가볍게 여기거나 하찮게 여기지 말아야 합니다. 내가 서 있고 앉아 있고 누워 있고 밥 먹고 하는 모든 일상의 삶 위에 무한자의 집이 들어섭니다. 남녀노소, 이방인(alienigena), 그리스도인, 유대인 할 것 없이 하늘을 향해 기도하는 사람들의 바람은 바로 자신이 있는 곳, 자신의 삶이 있는 곳, 그 장소에서 기도할 때 들어달라는 그것은 유한한 장소가 곧 무한한 장소의 표상이 된다는 말입니다. 기도하는 장소, 곧 거룩한 공간인 성전에서 사람들이 기도할 때에 무한자는 수많은 백성들의 요청(exaudies)을 하늘에서 듣는 것처럼 듣습니다.

그곳은(loco; locus) 땅과 하늘이 나뉘어져 있지 않습니다. 삶으로 통하는 곳이 어디든지 그 삶을 무한자의 삶으로 살려고 하는 이들에게는 그곳이 성전입니다. 기도하는 곳으로서의 성전은 제한된 공간입니다. 비록 한정된 공간에서 다가오는 신비인 무한자에게 자신을 의탁하지만, 그것은 하늘을 향한 초월을 위해서 잠시잠깐의 의탁일 뿐입니다. 무한자는 "나의 이름이 거기에(그곳에) 있을 것이다"(Erit nomen meum ibi)라고 말합니다. 자신의 이름(nomen)은 공간(ibi)에서 존재(erit; sum)의 빛을 발합니다. 무한자가 가까이 다가오는 것을 느끼고 그 삶을 살아내기 위해서 애쓴다면 그곳이(ibi) 바로 무한자가 있는 곳입니다.

모든 사람들은 무한자의 삶을 자신의 삶으로 살아내려고 애를 쓰는 존재입니다. 시인은 자신의 삶을 무한자의 삶으로 가득 채우겠다고 합니다. 그게 작은 시인(poet)입니다. 시를 짓듯이(poiesis) 삶을 살아내려는 것은 매일이 창조입니다. 하루하루가 새롭습니다. 매일 매일 무한자 자신의 집을 지금 여기에서 짓는 것처럼 그렇게 정성을 다해 사는 삶입니다. 무한자의 거처가 바로 여기인 것처럼 그래서 그 삶이 내게 다가와서 살도록 만드는 삶이라면, 그 삶 속에 무한자가 있습니다.

무덤덤한 시간의 연속이든, 궂은 날씨이든 가슴 설레는 삶이든 기쁜 날과 우울한 날이 반복되는 일상이든 그 삶도 무한자가 있는 삶(장소, tuus in loco isto)입니다. 삶속에 투영된 무한자의 존재를 알아보지 못한다면 삶은 늘 권태로울 것입니다. 피로가 가중될 것입니다. 만일 무한자가 빠진 삶이라면 그 무한자를 가정해서라도 삶을 삶답게 만들어야 하는 게 사람입니다. 사람은 무한자에게 매여 있습니다(servus). 사람은 무한자를 향해 있습니다. 사람은 무한자 안에서 살고(servo) 있습니다. 사람이란 본래 그렇습니다. 특히 그것을 그리스도인은 바로 성전 혹은 교회당이라는 곳에서 무한자를 바라보면서(servus) 느낍니다. 나의 삶 안에 무한자가 깃들고 그 삶은 저편에서 찾아와 나를 추동하여 살게 한다는 사실을 말입니다.

우리는 저마다 삶 앞에서 겸손해져야 합니다! 결단코 그 누구의 삶이 아닌 무한자가 준 나의 삶이기에 말입니다. 무한자를 통한 나와 너, 그리고 우리의 삶! 그럼으로써 이제 교회당은 무한자의 이름을 알게 되고 당신을 경외하게 될 것입니다. 그리고 많은 사람들은 교회(당)가 당신의 성전임을 알게 될 것입니다(sciant universi populi terrarum nomen tuum et timeant te, sicut populus tuus Israel, et probent quia nomen tuum invocatum est super domum hanc, quam aedificavi).

(왕상 8,1·6·10-11·22-30·41-43)

모든 것이 사랑

사랑은 무한한 관심입니다!

아가서雅歌書(Canticum Canticorum; Song of Songs)의 '아가'는 말 그대로 노래들 중의 노래를 말합니다. 곧 세상에서 수많은 노래들이 있지만, 그 중에서도 가장 아름다운 노래를 의미합니다. 사랑의 말(소리, 언어)이야말로 세상에서 그 어느 말과도 비교할 수 없는 가장 아름다운 노래라는 말이겠지요. 그런데 아가서를 읽어본 사람들은 사랑을 표현하는 언어들이 마치 남녀간의 사랑을 속삭이는 것 같은 느낌을 받을 때가 많이 있을 겁니다. 한마디로 낯 뜨거운 사랑의 묘사들이 곳곳에 등장하기 때문입니다. 그래서 아가서는 정경(canon)으로 인정을 할 것이냐 말 것이냐 하는 뜨거운 논쟁거리였습니다. 하지만 이내 그것은 무한자가이 인간을 사랑하시는 그 마음을 상징하는 것이라고 결론지었기에, 오늘날 우리의 신앙의 잣대가 되어 읽힐 수 있었던 것입니다.

말했다시피 아가서는 사랑에 대한 이야기입니다. 그냥 유한 사랑이 아니라 무한 사랑입니다. 상대적 사랑이 아니라 절대적 사랑입니다. 조건사랑이 아니라 무조건 사랑입니다. 만일 인간이 사랑을 하면 상대방에 대해 한 가지가 아니라 열 가지 백 가지가 다 사랑스럽습니다. 아가서의 사랑 표현들을 보면 사랑하는 이에 대해서 온갖 감각을 다 동원하여 관심을 가집니다. 마치 같은 시공간에서 동일한 한 몸이 되는 듯이 보고 듣고 말하고 냄새 맡고 느끼면서 기뻐합니다. 그런 의미에서 '사랑이 모든 것'이 아니라 '모든 것이 사랑'이라는 정의가 맞을 것 같습니다.

독일 작가 카프카(F. Kafka)는 사랑을 이렇게 적고 있습니다.

"사랑에 대해서. 그건 아주 간단한 것이다. 우리의 삶을 높이고, 확대하고, 풍부하게 하는 모든 것이 사랑이다. 온갖 높고 깊은 곳을 향해서 삶을 풍요롭게 하는 것, 그것이 사랑이다. 사랑은 자동차처럼, 그 자체에는 문제가 없다. 문제가 되는 것은 그 자동차의 운전자이며, 승객이며, 도로일 따름이다"(도스토예프스키 외, 문명숙 펴냄, "카프카의 일기 1911년 8월 23일에서", 살고 싶다, 사랑하고 또 사랑하기 위하여, 도서출판 리을, 1994, 18)

따지고 보면 사랑 아닌 것이 어디 있을까요? 사랑이라고 하는 실체나 감정, 그 본질은 늘 그 자리에 있는데 사람이 달라지니까 사랑도 변하는 것처럼 말을 합니다. 사랑이 있다가도 없고 없다가도 다시 생겨나는 것처럼 이야기합니다. 사랑이 인간의 삶의 모든 것이라고 말들을 하면서 말입니다.

아가서에서 연인을 향한 사랑의 마음을 보면 사랑하는 그 순간에 모든 삶의 장애들과 장벽들은 다 극복할 수 있을 것처럼 속삭입니다. 맹렬한 추위를 떨치는 겨울(hiems)이나 비바람과 폭풍우가 몰아치는 장마(imber)와 같은 게 삶입니다. 그런데 사랑을 할 때는 늘 온갖 꽃들이 화사하게 핀 봄처럼 느껴집니다. 연인의 소리는 노루(capreae)와 사슴(cervorum) 같이 생동감이 있고 참하게 들립니다. 사랑하는 이의 눈에는 연인이 사랑스럽고(귀엽고, amica) 어여쁘게(formosa) 보입니다. 사랑하는 사람에게는 연인의 모든 것이 사랑의 질료이기에 사랑하고 싶지 않아도 끝내 사랑을 할 수밖에 없습니다.

우리는 이러한 연인 사이의 감정을 무한자에게서도 느낍니다. 프랑스 철학자 베르그송(H. Bergson)이 말한 것처럼, "신은 사랑이자 사랑의 대상"입니다(H. Bergson, 송영진 옮김, 도덕과 종교의 두 원천, 서광사, 1998, 271). 우리의 모든 것이 다 그분에게는 사랑스럽게 받아들여진다는 생각을 하게 되면 많은 위로가 됩니다. 부족하고 실수와 단점 투성이라 맘에 드는 구석이 별로 없어도 무한자는 그것도 사랑으로 품습니다. 그러므로 무한자는 내가 가진 모든 것을 무조건 수용하는 존재입니다. 우리는 그러한 무한자의 사랑을 통해서 진정한 사랑을 배웁니다.

사랑은 항상 시련 이면에 있습니다!

대부분 사람들은 삶이 평탄하기를 바랍니다. 그것을 위해서 많은 공을 들이고 긍정과 낙관의 힘을 보태 삶의 순항을 기원합니다. 그런데 삶은 산과 들에 꽃이 피고 나무 위에 있는 비둘기가 평화로운 목소리를 내듯이 평온하지만은 않습니다. 이해인 수녀가 말한 것처럼 삶은

> "헤어지는 연습 없이/ 사랑했는데"(이해인, "이별 소곡", 민들레 영토, 가톨릭출판사, 1987, 96)

라는 자조 섞인 회한이 나올 수도 있습니다. 삶은 고통이고 시련의 연속입니다. 하지만 사랑의 눈으로 보면 고난 이면의 안온한 세상이 숨겨 있음을 알 수 있습니다.

이해인 수녀는 이렇게 시어를 풀어갑니다.

> "너와 내가/ 목메어/ 돌아서는 길목/ 돌층계에 깔리는/ 연연한 노을빛 그림자/ 쓸쓸히 손 흔들며/ 나목처럼/ 시린 가슴/ 용서하는 마음/ 사랑하는 정/ 가득 풀어 헤치고/ 서러운 눈빛으로/ 마주치다가/ 순명의 나무 되어/ 손을 모은다/ 이별은/ 기도의 출발/ 헤어져도/ 갈림 없는 두 마음/ 빛/ 말간 하늘폭에/ 하나의/ 돛을 단다"(이해인, "이별 소곡", 민들레 영토, 가톨릭출판사, 1987, 96-98)

만일 사람이 헤어지는 연습부터 한다면 세상 어느 누가 사랑을 하려고 할까요? 사랑을 하면 서로 영원히 함께 하면서 세상의(in terra nostra) 온갖 기쁨을 맛보고 싶어 합니다. 사랑을 품으면 온 세상이 사랑하는 사람들의 차지가 된 듯 꽃에서는 향기가 나고 나무에서는 열매가 열리는(ficus protulit grossos suos, vineae florentes dederunt odorem suum) 살아있고 희망이 있는 세계처럼 인식합니다. 그 속에서 연인은 세상에서 가장 아름다운 사람(speciosa mea)으로 다가옵니다(veni). 그러나 진정한 사랑은 세상의 시련 뒤에 있습니다. 거센 비바람 뒤에 있고 서릿발 내리는 한 겨울에 감춰진 파란 씨앗과도 같습니다.

시인의 말처럼 우리는 헤어지는 연습부터 하지 않습니다. 사랑을 한 후에 비로소 이별이라는 새로운 경험을 합니다. 새로울 것도 없습니다. 봄을 기다리려면 겨울이라는 혹독한 시간을 견디는 것이 모든 생명체의 이치인 것처럼, 진정한 사랑을 이루려면 그 쓰라린 시간을 거쳐야 합니다. 이별이라는 단어를 사용했지만 세상에 영원한 이별이란 존재하지 않습니다. 잠시 잠깐의 쉼과 새로운 꽃을 피우고 싱그러운 나무 열매를 맺기 위한 과정일 뿐입니다. 자연이 그렇게 변화하는 것처럼 보이지만 자연은 늘 그럴 뿐입니다. 변화 뒤에 불변하는 생명 자신이 자기를 사랑하는 기운으로 그렇게 나타낼 뿐입니다. 마찬가지로 사람도 그렇게 사랑하며 살아갑니다.

무한자는 바로 우리를 그 거친 세월들을 넘어서 포옹하고 사랑합니다. 늘 푸른 들판으로 인도하고 얼른 일어나 나오라고(surge, venio) 그 속으로 초대합니다. 사랑의 속삭임입니다. 그것은 늘 변함이 없습니다. 하지만 인간은 생명의 세계(terra)로 나오는 것조차 미숙하고 힘에 겨워합니다. 여전히 자신을 추운 겨울에다 가두고, 비바람 몰아치는 긴 장마 속에서 헤맵니다. 나오기 위해서는 익숙해진 세계를 버려야 합니다. 익숙해진 세계에 빠져 있으면 이별도, 떠남도 낯선 것입니다. 손짓을 하는 무한자의 품으로 가기 위해서는 기존의 시간과 공간을 버려야 합니다. 사랑의 용기를 낸다는 것은 그래서 축적된 기도의 시간을 통해서 가능합니다.

기도를 통해서만이 사랑과 시련, 이별과 만남이 둘이 아니라 하나라는 것을 알게 됩니다. 기도는 두 사람을 하나의 빛 안에서 만나게 해주기 때문입니다. 현실은 고통이라고 말합니다. 고통스러운 세계에서 사랑하며 산다는 것은 그만큼의 기도의 인내도 필요한 법입니다. 만일 우리가 사랑하는 시간에 있다면 저 한 켠 어두운 곳에 시련이 있었고 그것을 통해 지금의 사랑을 알아차리게 되었지만, 여전히 그 시련이 도사리고 있다는 것을 기억해야 합니다.

그러나 기도 가운데 있으면 시련도 사랑으로 승화될 수 있고, 더불어 기도를 통해서 그 시련을 겪으면서 다시 새로운 사랑을 경험하게 됩니다. 무한자는 바로 그 건너편 평화롭고 평안한 사랑의 지대로 우리를 이끌겠다고 말합니다. "산과 들엔 꽃이 피고 나무는 접붙이는 때 비둘기 꾸르륵 우는 우리 세상이 되었소. 파란 무화과 열리고 포도꽃 향기가 풍기는 철이오. 나의 귀여운 이여, 어서 나와요. 나의 어여쁜 이여, 이리 나와요." 아가서가 우리에게 들려주는 밀어蜜語입니다.

(아 2,8-13)

약자들의 삶의 이야기

이름 없는 사람들의 삶에도 나름의 이야기가 있습니다!

"지옥에선 계속 걸어가는 수밖에 없습니다!" 2017년에 상영되었던 〈대립군〉代立軍이라는 영화에서 대립군 수장 토우가 광해군에게 던진 대사입니다. 대립군은 임진왜란 당시 광해군을 호위하던 사람들의 애환과 죽음을 잘 나타내 주는 정체적 계층입니다. 대립군은 말 그대로 돈을 받고 다른 사람의 군역을 대신 수행하는 사람들을 지칭합니다. 가난을 면하고 식솔들을 먹여 살리기 위해서 목숨을 걸고 다른 사람을 대리해서 싸워야 하는 신세는 밑바닥 계층의 가장 극명한 삶의 고충을 대변해 줍니다. 오죽하면 이 지상에서의 삶을 지옥이라고 표현을 했을까요? 그렇다면 지옥 같은 삶을 산다고 생각하는 사람들에게 자신들만의 삶의 이야기는 존재하는 것일까요? 설령 있다 하더라도 그들의 삶은 존중받을 수 있는 것일까요?

태어나서 자기 몫을 감당하는 것도 버거운 게 삶입니다. 하물며 두 몫, 세 몫도 모자라서 나라의 몫을 오롯이 대신 짊어졌던 민초들의 삶의 몫은 더 힘들었을 것입니다. 삶이란 그렇습니다. 내가 사는 게 아니라 삶이 나를 살게 합니다. 살 때와 죽을 때를 삶 자신이 결정합니다. 잠시라도, 그것도 생사의 갈림길을 내달리는 전쟁터에서 누군가의 삶을 대신 살았던 대립군은 예수요 우리 자신인지 모릅니다. 어느 때는 내 삶이 아닌 다른 사람의 삶을 사는 것 같기에 그렇습니다. 이것을 삶의 배반이라고 합니다.

무한자는 부자든 가난한 사람이든 모두 당신 자신이 창조했습니다(operator). 라틴어 'operator'는 '노동하다', '일하다'는 뜻을 담고 있습니다. 무한자는 어느 사람이든 관계없이 무한자는 평등한 관심을 갖고 똑같은 노동의 강도로 창조했다는 의미입니다. 부자라고 해서 더 신경을 쓰고 잘 살도록 애쓴 것도 아니고, 가난한 사람이라고 해서 덜 관심을 기울여서 열등하고 못나게 지은 게 아니라는 것입니다.

삶은 이야기(narrative)의 편린을 엮어가는 것입니다. 그것은 부자든 가난한 사람이든 다 마찬가지입니다. 이야기를 지어본 사람이라면 잘 알겠지만 머리도 좋아야 하고 상상력도 필요합니다. 하지만 무엇보다도 시간이 가장 중요합니다. 그 누구라도 시간만 충분하다면 조각난 이야기들을 자기만의 이야깃거리가 되도록 만들 수 있을 테니 말입니다. narrative는 라틴어 narro에서 온 말입니다. 그 뜻은 '이야기하다', '서술하다', '설명하다', '~라고 하다'입니다. narro는 다시 '알려진', '잘 알고 있는'이라는 라틴어 gnarus에서 온 말입니다. '무엇을 알게 하기 위하여 설명하는 것'이 narrative일 수 있습니다. 반대로 설명하려면 그것이 무엇인지 알아야 합니다. 따라서 자신의 삶을 ~라고 말할 수 있고 서술할 수 있으려면 자신의 삶에 대해서 잘 알아야 합니다. 부자든 가난한 사람들이든 그래서 네러티브의 평등성이 존재합니다. 삶은 있는 그대로 기술되기 위해서 먼저 이해되어야 하는데, 과연 자신의 삶을 누가 다 이해할 수 있다고 자신할 수 있을까요?

이해인 수녀는

"캄캄한 밤/ 등불도 없이/ 창가에 앉았으면/ 시리도록 스며드는/ 여울목 소리/ 먼 산 안개 어린 별빛에/ 소롯이 꿈이 이울어/ 깊이 눈감고 합장하면/ 이밤사 더 밝게/ 타오르는 마음길"(이해인, "당신을 위해 내가", 민들레의 영토, 가톨릭출판사, 1987, 79-80)

이라고 말합니다. 사람은 길어봐야 80세를 넘길까 말까 하는 세월을 지나면서 자신보다 약한 사람들을 위해서 등불이 되고 복을 빌어주는 사람이 얼마나 될까요? 오히려 삶 곳곳에서 악(mala)을 저질러 자기는 살고 남은 못 살도록 만드는 사람들이 하나둘이 아닙니다. 약한 사람들에게 손실을 입히고 고통을 주면서도(malus; malum) 아무런 죄책감을 느끼지 않는 사람들이 허다합니다. 그래서 아우렐리우스 마르쿠스(Marcus Aurelius)는 자신의《명상록》에서 이렇게 말합니다. "우리들 인간은 두 손처럼, 두 발처럼, 또는 눈꺼풀처럼, 윗입술과 아랫입술처럼 서로 돕고 살아가지 않으면 안 된다. 따라서 동류에게 화를 내거나 미워하거나 불쾌하게 하는 것 등은 자연의 이치에 어긋나는 행동이다." 그러므로 깜깜한 삶의 현실을 마주하는 순간에 창가에 앉아서 약하디 약한 사람들의 꿈을 이어가도록 편린이 되어버린 삶을 위해서 기도하는 마음이 인간의 본래 마음이어야 합니다.

소롯이(슬며시) 꿈이 이울 때(시들 때) 손을 잡아줄 수 있는 사람들, 마음의 화살기도를 날려줄 수 있는 사람들, 그런 사람들이 그리스도인이 아닐까요? 약한 사람들에 대해서는 강하고, 강한 사람들에 대해서는 약한 사람들은 존경을 받지 못합니다. 그리스도인의 이름이 그 가치를 드러낼 때(nomen bonum), 다시 말해서 그 호명이야 말로 좋은 것이라고 평가를 받기 위해서는 자신의 마음길 뿐만 아니라 약한 자의 마음길도 좋게 이어가도록 해야 합니다. 약자의 이야기는 사라지기가 쉽습니다. 강자나 승리자 혹은 성공한 자의 이름은 오래 갈 수는 있습니다. 하지만 그들은 좋은 이름을 남기지는 못합니다. 중문학자 김월회에 의하면 유가철학은 수기를 통한 삶의 실제와 그 이름이 부합되어야 한다고 누누이 강조합니다. 다시 말해서 이름값에 걸맞어야 한다는 것입니다. 그것을 이른바 '선명'善名이라고 말합니다(김헌·김월회, 무엇이 좋은 삶인가, 민음사, 2020, 36-37).

약자의 삶의 이야기를 존중하면 나의 삶의 이야기도 존경을 받게 되어 있습니다. 그러나 그 역은 성립될 수 없습니다. 이것은 신앙의 이치요 삶의 올바른 지혜입니다. 나의 삶의 이야기가 가치가 있다고 존중받기를 원한다면, 반드시 약자의 삶의 이야기를 존중할 수 있도록 배려하고 마음 쓰는 그리스도인이 되어야 합니다. 삶에 어둑어둑한 그림자가 드리어질 무렵 점점 캄캄해지는 밤이 오기 전에 함께 동행하면서 마음을 나누는 마음의 부자가 필요합니다. 삶의 밤은 짙은 안개 속 같더라도 같이 꾸는 꿈은 더욱 밝아지고 힘이 되기 때문입니다.

약자의 어두운 삶에 촛불을 밝혀주는 사람이 되십시오!

칠흑과도 같은 밤처럼 암울한 삶을 맞닥뜨린 사람에게 절실한 것은 구체적이고 현실적인 도움입니다. 먹을 것을 주고 보살피는 것입니다. 그 사람은 어둠 속에서 삶의 빛을 보지 못하는 사람에게 빛을 보게(oculo) 하고, 삶을 밝혀주는 존재입니다. 이해인 수녀는 이렇게 단언합니다.

"인고忍苦의 깊은 땅에/ 나를 묻어/ 당신을 위해 꽃피는 기쁨/ 어느 하늘 밑/ 지금쯤 누가 또 촛불 켜/ 차운 밤 밀물소리/ 살포시 안개 속을/ 오시는 당신 위해/ 남은 목숨/ 고이/ 빛이 되는 사랑이여"(이해인, "당신을 위해 내가", 민들레의 영토, 가톨릭출판사, 1987, 80-81)

시인이 말한 '인고의 땅'은 앞에서 말한 지옥과도 흡사한 표현입니다. 결코 아무도 대신해서 그 땅 위에든 아래든 들어갈 수 없음에도 불구하고 시인은 타자를 위해서 자신을 묻는다고 말합니다. 자신의 삶을 통해서 다른 사람들이 더 빛날 수 있다면 오히려 그 삶은 무한히 가치가 있다고 볼 수 있습니다. 사람들은 자신이 돋보이는 꽃이 되기를 원하지 다른 꽃이 돋보이도록 꽃받침이 되는 것을 바라지 않습니다. 꽃받침이 없으면 꽃은 스스로 도드라질 수 없습니다. 사람들은 꽃받침보다 꽃에 시선이 많이 갑니다. 당연한 이치입니다. 하지만 꽃받침의 겸손을 보지 못한다면 꽃을 제대로 감상하는 것이 아닙니다.

숱한 삶의 모양들이 그렇습니다. 꽃과 같이 자태를 아름답게 드러내는 것에 시선을 쏠리지만, 그 꽃이 진정한 꽃이 되도록 역할을 했던 존재자에 대해서는 무관심하기 일쑤입니다. 힘없는 사람들이 꽃이 되고, 가난한 사람들이 배를 곯지 않게 하며, 어려운 사람들을 변론해 줄 수 있는 사람, 시대는 지금 그런 사람을 기다리고 있습니다. 아니 그런 그리스도인을 만나기를 고대하고 있습니다. 빛이 없다고 투덜대기보다 자신이 빛이 되고, 어둠 속에 있다고 남의 탓을 하기에 앞서 촛불을 켜는 사람이 된다면 삶의 어둠이 존재한다는 것은 있을 수가 없습니다. 저마다 빛이요 촛불이 되는 삶을 사는데 삶의 어두운 밤이 존재할 리가 만무합니다.

이제는 무한자가 약자들을 챙길 것입니다. 그는 삶의 안개를 뚫고 약자를 위해 성큼성큼 다가올 것입니다. 같은 사람들이 약자들을 보살펴야 하는데 그러지 못하니 삶의 어둠 한 가운데로 무한자가 들어오는 것입니다. 그가 판단하고 심판하고 결정할 것입니다(iudicabit). 그는 약자에 대한 사랑이 없는 세계에 사랑을 공포하고 선언할 것입니다. 사랑은 약자를 위해서 목숨을 내던지는 곳에 있습니다. 사랑은 약자에게 쏟아지는 관심에 있습니다. 사랑은 모든 사람의 본래 마음에 있지 않습니다. '사랑은 약자가 있는 곳에 있습니다.' 사랑은 약자가 있는 곳이라면 이미 드러날 준비를 하고 있습니다. 사랑은 약자를 위해서 자신의 목숨을 아까워하지 않는 곳에 있습니다. 약자를 위해서 촛불이 되어야 한다는 의미는 거기에 있습니다. 약자는 추상적이지 않고 구체적이기 때문에 우리의 현실적(actual)이고 실제적인(real) 행동, 곧 그들에 대한 사랑을 통해 무한자를 봅니다.

현대 사회도 수많은 대립군이 있습니다. 아직도 갑과 을의 관계를 풀지 못하는 게 현실입니다. 신앙의 대립군도 있습니다. 그리스도인은 예수라는 대립군에 의해서 자유를 향유한 사람들입니다. 그러나 이제는 나 자신을 위해서 싸워야 합니다. 누구의 싸움이 아니라 가난한 사람들을 위해서 대신 나서 줄 수 있는 대립군이 필요한 때입니다. 그것을 그리스도인이 자발적으로 한다면 의무로 인한 사랑보다 더 큰 힘이 되지 않을까요? 이해인 수녀는 자신의 일기에

> "엄청난 사랑의 빚을 지고 사는 사랑의 수인囚人, 죽을 때까지 고뇌하며 '나'라는 감옥에서의 탈출을 시도하는 자유에의 갈망을 또한 감사하고 싶다"(이해인, 두레박, 분도출판사, 1988, 41)

고 적고 있습니다. 그리스도인이 약자들 특히 가난한 자들을 위한 대립군이 되어야 할 당위성은 자유를 깨닫고 그것을 향유할 수 있도록 한 예수 때문입니다. 그것을 한시라도 잊어져서는 안 됩니다.

(잠 22,1-2·8-9·22-23)

지혜, 무한자의 속마음

지혜는 무한자의 초대에 응답하는 것입니다!

삶을 잘 살아낸다는 것이 참 어렵습니다. 여러 번 주어진 삶이라면 시행착오를 줄여나가면서 좀 더 만족스러운 삶이 되도록 할 수 있을 텐데 그것은 불가능한 일입니다. 아무리 그리스도교가 부활이라는 신앙 장치를 가지고 있다 하더라도 그것은 다른 차원의 변화를 의미하기 때문에 똑같은 몸과 영혼을 가지고 삶을 반복할 수는 없습니다. 그러니 더더욱 삶의 지혜가 필요한 게 아닐까 싶습니다. 그렇다고 단순히 처세술이나 처신의 문제를 말하려는 게 아닙니다. 지혜라는 말의 라틴어 sapientia는 사실 '맛을 보다', '맛들이다', '맛이 있다', '냄새를 풍기다'라는 뜻의 sapio에서 기원했습니다. 이는 감각적 경험과 밀접한 연관이 있다는 말이기도 합니다.

실제로 지혜라는 것이 매우 직관적일 때가 많습니다. 말로 표현하기에 앞서 이미 그 사태를 얼른 알아차리는 게 필요한데, 그것이 지혜입니다. 그래야 삶과 죽음, 관계, 상황파악, 몸과 마음 움직임의 적당하고 타당함, 말 표현의 시의적절함이 드러날 수 있기 때문입니다. 이해인 수녀에게 지혜는 어떤 의미일까요? 그녀는 이렇게 묘사합니다.

"이미 건너간 사람은/ 건너지 못한 이의 슬픔쯤/ 이내 잊어버리겠지/ 어차피 건너야 할 것이기/ 저마다 바쁜 걸음/ 뛰고 있는 것일까/ 살아가자면 언제이고/ 차례가 온다/ 따뜻한 염원의 강은/ 넌지시 일러주었네/ 어둔 밤 길게 누워/ 별을 헤다가/ 문득 생각난 듯/ 먼 강기슭의 나를 향해/ 큰 기침 하는 다리/ 고단했던 하루를 펴서/ 다림질한다/ 보채는 순례객을 잠 재우는/ 꽃의 다리 저편엔/ 나를 기다리는/ 너의/ 깊은 그림자가 누워 있다"(이해인, "다리", 민들레의 영토, 가톨릭출판사, 1987, 82-84)

다리는 이곳과 저곳을 이어주는 매체입니다. 강을 건너거나 계곡을 가로지르기 위해서는 필수적입니다. 그런 만큼 다리는 묘한 이미지를 가지고 있습니다. 건너감과 다시 돌아오지 못함이라는 어떤 경계와도 같습니다. 경계를 넘어서면 기대는 뒤로 하고 다리 저편은 과거의 기억 속으로 잊힙니다. 마치 건너고 나면 다시 돌아오지 못할 것 같은 불안감은 나의 차례가 지속적으로 호명되면서(vocavi) 증폭됩니다. 너의 차례가 될 것이다, 결코 다시 돌아오지 못할 강을 건너갈 저 다리 위의 너를 상상하라는 부름은 지금 여기에서 우리의 삶을 더 충실하게 살아가도록 해줍니다.

건너가면 내 삶을 망각하고 상실하게 될 거라고 부르고 또 부르는 무한자의 경고의 목소리를 듣지 못하면 다리 건너의 또 다른 삶에 대한 막연한 공포에 휩싸일 것입니다. 따라서 무한자의 목소리는 도처에서 들립니다. 다리를 건너 이편과 저편 사이에서 방황하지 말고 꽃다리 저편을 향해 당당하게 걸어가라는 용기를 줍니다. 그곳은 두려움과 공포가 도사리고 있지만 무한자의 초대 음성에 귀 기울이고 신뢰를 하는 사람들에게는 쉼이요, 그를 기다리면 어느 덧 우리의 삶을 그가 안내합니다.

지혜는 삶을 검토하고 곰곰 생각하도록 하는 무한자의 충고(consilium)요 죽을 정도로 내 마음에 균열을 내는 소리(in+crepo), 곧 책망(훈계, increpationes)입니다. 지혜는 이곳과 저곳 사이에서 소리를 냅니다. 어느 방향의 삶을 살아갈 것인가 소리를 들려줍니다. 삶을 다림질해줍니다. 굽어버린 삶을 펴주는 역할을 합니다. 우리는 고단한 삶의 순례자들이지만 무한자의 '에헴'하는 기침 소리를 잘 들어야 합니다. 무한자가 기다리는 삶이 저기에 있는데 우리는 그 지혜를 거부합니다. 두려울 정도로 큰 일이 벌어지고 참변이 일어날 때는 이미 늦었습니다. 줄곧 우리에게 그림자처럼 따라 다니는 나 자신의 실체는 무한자에 의해서 다듬어져야 합니다. 그렇지 않으면 아무리 애를 써서 무한자를 찾아도 우리의 소리를 듣지 않을 것입니다. 끝까지 듣지 않는 것은 물론 인간의 요청에 무응답으로 일관할 것입니다(exaudiam; ex+audio).

지혜는 무한자를 두려워하는 것입니다!

사람들이 살아가는 데 있어 지혜가 삶의 수단이 되는 경우가 많이 있습니다. 상황에 맞게 말하고 판단하며 행동하면서 관계를 잘 맺기만 해도 인생의 반은 성공을 할 것입니다. 상황과 사람에 따라서 말만 잘해도 삶은 잘 풀릴 것입니다. 그런 의미에서 지혜는 살아가는 방식인 것 같습니다. 하지만 성서는 달리 말합니다. 지혜는 무한자에 대한 경외심(timorem)과 무한자에 대한 공부 혹은 무한자의 지식을 싫어하지 않는 것입니다(exosam habuerint disciplinam). 라틴어 exosam에는 '혐오하다'는 표현도 들어있습니다. 무한자를 아는 것에 대해서

혐오스럽게 생각하는 사람들이 많아지는 것이 사실입니다. 자신의 인식 체계와 학식으로 신에 대해서 단정 짓고 온 세상의 지식을 섭렵한 듯이 교만한 삶을 살아갑니다. 그것이 인간의 본성일지도 모르나 성서는 그러한 삶의 태도가 도리어 반지혜反知慧라고 말합니다.

이해인 수녀는 〈살아있는 날은〉이라는 시에서 이렇게 말합니다.

"마른 향내 나는/ 갈색 연필을 깎아/ 글을 쓰겠습니다/ 사각사각 소리나는/ 연하고 부드러운 연필 글씨를/ 몇 번이고 지우며/ 다시 쓰는 나의 하루/ 예리한 칼끝으로 몸을 깎이어도/ 단정하고 꼿꼿한 한 자루의 연필처럼/ 정직하게 살고 싶습니다/ 나는 당신의 살아있는 연필/ 어둠 속에도 빛나는 말로/ 당신이 원하시는 글을 쓰겠습니다/ 정결한 몸짓으로 일어나는 향내처럼/ 당신을 위하여/ 소멸하겠습니다"(이해인, "살아있는 날은", 내 영혼에 불을 놓아, 분도출판사, 1984, 16-17)

삶을 하나의 내면적 글쓰기, 혹은 마음에 쓰는 기록이라고 할 때 하루하루 인간은 글을 쓰면서 살아갑니다. 어떤 글을 쓸까, 어떤 삶의 경험을 남기며 살아갈까를 생각하지 않는다면 그것은 인간이 아닐 것입니다. 인간은 지난 하루, 지난날의 삶을 때로는 지울 수만 있다면 다 지우고 새롭게 삶의 일기를 다시 쓰고 싶어 할 것입니다. 수도자인 시인도 예외는 아닙니다. 순명, 정결, 무소유의 삶을 사는 자신도 정직한 삶을 살고 싶다고 소망을 피력합니다. 인간은 나의 글이 아니라 초월자가 원하는 궤적을 따라가야 올바른 삶의 글을 쓴다고 할 수 있습니다. 죽든지 살든지 무한자를 목적으로 사는 삶이어야 합니다. 무한자를 목적으로 하는 삶. 지혜의 본질은 거기에 있습니다.

무한자는 자신을 목적으로 두는 삶을 살려는 사람에게는 자기의 속내를 말해줍니다. 자신의 비밀스러운 말로서 인생을 가르쳐줍니다. 무한자가 보기에 인간은 보잘 것 없는 젖먹이(parvuli) 같고 제대로 자기 말도 표현할 줄 모르는 아기(infantiam)일 뿐만 아니라 빈정거리고 코웃음이나 치면서도(derisionem) 한치 앞도 내다보지 못하는(imprudentes; in+prudens) 어리석기 짝이 없는 존재입니다. 그나마 인간이 그것을 깨닫고 무한자의 훈계를 듣고 돌아서면 그의 정신(spiritum)대로 살 수 있는 길을 열어줄 것입니다. 그렇게 살 때 그 정신이 내면화되어 제대로 산다고 말할 수 있을 것입니다. 우리가 살아도 소멸을 해도 모든 영역에서 무한자의 낚아챔, 무한자의 붙잡음(correptionem; corripio; cum+rapio)만 있으면 삶은 평온할 수 있습니다.

우리 자신의 앞일도 모르면서 자신의 생각대로 일을 꾸민다는 것은 그냥 본능에 충실하겠다는 것과 다르지 않습니다. 성서는 그것을 포만감이나 살이 찐 인간(saturabuntur)으로 묘사합니다. 하지만 삶의 지혜는 무한자의 말에 귀를 기울이고 순종하는 데 있습니다(audierit). 그러면 우리의 삶이 잠처럼 시름없는 삶(requiescet), 휴식을 취하는 것처럼 고요하고 평안한(tranquillus; trans+quies) 삶을 살 수 있을 것입니다.

(잠 1,20-33)

현숙한 여인은 삶을 일으킵니다!

오늘날 가정에서든 직장에서든 여성의 역할이 커지고 있습니다. 몫이 커질수록 강한(fortem) 여인상이 요구되고 있는지도 모릅니다. 라틴어 fortis는 원래 형용사로서 '힘센', '튼튼한', '단단한', '강한', '용감한', '용기있는', '꿋꿋한', '정력적인'과 같은 뜻을 갖고 있습니다. 이 대신에 《공동번역》은 '어진'이라는 어휘를 채택하였고, 《표준새번역》은 '유능한'으로 번역했습니다. 다소 완화된 표현을 쓰고 있지만 여인이 매우 과중한 일을 맡아야 하는 것처럼 보입니다. 그러나 분명한 것은 한 가족이 되어 살고 있는 집에서 여인이 어질다면 공동체가 모두 평안할 수 있다는 것입니다. 그것을 달리 어진 여인이야말로 삶을 일으킨다고 한다면 지나친 말은 아닐 것입니다.

우리는 이해인 수녀의 〈마리아〉라는 시를 통해서 그 전범(example)을 보게 됩니다.

"투명한 가을하늘/ 마리아를 부르면/ 해 뜨는 마음/ 가난해서 뜨거운/ 우리네 소망의 촛불 위에/ 불을 켜는 어머니/ 쉬임없이 타오르는/ 주홍빛 불길/ 두 손에 가득 받아/ 언 마을을 녹인다/ 길은 산골짜기/ 산나리 향기 먹고/ 담담히 흘러가는/ 물 같은 여인의 사랑"(이해인, "마리아", 민들

레의 영토, 가톨릭출판사, 1987, 105-106)

시인은 마리아를 호명할 때에 동반되는 현상을 해가 뜨고 가난하지만 마음이 뜨거워진다고 적고 있습니다. 마리아는 소망의 어머니이자 역설적이게도 가난한 마음을 밝히기 위해 촛불 위에 불을 켜줄 존재라는 것입니다. 비록 청빈한 삶을 지향하지만 그 마음에 삶의 뜨거운 감정과 열정을 지피는 마리아는 삶의 전형典型이자 가족의 어머니로서의 모범이라 할 것입니다. 수도자만 마음이 가난한 것은 아닙니다. 비움이라는 것이 늘 영성적인 차원으로만 승화시키는 것으로 알고 있지만, 실상은 비움 자체가 이미 현실인 사람들이 많이 있습니다.

가족의 몸과 마음이 가난할 때 어머니 마리아는 희망의 불을 당기는 존재입니다. 가족에서 어머니도 여인입니다. 약하디 약한 여인입니다. 마리아도 한 아들의 어머니였습니다. 그러나 그가 강할 수 있었던 것은, 그가 유능하고 어진 여인으로 추앙받을 수 있었던 것은 동토의 세계, 얼어버린 마음을 녹이도록 결코 꺼지지 않는 무한자의 불꽃을 간직했기 때문입니다. 그 불꽃을 아들 예수에게 전해줌으로써 이 세계를 밝히는 영혼의 원형(arche)이 되었기 때문입니다.

비우고 또 비우는 영성적 삶을 지향해도 개인과 가족의 삶이 피폐해지는 경우도 많이 있습니다. 성직자의 삶도, 일반 평신도의 삶도, 신자가 아닌 일반적인 삶을 살아가는 비신자의 삶도 현실적인 비움, 곧 가난으로 힘겹게 살아갑니다. 그 속에서 우리는 아들 예수가 죽음에 이르기까지 완전한 비움을 바라보았던 마리아의 헌신과 용기(fortis)를 상상해봅니다. 가족 구성원 중에 한 아들의 삶은 완전한 비움이었고 무한자에게 온전히 바쳐졌던 삶이었습니다. 그 옆에서 묵묵히 시선을 내려뜨린 한 여인 마리아의 마음은 더 많이 비워야 했을 것입니다. 그 비움의 불꽃이 예수를 만들었습니다. 그 비움의 사랑이 인류를 구원하는 예수의 성스러운 삶을 가능하게 하였습니다.

소탈하고 소박한 삶을 사는 것은 물과 같아야 합니다. 물처럼 거침이 없어야 하고 부드러워야 합니다. 물은 위에서 아래로 흐르는 겸손을 표상합니다. 물은 결코 불평을 하지 않습니다. 그저 담담할 뿐입니다. 자신에게 주어진 운명을 거역하지 않는 순리를 따릅니다. 많은 여인들이 남성들과 같이 권력과 지배와 독단과 폭력을 학습합니다. 그 힘들을 무모하게 행사하기도 합니다. 그것은 비움을 지향하는 임의의 가족공동체에게 도움이 되지 않습니다. 오로지 삶의 불꽃을 지피고 물과 같이 부드러운 마음으로 가족을 사랑한다면, 개인과 가족 공동체 전체의 삶이 살아날 수 있을 것입니다.

야훼를 경외하는 여인이 칭찬을 받습니다!

사람들은 권력, 돈, 명예와 같은 것을 가지고 유무형의 실력 행사를 하려고 합니다. 이 때 여인들이 지배력, 권력, 자본력과 같은 것을 과거 남성과 똑같은 방식으로 향유하는 것이 과연 옳은 것인가를 생각해봐야 합니다. 남성들의 궤적을 따라 힘을 좇는 삶이 아니라 무한자를 따라가는 삶을 살아야 합니다. '경외하다', '두려워하다'는 뜻의 라틴어 timens는 '무서워하다', '조심하다'는 뜻도 함께 가지고 있습니다. 사람이 두려워하거나 무서워해야 하는 대상은 남성적인 가부장적 권력이나 지배력, 그리고 자본력, 폭력과도 같은 힘이 아닙니다. 오로지 무한자를 두려워하는 존재가 어진 여인입니다.

이해인 수녀는 시 "마리아"의 후반부를 이렇게 쓰고 있습니다.

"맑은 물 가슴에 차서/ 쓰디쓴 목마름을/ 씻어 없앤다/ 가을꽃 피어나는/ 가만한 숨소리로/ 숨어오는 마리아/ 너의 이름 부르면/ 길이 열린다/ 거미줄로 얽힌 죄많음을/ 후련히 쏟아버린/ 따스한 눈물/ 가난한 우리네가/ 펄럭이는 촛불되어/ 돌아오는 길/ 해를 안은/ 마리아와/ 영원을 산다"("마리아", 민들레의 영토, 가톨릭출판사, 1987, 106-107)

가족의 구성원들이 삶을 지탱하기 위하여 입을 것, 먹을 것, 살 곳과 같은 것들을 마련하는데 얼마나 많은 죄를 짓는지 모릅니다. 가족에게 양식을 나누어 주기 위해서 그만큼의 노력도 필요하지만, 또 다른 가족의 구성원들에게 상처가 되는 행위를 할 수밖에 없습니다. 살기 위해서라는 명분 아래 우리는 경쟁, 갈취, 사기, 속임수, 부정직, 비양심과 같은 행위를 불사합니다. 자식과 남편, 혹은 자기 자신을 위한 것이라고는 하지만 그것의 궁극은 죄악입니다. 삶의 갈증과 결핍을 해소하기 위해서 노력하는 게 인간의 본능입니다. 그 본능에 충실하고 권리를 얻어 의식주의 문제를 해결해 나가는 데 반드시 필요한 것은 인간의 성실성입니다.

삶의 갈급함을 씻어 내리고 가만한 숨소리로 숨어온다는 시인의 말속에 마리아의 성실한 삶이 묻어납니다. 삶을 대할 때 폭력적으로 대하는 것이 아니라 살금살금 가만가만 조용히 삶을 어루만지는 모습은 야훼를 두려워하듯이, 타자가 상처받을까 봐 조바심을 내는 것 같습니다. 따라서 우리는 삶의 불성실과 타자에 대한 폭력과 억압이 발생할지 모를 일들 앞에서는 마리아를 호명하며 생명과 상생, 공존의 길을 모색해야 합니다. 그렇게 더불어 사는 길, 생명의 길, 구원의 길을 내준 사람이 마리아입니다. 마리아 여인이 없었더라면 일찌감치 구원은 존재하지도 않았을 것입니다.

모두가 마리아가 될 수는 없습니다. 다만 마리아와 같은 심정을 가지고 자신의 삶과 약자인 타자에 대해 연민의 눈물을 흘릴 수 있어야 합니다. 그것이 야훼의 마음입니다. 심장이 찢어지는 고통으로 죄에 대해서 민감하게 반응하는 사람들이 되어야 합니다. 삶의 죄를 짓지 않기 위해서라도 이제는 자신이 세상의 촛불이 될 수 있어야 합니다. 어두움을 밝히는 빛은 세상의 빛만이 아니라 내 마음을 밝히는 빛이기도 합니다. 마리아를 생각하고 관상하는 태도를 취한다면 죽음이 아니라 생명의 삶, 나아가 이기적인 삶이 아니라 이타적인 삶을 나누게 될 것입니다.

여인은 자신이 갖고 있는 사랑, 연민, 생에 대한 직관, 관계에 충실함을 통해 가족 전체에게 힘을 줄 수 있는 존재가 되어야 할 것입니다. 그 힘은 자신에게서 나오지 않습니다. 오직 무한자를 두려워하는 데서 비롯됩니다. 나의 힘이나 능력이나 권력이나 지배력이 아닙니다. 그것들은 마리아와 함께 사는 영성적 삶, 관조적 삶, 봉사적 삶이 아닙니다. 세상의 권력적인 힘을 추구하던 지금까지와는 달라야 합니다. 전체를 위한 삶은 마리아처럼 한 움큼의 빛을 끌어안고 가족 공동체를 비추며, 나아가 어두운 세계를 비추는 생명의 빛에서 나옵니다.

가난하지만 절대로 가난하지 않을 수 있는 것은 여인의 지혜로운 말 한 마디(sapientiae), 친절한 가르침(lex clementiae)입니다. 그 여인은 살림을 잘해서(덕을 끼치는 여자; 부모자녀 관계를 어질게 하는 여자, Multae filiae fortiter operatae sunt) 칭찬을 받는 것이(laudavit) 아닙니다. 아름다워서(pulchritudo) 상찬賞讚의 대상이 되는 것도 아닙니다. 오직 무한자를 두려워하는 그 마음 바탕으로 빈 마음을 가진 가족을 사랑하고 가난한 세계를 사랑하는 데서 나타납니다. 이것이 어진 여인의 표상입니다.

(잠 31,10-31)

노예 같은 삶의 해방

야훼는 나를 위한 '날'을 계획하고 있습니다!

우리는 누군가에 의해서 억류되거나 자유롭지 못한 영어囹圄의 상태를 포로가 되었다고 말합니다. 몸과 마음이 자유롭지 못한데 삶이 자유로울 리가 없습니다. 초월의 경지에 다다른 사람은 몸이 어디에 있든지 간에 그와 상관없이 마음이 자유로우면 해방된 삶을 살 수 있다고 말할 것입니다. 하지만 평범한 사람들은 몸이 묶이면 마음 또한 포로가 되어 노예처럼 살아갑니다. 역사적으로 보면 약소국가는 주변 강대국에 의해서 정복당하고 오랫동안 식민지 생활을 하는 설움을 겪습니다. 이스라엘도 예외는 아니었습니다. 하루를 살아도 그 날 뒤에 또 다른 날이 있을까를 늘 노심초사하면서 절망 속에 살았을 것입니다.

하지만 그들은 야훼에 대한 신앙을 결코 저버리지 않았습니다. 야훼에 의해서 해방의 그 날, 자유의 그 날, 구원의 그 날이 올 거라고 믿었습니다. 소소한 일상을 시로 표현한 이해인 수녀의 글에서도 날이 갖는 의미를 이렇게 적고 있습니다.

"앞치마에 받은/ 물기 어린 아침/ 나의 두 손은 열심히/ 버릴 것을 찾고 있다/ 날마다/ 먼지를 쓸고 닦는 일은/ 나를 쓸고 닦는 일/ 먼지 낀 마음

말끔히 걸레질해도/ 자고 나면 또 쌓이는/ 한 움큼의 새 먼지/ 부끄러움도 순히 받아들이며/ 나를 닮은 먼지를/ 구석구석 쓸어낸다/ 휴지통에 종이를 버리듯/ 내 구겨진 생각들을/ 미련 없이 버린다/ 버리는 일로 나를 찾으며/ 두 손을 걸레를 짜는/ 새 날의 시작이여"(이해인, "청소 시간", 오늘은 내가 반달로 떠도, 분도출판사, 1986, 84-85)

시인이 맞이하는 새 날의 하루는 버리는 것, 닦아내는 것, 쓸어내는 것에서 시작됩니다. 하지만 그 무엇보다도 다가온 새 날, 열려진 새 날은 마음을 닦아내고 받아들이고 채 익지 않은 생각들을 버리는 일입니다. 여기서 우리는 "야훼께서 원수를 쫓으셨다"는 문장 중 '원수' 怨讐라는 뜻의 라틴어에 주목할 필요가 있습니다. inimicos는 부정 접두어 in과 '친근한', '우호적인', '친구의', '사랑스러운', '마음에 드는', '좋은'과 같은 의미를 담고 있는 amicus의 합성어입니다. 삶에서 치명적인 적, 포로처럼 살도록 만드는 적, 좀 더 구체적으로는 나의 몸과 마음을 완전히 노예 부리듯 하는 적을 몰아내는 나날들이 새 날이요 해방입니다. 기실 나와 내 주변에서 벌어진 모든 상황들을 청소하듯 버리고 닦아내고 생각을 정리하는 것이 날마다 새 날을 만들어 가는 데 가장 중요한 급선무일 것입니다.

원수는 나와 공동체에 해를 끼치는 대상이지만 그것은 다른 외부에 있는 것이 아니라 내 마음에 있습니다. 나의 버리지 못하는 마음, 먼지가 낀 마음, 순수하고 거룩하지 못한 생각들 때문에 발생한 사태를 오히려 우리는 외부의 적으로 간주하고 탓합니다. 하지만 적은 안에 있었습니다. 그래서 그것이 쌓이고 또 쌓이면서 결국 나는 외부의 적에 의한 공격에 미처 방어하지 못하고 점령당함으로써 종국에는 노예가 되어버린 것 뿐입니다.

좋은 마음, 사랑스러운 마음, 마음에 쏙 드는 생각을 하지 못하는 내가 먼저 원수가 되면서 내부의 방어체계가 덩달아 무너진 것입니다. 이스라엘의 군사방어체계가 무너진 가장 큰 원인은 바로 그 내면적 신앙에 있었던 것처럼, 우리의 삶의 가장 강한 방어체계도 내면에 있어야 합니다. 내면을 원수로 만들지 말아야 하는 것도 물론이거니와, 때가 끼지 않은 순수한 생각과 신앙, 무한자와 맞닿은 거룩한 마음을 견지해야 외부의 원수도 막을 수 있게 됩니다.

만일 야훼가 '새 날'을 인간에게 부여해 준다면 내면의 나날을 깨끗이 하는 날이 되어야 할 것입니다. 그 날을 함께 만들기 위해서 버려야 할 마음이 무엇인가, 갖추어야 할 생각이 무엇인가, 새롭게 닦아내야 할 마음의 먼지는 무엇인가 나날이 살펴야 합니다. 야훼는 나를 위한 새 날을 준비하고 있습니다. 나날을 그렇게 바라보지 못한다면 우리의 마음은 먼지가 쌓여도 한참 쌓인 것입니다.

그런 의미에서 심판하고 단죄하는 것(iudicium)은 우리가 스스로 만들어 낸 것입니다. 그것을 없애주겠다고 하는 신의 확고한 목소리는 감사한 일입니다. 하지만 그와 더불어 우리 인간의 삶에서 발생한 내면적인 추醜함은 없었는지를 먼저 바라보는 것이 순서일 것입니다. 삶의 원수, 몸과 마음의 원수는 언제나 내면에서부터 싹트기 때문입니다. 그것을 깨닫게 되는 날이 바로 환성을 올리는 날, 삶을 값있게 노래하는 날(Lauda)이 될 것입니다.

삶의 나날을 새롭게 하는 존재는 마음에 있습니다!

야훼는 "그 때가 되면"(in tempore illo)이라는 말을 거듭하면서 이스라엘의 해방을 강조합니다. 그러면서 구원을 베푼 이가 되레 구원을 받은 이스라엘의 백성들을 더 기뻐하고 좋아하는 것(gaudebit)을 봅니다. 새로운 날을 맞이하게 된 자신의 백성들을 환대하는 것과 같은 분위기입니다. 야훼는 다시 사람들을 불러 모읍니다(congregabo). 뿔뿔이 흩어지고 마음이 찢어진 사람들을 하나의 공동체가 되도록 하겠다는 것입니다(cum+grex). 다시 이름(nomen)을 회복시켜줍니다. 이름마저 빼앗겼던 이스라엘과 그 백성을 세계가 다시 알게 됩니다(nosco). 그것의 근원은 무엇일까요? 야훼가 백성들과 함께 하기 때문입니다. 백성들 안에 있기 때문입니다(Dominus Deus tuus in medio tui). 야훼는 갈라진 틈 사이, 분열된 관계 사이(medio)를 이어주는 존재로 있습니다.

이해인 수녀의 시를 음미해보겠습니다.

"살아서 아침을 맞고/ 또 밤을 보내듯/ 살아서 밥을 먹고/ 그릇을 치우네/ 크고 작은 빈 그릇에 담겼던/ 내 하루의 언어와 사고를/ 즐겁게 정돈하는 시간/ 이빠진 것들은 따로 치우고/ 깨어진 것들은 내버리면서/ 다시 만나는 나의 모습/ 행줄 그릇을 닦아/ 찬장에 넣듯이/ 잃었던 질서를 챙겨/ 마음속에 포개 넣네/ 그릇을 닦으며/ 생활이 노래가 되듯/ 열심히 하루를 치우는/ 나의 손끝에서/ 은빛으로 빛나는/ 내일의 희망"(이해인, "설겆이", 오늘은 내가 반달로 떠도, 분도출판사, 1986, 86-87)

나날의 구원은 설거지와도 같습니다. 때와 때 사이, 일과 일 사이, 쉼과 쉼 사이에 인간이 하는 일에는 먹고 치우는 중대한 일이 있습니다. 살기 위해서라도 삶이 지속되는 한 단 한 번도 어김이 없는 반복적인 행동입니다. 거기에는 거룩한 의식(의례)과도 같은 행위가 동반됩니다. 먹고 치우는 과정에서 이루어지는 것에는 질서와 정돈, 마음의 정갈함과 정결함, 다시 새로운 생명적 삶의 나날을 고대함이라는 성스러운 의례의 과정들이 연속됩니다. 시인이 수도자여서가 아닙니다. 평범한 삶을 살아가는 모든 사람들에게도 똑같이 반복되는 일상입니다.

시인의 표현에서 눈여겨봐야 할 말은 "내 하루의 언어와 사고를 즐겁게 정돈하는 시간"이라는 글귀입니다. 식사를 하고 그 도구와 음식들을 깔끔하게 뒷정리하는 것은 흩어진 생각과 몸을 다시 모으는 일이기도 합니다. 각자가 흩어져 마음을 다르게 하다가도 밥 때가 되면 마음이 모아지고 생각을 나누게 됩니다. 다른 삶터에서 서로 각기 다른 이름을 죽이기 위해서 살다가 밥 때가 되면 자신의 이름이 호명되고 회복됩니다. 자기 자신이 비로소 존재 가치를 드러내면서 인식하는 순간입니다. 그렇게 어느 한 때, 바로 그 때 그곳으로(in tempore illo) 모이고 생각하고 이름을 갖게 만드는 존재가 야훼입니다. 야훼는 마음을 잃어버리고 사는 이들 사이에 있습니다. 그들이 다시 야훼를 생각하고 그를 부르는 이름을 떠올릴 수 있도록 그들의 쟁투와 쟁투 사이, 갈등과 갈등 사이, 분열과 분열 사이에 존재하면서 삶을 다시 힘있게(ne dissolvantur manus tuae, 표준새번역: 힘없이 팔을 늘어뜨리고 있지 않지 말아라) 살아가도록 합니다.

성서는 말합니다. "야훼께서 원수들을 쫓으셨다. 너를 벌하던 자들을 몰아내셨다. 이스라엘의 임금, 야훼께서 너희와 함께 계시니 다시는 화를 입을까 걱정하지 마라"(Abstulit Dominus iudicium tuum, avertit inimicos tuos; rex Israel, Dominus, in medio tui, non timebis malum ultra).

(습 3,14-20)

일상이 시가 되는 기쁨

삶이 덧없는 거래라 할지라도

삶은 무한자를 통한 악마와의 거래입니다!

삶은 참 고통스럽습니다. 너무 돌직구인가요? 하지만 현자나 성자가 아니더라도 삶이 고통이라는 선언적 진리는 다 알 듯합니다. 왜 그럴까요? 욥기에 나오는 것처럼 사탄에 의해서 우리의 삶은 늘 시험대에 올려지고 있기 때문입니다. 적어도 신앙을 가졌다는 것 때문이라도 그 신앙이 진실인지 거짓인지 항상 판단의 시간이 있을 수밖에 없습니다. 삶이 고통과 고난의 덫에 걸릴 때 사탄의 거래가 만만치 않구나, 하고 생각하면 위안이 될까요? 더 정확하게 말한다면 거래의 주체는 사탄이 아니라 무한자입니다. 다만 사탄은 그 거래를 수행하는 존재에 지나지 않습니다. 보이지 않는 곳으로부터 도래하는 고난과 고통이란 인간의 본능에 비추어 보면 낯설다고 할 수밖에 없습니다. 그만큼 고대인들의 삶에서 고난과 고통의 문제는 해결하기 어려운 숙제였음을 의미합니다.

삶의 고통과 고난을 일부러 즐기는 사람은 없을 것입니다. 지나친 피학증을 지닌 사람이 아니라면 고난과 고통에 대해서 웃음을 지을 사람은 많지 않을 것입니다. 프로이트의 논리를 빌리자면 죽음의 본능인 타나토스보다 살고자 하는 에로스의 본능이 더 강하다는 증거가 아닐까 싶습니다. 이해인 수녀의 〈살아있는 날은〉이라는 시에서도 그러한 결기가 느껴집니다.

"마른 향내 나는/ 갈색 연필을 깎아/ 글을 쓰겠습니다/ 사각사각 소리나는/ 연하고 부드러운 연필 글씨를/ 몇 번이고 지우며/ 다시 쓰는 나의 하루/ 예리한 칼끝으로 몸을 깎이어도/ 단정하고 꼿꼿한 한 자루의 연필처럼/ 정직하게 살고 싶습니다"(이해인, "살아있는 날은", 내 혼에 불을 놓아, 분도출판사, 1984, 16-17)

삶은 글쓰기입니다. 말과 삶, 글과 삶이라는 것이 따로 떼어놓고 살 수 없는 것은 삶 없이 말과 글이 있을 수 없고, 말과 글이 없이 삶을 표현할 수 없기 때문입니다. 그래서 정성을 기울이는 삶이어야 합니다. 이왕지사 나의 삶에 대한 글을 쓴다면 세상으로부터는 사랑을 받고, 무한자로부터는 인정받는 이야기가 있는 삶을 살아야 합니다. 물론 인정받기 위한 삶은 예삿일이 아닙니다. 시인이 말하고 있듯이 삶을 기록하는 도구도, 그리고 그 이야기의 오류도 거침없이 지워버릴 수 있는 영혼의 지우개도 필요합니다. 그런데 무엇보다도 가장 중요한 것은 꼿꼿하고 정직한 삶입니다. 연필의 자존심은 절대 굽히지 않는 감춰진 단단함입니다. 연필의 적합성은 글을 쓰는데 하얀 백지의 인생을 부드럽게 적어내려가도록 하는 데 있습니다.

그러기 위해서는 우리의 삶의 하루는 예리한 칼끝에도 견딜 수 있을 만큼의 신앙적 정직함이 있어야 합니다. 마치 욥(Job, איוב)처럼 말입니다. 성서에는 그를 이렇게 묘사하고 있습니다. "그는 완전하고 진실하며 무한자를 두려워하고 악한 일은 거들떠보지도 않는 사람이었다"(et erat vir ille simplex et rectus ac timens Deum et recedens a malo). 흠하나 없이 순수한 신앙과 삶을 살아가는 사람, 두 번 세 번 겹겹이 말지 않아도 단 하나의 홑겹의 상태(simplex; semel+plico)에서도 신앙과 삶을 자신있게 보일 수 있는 사람이 무한자에게 인정을 받을 수 있습니다. 시인이 말한 꼿꼿한 삶이나 욥의 정직하고 올바른 삶(rectus)은 다르지 않습니다.

만일 무한자가 우리 인간을 대상으로 사탄과 거래를 했다면 주어진 고통과 고난 속에서 신앙의 참다운 가치인 순수하고 정직한 삶으로 드러내어 주면 됩니다. 그렇게 될 때 거래의 승리자는 무한자가 되는 것이고, 그 거래를 통해서 주어지는 인간의 결과는 고통과 고난의 원인으로서의 악을 넘어서고 무화시킬 수 있다는 사실입니다. 악이 인간의 고통과 고난일 수 없다는 단호함입니다.

좋든 싫든 삶은 초월자에 대한 무한한 신뢰에 기초합니다!

설령 삶이 고통과 고난의 연속이라 할지라도 그 너머에 무한자의 믿음, 곧 무한자가 인간을 생각하는 믿음에 부합하는 그분에 대한 우리의 믿음을 포기하지 말아야 합니다. 아무리 고통과 고난이 점철되는 삶이라고 하더라도 무한자는 인간이 자신을 저버리지 않을 것이라는 굳은 믿음이 있습니다. 이것을 바로 욥의 말에서 증명됩니다. "우리가 하느님에게서 좋은 것을 받았는데 나쁜 것이라고 하여 어찌 거절할 수 있단 말이오?"(표준새번역: "우리가 누리는 복도 초월자로부터 받았는데, 어찌 재앙이라고 해서 못 받는다 하겠소?", Si bona suscepimus de manu Dei, mala quare non suscipiamus?)

그간에 하늘로부터 좋은 삶을 받았는데, 무한자가 주시는 것이라면 나쁜 삶도 못 받아들일 이유가 없다고 말하는 무한자에게 대한 욥의 전폭적 신뢰는 우리를 감동시킵니다. '받아들이다'라는 동사 'suscipiamus'는 위로부터 내려오는 것을 자발적으로 이해하고 수용하는 것을 의미합니다. 삶에서 좋은 것만 준 초월적 존재는 결코 나쁜 것을 주실 리가 없다는 역설도 담겨 있습니다. 하지만 그것이 아니라도 인간이 해야 할 몫은 진실과 정직, 그리고 끝까지 악을 멀리하는 것입니다. 시인 이해인 수녀는

> "나는 당신의 살아있는 연필/ 어둠 속에도 빛나는 말로/ 당신이 원하시는 글을 쓰겠읍니다/ 정결한 몸짓으로 일어나는 향내처럼/ 당신을 위하여/ 소멸하겠읍니다"(이해인, "살아있는 날은", 내 혼에 불을 놓아, 분도출판사, 1984, 17)

라고 말합니다.

우리는 삶에서 주어진 이야기를 쓰는 도구입니다. 삶이든 죽음이든 아니면 선이든 악이든 나의 모든 것은 무한자의 것이요 그 존재로부터 부여받은 것입니다. 그러므로 인간은 무한자가 원하는 삶을 살아야 마땅합니다. 원하는 삶을 살 때에 비로소 이 땅에 사는 동안 선과 악의 이분법적인 모든 삶의 경향성을 초월하면서 오직 무한자를 위한 삶을 살 수 있습니다. 무한자는 선할 뿐 악하지 않다는 판단조차도 하지 않고 내게 주어진 삶이 무한자가 준 삶이라는 생각으로 진실과 정직으로 살아가게 됩니다. 인간은 그저 살아갈 뿐입니다. 자신에게 주어진 삶을 무한자의 이야기로 엮어가며 살아가는 의무만이 있습니다.

이해인 수녀가 마지막 시구에서 “당신을 위해서 소멸하겠읍니다” 라고 말한 것은 자신의 목숨의 가치까지도 초월한 신앙의 모습을 보여줍니다. 소멸 가능성, 유한한 인간의 삶의 현실을 생각하면 무한자를 욕하는 것이 인지상정입니다. 하지만 우리 인간은 무한자의 소유입니다. 그가 이 세상 바깥으로 떠밀어 육체적인 한계를 지니고 끊임없는 고통과 고난에 시달린다 하여도 우리 영혼의 소유자인 무한자에 대해서는 욕할 수 없습니다. 악을 입(labiis)에 담을 수도 없습니다. 무한자에 대해서 죄를 지을 수가 없습니다.

삶이 잘 풀리지 않을 때, 인간의 입에서는 욕이 나오게 마련입니다. 제일 먼저 불신이 나타나는 곳이 입(술)입니다. 삶에서 경계해야 할 것이 입입니다. 말을 잘못하면 주어 담지 못합니다. 긍정과 부정, 칭찬과 비난과 같이 이중적인 말이 한 입에서 나옵니다. 라틴어의 ‘Benedic’는 이중적인 의미가 있습니다. ‘축복하다’, ‘좋게 말하다’라는 긍정적인 뜻과 반대로 ‘저주하다’, ‘욕설하다’는 뜻도 있습니다. 고통과 고난의 삶이라 할지라도 무한자에 대해서 신뢰하는 삶을 살 때, 모든 어려움을 겪는 삶을 산다고 하더라도 무한자에 대한 신뢰에 기대어 살 때 우리는 입으로 죄를 짓지 않고 소멸의 순간에도 그 존재에 대해서 (In omnibus his non peccavit Iob labiis suis) 믿음의 배신으로 더 고통스러운 삶을 면할 수 있지 않을까요?

(욥 1,1-2,1-10)

삶의 얼굴

무한자의 답변은 침묵 속에 있습니다!

삶이 어디 답변을 하던가요? 숱한 인생의 억울한 상황들이 전개될 때마다 단 한번도 삶은 속 시원한 답변을 내놓은 적이 없습니다. 물론 삶이 무슨 죄일까요? 우리는 그냥 삶을 오해하고 있는지도 모릅니다. 아니 무한자를 오해하고 있는 건 아닐는지요. 삶이 잘 풀릴 때는 무한자가 나를 도와주시고 그가 존재한다고 믿지만, 반면에 삶이 힘들고 어려울 때는 무한자가 나를 버리셨다고 생각합니다. 마찬가지로 욥도 무슨 죄를 저질렀다고 삶이 그렇게 고되어야 하는 것일까요? 사실 욥은 우리 주변의 가장 약한 사람들의 표상인 듯합니다. 그들은 그저 살아갈 뿐인데, 사람이 배반을 하고 법이 지켜주지 못하여 천덕꾸러기처럼 사회의 저 밑바닥으로 추락을 한 것은 아닐까요? 자신이 원하지 않은 삶인 것입니다. 욥이 말하는 것처럼 억울함을 털어놓을 수도 없고, 신음소리조차 내지 못하는 삶은 얼마나 힘겨울까요?

불가타 성경의 querela는 '불평', '투덜거림', '하소연'을 의미하는 것인데, 법적인 의미에서는 '소송'도 있습니다. 원형은 queror인데 '청승맞게 울다'라는 뜻입니다. 신음소리를 뜻하는 gemitum(gemo)은 '탄식', '한탄', '불평', '울음소리', '고통', '슬픔'을 나타내는 말입니다. 삶을 살면서 하소연 할 데도 없고 맘 놓고 속풀이를 할 수 있는 데가 없다면 그처럼 답답한 인생이 어디 있을까요? 지금 우리가 처한 현실이 그렇습니다. 그럴 때 우리는 두 가지 오해에 부딪힙니다. 하나는 '정말 무한자는 존재하는가?'에 대한 심각한 질문이 제기되고, 또 다른 하나는 그로 인해서 나의 '신앙적 삶의 진정성'이 오해받기도 합니다.

이해인 수녀는 그래서 이렇게 말합니다.

> "때로 남에게 오해를 받는 것도 기쁨이 될 수 있는 이유는 이를 통해 내가 좀 더 작아질 수 있기 때문이다. 교만, 허영, 이기심에 가려 제대로 볼 수 없던 나의 참모습을 찾기 위해 자신과 마주 앉아 진지한 투쟁을 하기도 하며 마음의 빈터를 마련할 수 있기 때문이다. 언짢은 소리 듣기를 거부하지 않는다면 나의 삶은 훨씬 더 자유로우리라"(이해인, 두레박, 분도출판사, 1988, 54-55)

선하고 진실하게 살아가는 삶인데 느닷없이 찾아오는 인생의 어려운 환경들은 나의 삶이 결코 누구를 위한 삶이 아닐 뿐만 아니라 비교를 할 수 있는 삶이 아니라는 것을 보여줍니다. 아무리 삶이 힘들고 고달프더라도 겸손해야 합니다. 그럴수록 삶 속에서 내 자신의 참모습, 순수한 모습은 절대로 양보할 수 없는 것입니다. 삶이 나를 속이고 그 상황에서 나를 위한 무한자의 목소리조차도 발견할 수 없을 때, 비로소 나는 나 자신을 새롭게 보기 시작합니다. 삶에 대해서 피상적으로만 반성하기보다 나 자신을 마주대하며 내 마음을 들여다보는 시간을 갖습니다. 외부적인 환경이나 탓이 아닙니다. 기계적인 무한자의 보호를 원하는 것도 아닙니다. 그 순간은 한탄, 한숨, 하소연, 불평불만으로 가득 찬 마음을 다 비워내고 오로지 빈 마음으로 무한자의 생각을 받아들일 수 있는 여백을 갖는 것이 중요합니다.

삶에서 침묵하는 신은 그것만으로 자신의 존재를 알리는 것입니다. 고통과 고난, 그리고 포기하려는 삶의 상황 속에서 무한자를 찾는다는 것은 인간이 그저 무한자를 도피처로 삼으려고 할 뿐이지, 정작 삶을 일으키는 원동력, 곧 자신의 내면의 신앙적 성찰로 들어가야 하는 길을 잃을 수 있습니다. 그러기에 침묵은 인간의 성찰을 요구하는 무한자의 신호입니다. 그것은 그저 수수방관하는 신의 무책임한 행동을 일컫는 것이 아닙니다. 삶이 속이고 심지어 무한자의 답변이 없는 듯하더라도 끝까지 자신의 내면적 삶을 반성하는 것, 그것이 무한자의 의도하는 뜻일 것입니다.

무한자는 삶의 어느 곳에서나 존재하나 아무데나 존재하지 않습니다!

삶이 내 뜻대로 되지 않거나 나름대로 성실하게 살고 있다고 생각했는데 인생이 벼랑끝으로 가고 있다는 생각이 들 때는 아무리 신앙을 갖고 있다고 하더라도 신에게 따지고 싶을 것입니다. 삶의 정당함(iustus)을 주장하고 싶고, 자신의 삶에 대해 변론을 해서라도 납득할 만한 답을 얻으려고 생짜 놓으려는 마음이 클 것입니다. 자신의 삶 때문에 감히 신을 책망하고 꾸짖겠다(increpationibus)는 마음까지도 듭니다. 물론 그 말 속에는 그저 삶이 답답해서 신에게 아우성친다는(increpo) 의미가 강합니다. 그러나 논박(contendet)을 하실까요? 우리와 함께 맞서 논쟁을 하실까요?(cum+contendo) 그는 단지 가만히 듣기만(tantum audiat) 하고 계실 것입니다. 그 이야기는 우리의 삶의 고충에 대해서 동의하고 귀를 기울이고 있다(audiat)는 것입니다.

욥의 바람과 오늘을 살아가는 우리의 바람이 다르지 않습니다. 제발 우리의 삶의 애환에 귀를 기울여주십시오, 라는 간절함이 사무칩니다. 삶은 복잡하고 사람과 사람의 사이는 이익관계로만 엮여있어서 틈바구니의 사랑을 만들지 못하니 얼마나 애간장이 타들어갈까요? 그럼에도 신은 그저 듣기만 합니다. 말이 없습니다. 반응이 없습니다. 어디에나 있는 줄 알았던 신이 아무데도 없는 것 같습니다.

그는 나타나지도(apparet; ad+pareo) 않습니다. 동쪽으로도(orientem), 서쪽으로도(occidentem) 사방으로 찾아나서 봤자 감각하거나 의식할 수가(intellegam) 없습니다. 무한자를 찾으면 찾을수록 오히려 마음은 더 수줍고 연약해지고 부드러워지고 진정되는 것(mollivit)은 무슨 연유일까요? 무한자를 갈구하면 할수록 더 당혹스럽고 혼란에 빠지는(conturbavit)는 이유는 무엇일까요? 삶은 죽음과 같은 어두움(tenebras)에 싸여 있는 것 같고, 짙은 안개 속에서 헤어 나오지 못할 정도로 침울한(caligo) 상황을 맞이한 것 같습니다.

신앙은 비로소 이 삶의 어두움에서 시작됩니다.

> "시간이 어둠 속에 나를 깨운다. 잠 속에 뒹구는 어제의 꿈을 미련 없이 털어내고, 신이 나를 기다리는 아침의 숲으로 가자고 한다"(이해인, 시간의 얼굴, 분도출판사, 1989, 102)

이해인 수녀의 시입니다. 삶의 시간들이 촘촘하게 나를 에워싸고 그 시간과 시간 사이를 바쁘게 움직였지만 정말 나는 신을 위한 시간을 얼마나 살았나, 하는 반성을 하게 합니다. 정작 신을 위한다고 하지만 우리는 과거와 현재, 그리고 미래라는 시간들 속 어디에도 신을 두려고 하지 않습니다. 신과 함께 하는 시간들이어야 어두운 삶의 시간들을 돌파해 나갈 수 있을 텐데, 그 시간이 전부 우리 자신의 시간으로 만드는 순간 우리는 여전히 어두움에 있을 수밖에 없습니다. 삶이 어두울 뿐만 아니라 삶의 시간 어디에도 신과 함께 하지 않았으니 삶이 처한 캄캄한 밤은 두렵기 짝이 없습니다. 이제는 무한자를 모실 수 있는 시간을 인식해야 합니다. 그 시간이 우리를 깨어서 삶의 시간 안에 그 존재가 거할 수 있도록 해야 합니다. 그렇게 한다면 삶의 어두움은 점차 물러갈 것입니다.

지금 나의 얼굴(faciem meam)은 어디를 향하고 있는 것일까요? 무한자의 시간과 함께 하면서 동이 트는 밝은 아침의 숲을 향하고 있는 것일까요? 아니면 여전히 캄캄한 어두움의 밤에 머물러 있는 것일까요? 시간에 대한 인식을 달리 해야 합니다. 욥의 과거와 함께 하신 무한자는 여전히 현재 속에 계신 무한자가 되기를 원합니다. 과거의 시간에 무한자가 존재했더라도 현재 속에 무한자가 존재하지 않으면 삶은 어둠입니다. 욥의 몸부림은 과거의 무한자가 아니라 현재의 무한자를 찾으려는 것이었습니다. 현재의 무한자를 만나게 되면 미래의 무한자가 새로운 삶을 열어 줄 것이기 때문입니다.

따라서 현재의 무한자는 내가 지금 여기에서 무한자를 인식하는 곳곳에 있습니다. 지난날의 시간 속에 존재했던 무한자에만 머물려고 한다면 어디에도 그는 존재하지 않습니다. 그것을 이해인 수녀는 이렇게 표현합니다.

"사랑하는 이의 무덤 위에, 시들지 않는 슬픔 한 송이 꽃으로 피워 놓고 산에서 내려오는 길. 사랑으로 피흘리며 행복했던 우리의 지난 시간들이 노을 속에 타고 있네. 죽음이 끝이 아님을 믿고 또 믿으며 젖은 마음으로 내려오는 길. '그래도 열심히 살아야 해. 기쁘게 살아야 해'라고 어느새 내 곁에 와 신음하듯 뇌며 나를 부축하는 오늘의 시간이여"(이해인, 시간의 얼굴, 분도출판사, 1989, 103-104)

오늘을 사는 시간 안에 비록 삶이 고통스럽고 절망적이라 할지라도 우리의 그 삶의 시간에 함께 하시는 무한자를 인식할 때에 삶은 지속할 수 있습니다. 오늘의 시간 안에서 바로 '그 오늘'을 가능하게 하는 침묵하시는 무한자 때문에 말입니다. 그러므로 '오늘의 시간이 침묵하지 않는 이상' 무한자는 묵묵하게 계시는 것이 아니라는 것을 기억해야 합니다.

(욥 23,1-9.16-17)

인간이 범하는 삶의 오류

수백 마디의 말로도 다 답변할 수 없는 게 삶입니다!

인간은 삶을 살면서 불평과 불만을 마음에 품을 때가 참 많습니다. 이해하기 어려운 사건이 발생해서 그런 경우도 있지만, 인생이 잘 풀리지 않는다고 생각할 때면 그 원인의 대상을 찾는 게 인지상정입니다. 욥의 경우처럼 평소에 의롭다고 하는 사람조차도 어떤 삶의 지배를 받는 것 같은 인생살이가 있는 법입니다. 그렇다고 해서 삶의 문제란 지나가던 개나 돌덩이를 걷어차서 해결될 수 있는 것도 아닙니다. 신과 논쟁의 논쟁을 거듭해서라도 분이 풀리고 해답을 얻으면 다행입니다. 종교인이든 비종교인이든 안 그러겠습니까? 하지만 인간이 무한자와의 논쟁에서 이길 수 있을까요? 꼼짝달싹 못하게 만드는 무한자의 논쟁술을 보면 인간은 아무런 반박을 할 수 없을 것 같습니다.

욥기서에 보면 이른바 '열거적 귀납법'을 통해서 무한자는 눈앞에 보이는 예들을 전제로 내세워 질문을 합니다. 그리고 인간으로 하여금 그 전제들을 시인하면 곧바로 주장하려는 결론이 보편적 진리로 인정된 것처럼 간주해버립니다. 또는 논리학의 논증법처럼 '연쇄삼단논법', 곧 2개 이상의 삼단논법을 연이어놓은 형태를 갖고 전제들을 되도록 순서와 상관없이 되는 대로 던져 인간의 시인을 받아내는 질문을 던집니다(김용규, 설득의 논리학, 웅진지식하우스, 2007, 238-

243 참조). 라틴어 interrogabo는 '질문하다', '논증하다'는 뜻이고, edoce(ex+doceo)는 '증거를 제시하여 상세히 일러주다'(철저히 가르치다)는 뜻이 있습니다. 따라서 무한자는 삶의 부조리에 대해서 불만이 있다고 하는 인간을 향해 기꺼이 합법적인 생각을 묻겠다는 의지가 담겨있는 것입니다.

하지만 무한자의 논쟁술에 인간이 얼마나 설득력있게 대답할 수 있을까요? 땅이 생겨날 때 인간은 어디에 있었는가? 누가 닭에게 슬기를 주었는가? 누가 까마귀와 사자에게 먹이를 주었는가? 아무리 인간이 그럴듯한 논변을 내놓는다 해도 궁색한 답변이 될 게 뻔합니다. 삶이 어렵고 힘들다고 하늘을 향해 삿대질을 한들 풀 수 없는 삶의 수수께끼가 순순히 풀릴 리가 만무합니다. 차라리 삶을 순전하게 받아들이고 주변 환경에서 삶의 진리를 읽어내는 것이 더 빠릅니다. 이해인 수녀는 그 이치를 잘 터득한 분 같습니다.

"오늘은 손님이 오시겠다고/ 노래하는 거니?/ 어른에겐/ 어른이 되고/ 어린이에겐/ 어린이가 되어/ 정성을 다해야/ 후회 없을 거라고/ 내가 고마운 마음으로/ 곱게 대답할 때까지/ 넌 멈추지도 않고/ 소리를 높이는구나/ 그래 알았어/ 잘해볼게/ 잔소리도 노래로 엮어/ 나를 교육하는 네가 있어/ 오늘도 행복하다"(이해인, "까치에게", 외딴 마을의 빈집이 되고 싶다, 열림원, 1999, 102-103)

역설적이지만 밤은 낮일 수 없습니다. 밤은 밝을 수가 없습니다. 밤은 어두워야 밤이라 할 수 있습니다. 반대로 낮은 밝아야 낮이라고 일컬을 수 있습니다. 그런데 인간은 어두울 때는 낮이 되었으면 하고,

밝을 때는 밤이었으면 합니다. 인간이 가진 선천적인 욕망이라고 하기에는 매우 변덕스럽습니다. 낮일 때는 그 밝음을 자연스럽게 받아들이고, 밤일 때는 그 어두움을 싫어함이 없이 있는 그대로 용납하면 되는데 인간은 그러지 않은 것 같습니다.

삶도 밝은 면과 어두운 면이 공존하는 게 당연합니다. 그럼에도 인간은 늘 밝은 면만 있기를 원합니다. 그것은 남녀노소 신분고하를 막론하고 대부분 동일한 마음입니다. 하지만 삶의 진리는 단선單線이자 단성單聲입니다. 고개를 돌려서 눈을 크게 뜨고 자연만물을 쳐다보면 거기에서 들려오는 목소리가 있습니다. 나를 깨우쳐 교육하는(doceo) 목소리입니다. 야단치는 목소리, 지금의 삶을 궤도 수정하라는 잔소리가 한 마리의 새소리를 통해서 무한자의 목소리가 들리는 것입니다. 우리는 지금 나를 견책하는 무한자의 전령(사자)인 새소리조차 듣지 못하고 있으니 불행하기 짝이 없는 것이요 정작 인간의 삶의 불평 불만은 거기서 비롯된다고 해도 지나친 말은 아닐 것입니다.

무한자와 가까울수록 삶은 침묵에 더욱 가깝습니다!

오랜 연륜을 통해서 여러 인생 경험을 해본 사람들은 삶에 대해서 점점 더 겸허해집니다. 또한 말이 없어집니다. 삶이란 말없이 그저 살아간다는 것을 아는 것입니다. 삶을 살도록 했으니 삶을 살게 한 삶이 더 고마운 것입니다. 삶이란 그저 침묵을 할 수밖에 없다는 것을 깨달은 지혜자의 모습이 주름이요 굽은 허리요 희끗한 머리카락이요 깊은 눈망울입니다. 그것은 달리 말하면 시공간에 대한 상념想念을 넘어서 이제 초탈超脫과 무념無念으로 나아가는 삶의 달관達觀이라 할 수 있습니다.

이해인 수녀는 그러한 삶의 깊이를 사물과 대상에서 깨닫습니다.

> "너의 길은/ 너무 멀다/ 장거리 여행을 준비하면서/ 몸무게의 55퍼센트를 지방질로/ 채우기 위해/ 소화기관을 일부러/ 25퍼센트까지 줄인다는 네 처절한 절제와/ 날갯짓을 생각하니/ 절로 눈물이 났다/ 내가 걷는 삶의 길/ 시의 길도/ 머나먼 길이지만/ 아무것도 덜어내는 노력 없이/ 괜한 것을 찾는 내가/ 부끄러웠다/ 자유가 무엇인지/ 너는 알겠지?/ 신과 가까울수록/ 말은 아끼게 되더라고/ 네가 말했지?"(이해인, "새들에게 쓰는 편지" 중에서, 외딴 마을의 빈집이 되고 싶다, 열림원, 1999, 118-119)

새들은 초월의 경지에 있는 존재자들입니다. 그야말로 자신들의 안정된 거주지-그 거주지조차도 임시적이지만-를 향해 날아갈 때는 자신의 몸을 가볍게 할 줄 압니다. 하늘을 향해 날 때는 무거우면 안 된다는 것을 본능적으로 알고 있습니다. 시인이 "처절한 절제"라고 하는 것은 매우 연민적인 표현입니다. 하지만 우리 인간은 자신에 대한 연민과 동정이 너무 인색합니다. 삶의 초월과 하늘에 대한 열정이 있다는 종교인은 말할 것도 없습니다. 삶을 삶답게 하고 그 삶의 완성은 저 하늘에 대한 동경이라는 것을 안다면 지금 삶에 대한 불평과 불만의 대상은 어느 인간과 심지어 무한자에게 향해서는 안 됩니다. 삶이 어렵고 힘든 순간, 고통과 고난의 상황에서는 자신을 가볍게 하라는 전언으로 받아들여야 합니다. 그 전언의 행간을 제대로 읽지 않을 때 우리의 삶은 저주 그 자체가 될 수밖에 없습니다.

시인이 말하듯이 우리의 삶은 시간이 갈수록 점점 더 신에게 가까워지는 것입니다. 그럴수록 말은 없어지고 몸은 가벼워집니다. 당연한 현상입니다. 그것을 역행하려 하는 순간 삶은 더 버거워집니다. 종교인이든 비종교인이든 삶의 총체적 완성은 죽음입니다. 그 죽음의 현상은 무한자에게 가까이 와있다는 종착역을 의미합니다. 말이 필요없습니다. 많은 생각이 소용없습니다. 기억력은 쇠퇴하고 말은 어눌하며 눈에 맺힌 상은 희미할 뿐만 아니라 귀는 많은 소리를 담을 수 없을 정도로 어둡게 되는 것은 그만큼 가벼워지라는 신호입니다.

우리가 삶에 대해서 무엇이라고 떠벌릴 수 있으며 하소연을 할 수 있을까요? 아무것도 없습니다. 불평과 불만, 안타까움과 분노, 짜증, 답답함, 도저히 어찌 할 수 없을 정도의 생활고에 시달릴 때 우리는 차라리 태어난 것에 대한 원망과 신에 대한 저주를 하게 됩니다. 삶은 그만큼 녹록치 않습니다. 이해가 갑니다. 그럴 때 신과 논쟁을 하기라도 하면 마음이라도 후련해질 것 같습니다. 하지만 욥은 논쟁술에서 패배를 합니다. 아니 차라리 논쟁을 하지 않고 입을 닫아버렸다는 것이 옳을 것입니다. 이유는 간단합니다. 우리는 아직 삶에 대해서 미숙하고 서툴기 짝이 없습니다(imperitis). 삶에 정통한(peritus) 무한자 앞에서 수백 마디의 말(sermonibus)은 소용이 없습니다. 치밀한 논리로 무한자와 논쟁(sermo)을 해봐야 이길 수도 없습니다.

"부질없는 말로 나의 뜻을 가리는 자가 누구냐?"(개역개정: "무지한 말로 생각을 어둡게 하는 자가 누구냐?", 표준새번역: "네가 누구이기에, 무지하고 헛된 말로 내 지혜를 의심하느냐?, Quis est iste obscurans consilium sermonibus imperitis?) 이처럼 우리는 무한자의 생각과 계획(consilium; consulo)을 완전하게 알 수가 없습니다. 설령 안다 하더라도 모호하고 희미하게(obscurans) 알 뿐입니다. 그러므로 그럴 때는 우리의 삶이 무한자에게 더 가까이 와 있구나, 하는 생각을 한다면 위로가 될 것입니다. 마지막을 생각하라는 말이 아닙니다. 우리의 지식과 이해력(intellegentiam, 공동번역 "세상물정")이 아무리 뛰어나도 삶의 이치를 온전하게 다 꿰뚫어볼 수가 없습니다. 삶은 침묵 속으로 빨려 들어가고, 인간은 그 침묵의 심연에 도도히 흐르고 있는 무한자를 볼 뿐입니다. 삶에 대해서 알면 알수록, 무한자를 알면 알수록 상대적으로 말수가 줄어드는 이유입니다.

(욥 38,1-7·34-41)

부인하는 삶에서 시인하는 삶으로

무한자는 헤아릴 수 없는 신비입니다!

삶은 온전히 이해 불가합니다. 철학자 빌헬름 딜타이(W. Dilthey)가 삶을 체험과 이해의 방식으로 설명한 바 있습니다. 그 무엇보다도 삶은 삶 그 자체로서 이해한다고 주장했습니다. 하지만 삶을 살아갈수록 그 삶이 나의 이해의 범주에서 멀어진다는 생각을 참 많이 합니다. 키르케고르가 설파한 것처럼, "자기는 자유인 것"인데, 그래서 자기가 자기 자신이 아니라는 것에 절망하기 때문인지도 모릅니다. 다시 말해서 나 자신이 삶의 주인이 되어서 스스로 살아감으로써 자기 자신임을 증명하면서 행복감을 맛보아야 하는데, 실제로 삶은 그렇게 녹록치 않습니다. 의인이라고 인정받았던 욥조차도 삶에 대해 회의를 품고 무한자에 대한 불평을 늘어놓았다는 것은 삶을 대하는 인간의 보편적 마음을 반영한 것입니다.

삶이 조금이라도 안 풀리고 힘들 때 단박에 무한자와 그에 대한 신앙으로 시선을 옮기는 것이 종교인의 타성적인(routine) 모습입니다. 인간은 무한자와 조율, 타협하거나, 그것도 안 된다면 신앙을 포기할 것처럼 애원하는 등 온갖 방법을 다 동원해서라도 현재 처한 삶을 벗어나 보려고 부단히 애를 씁니다. 그 이유는 신이라면 못하실 일이 무엇이 있겠는가(scio quia omnia protes, 모든 능력을 다 발휘할 수가 있다), 그가 계획하는 일이라면 안 될 일이 아무것도 없다(nulla te latet cogitatio, 그가 생각한 것에 대해서는 아무도 모르거나 숨겨진 게 없다)는 강한 신념 때문입니다. 그럼에도 인간은 무한자가 일하시는 그 기묘함, 신비함, 기적(mirabilia)을 인식하지 못하면서 어리석은 말과 짧은 생각으로(Ideo insipienter locutus) 그 존재에 대해서 잘못 판단을 합니다. 욥은 바로 이와 같은 인간의 이기적이고 모순적인 행동에 대해서 시인하고 실토합니다.

의뭉스럽게 자신의 정당성만을 따지는 인간은 신의 신비로움 앞에 여지없이 무너지고 맙니다. 아리스토텔레스가 인간에 대해서 아무리 생각의 생각(noeseos noesis)을 하는 사유(noesis)하는 존재로 규정했다 하더라도, 인간은 무한자를 오롯이 이해할 수 없습니다. 철학자 조르조 아감벤(G. Agamben)이 적시했다시피 신비(mysterion)는 단순한 신성한 드라마로서, 감춰진 것이 아니라 눈에 보이는 것이라고 단언적으로 말을 해도, 인간은 무한자의 그 신비를 다 알아차릴 수가 없습니다. 삶의 드라마가 곳곳에서 펼쳐지고 아름다운 삶의 광경들이 존재하지만 인간은 여전히 시큰둥하게 바라볼 뿐입니다. 삶의 가시적이고 구체적인 형태, 에로스적인 행복감만이 삶의 진리이고, 동전의 양면처럼 존재하는 고통, 절망, 좌절, 고난, 죽음과 같은 한계상황은 신앙적일 수 없다고 자의적으로 해석합니다. 인간의 하찮은 관념으로 말입니다.

이해인 수녀의

"바다의 당신은"이라는 시를 읽다보면 삶의 호불호, 선악을 떠나서 영원한 신으로 향해야만 하는 이유를 알려주는 듯합니다. "내가 목 놓아 울고 싶은 것/ 가슴을 뒤흔들고 가버린/ 거센 파도 때문이 아니다/ 한 밤을 보채고도 끊이지 않는/ 목쉰 바람소리 탓도 아니다/ 스스로의 어둠을 울다/ 빛을 잃어버린/ 사랑의 어둠/ 죄스럽게 비좁은 나의 가슴을/ 커다란 웃음으로 용서하는 바다여/ 저 안개 덮인 산에서 어둠을 걷고/ 오늘도 나에게 노래를 다오/ 세상에 살면서도/ 우리는 이방인/ 언젠가는 모두가 쓸쓸히 부서져 갈/ 한 잎 외로운 혼임을/ 바다여 당신은 알고 있는가"(이해인, "바다여 당신은", 민들레의 영토, 가톨릭출판사, 1987, 14-15)

시인이 슬퍼하는 이유는 거친 파도가 두려워서가 아닙니다. 파도에 실려 내려온 바람소리 때문도 아닙니다. 빛이 어둑어둑해져서 바래버린 사랑 때문입니다. 사랑은 어둠이 되었습니다. 사랑이 어둡게 돼버린 신앙의 눈으로 보면 신조차도 어두컴컴함 속에서 드러나지 않는 어두움의 일부에 지나지 않습니다. 바다가 일깨워주고 우뚝 솟은 산이 노래를 들려주어서야 비로소 삶의 주인은 무한자라는 것을 뼈저리게 깨닫습니다. 이 세상에서 살면서 '우리 인간은 절대적으로 이방인에 불과하구나'하는 새삼스런 진리를 자연이 알려줍니다. 단지 이방인으로 살아가면서 갖춰야 하는 명확한 진리와 삶의 자세는 오로지 사랑이야말로 어둑해지지 않도록 빛 가운데서 살며, 그 빛과 같은 삶을 통해서 무한자의 존재를 드러내는 것뿐입니다.

우리는 착각을 합니다. 무한자가 우리의 모든 문제를 다 해결해 줄 것이라고 말입니다. 하지만 이방인으로서 살아가는 모든 존재자에게 그저 필요한 것은 신을 향한 무한한 응시(gaze)와 사랑을 품은 삶의 연속입니다. 사람이 겸손하게 시인해야 할 것은 그것뿐입니다.

무한자에 대한 신앙은 직접성입니다!

무한자에 대해서 다른 사람에게서 이러쿵저러쿵 간접적으로 말을 건네 듣는 것은 의미가 없습니다. 욥은 이러한 간접적 신앙을 문하생이 어떤 스승으로부터 가르침을 듣는 것, 이른바 소문(audivi)이라는 말로 표현합니다. 하지만 욥은 그것이 얼마나 부질없고 소용이 없었던 일인지 알게 되었습니다. 그보다 중요한 신앙의 경험은 직접성이었습니다. 그는 눈(oculus)으로 직접 봄(videt), 직접 무한자를 목도하고 깨닫는 신앙적 체험을 통해서 무한자가 어떤 분인지 알고 뉘우쳤습니다(회개, paenitentiam).

이해인 수녀는 삶과 신앙, 그리고 신을 향한 애끓는 감정의 상태를 이렇게 표현합니다.

> "영원한 메아리처럼 맑은 여운/ 어느 피안 끝에선가/ 종이 울고 있다/ 어제와 오늘 사이를 가로 누워/ 한번도 말이 없는 묵묵한 바다여/ 잊어서는 아니 될/ 하나의 노래를 내게 다오/ 당신의 넓은 길로 걸어가면/ 나는 이미 슬픔을 잊은/ 행복한 작은 배/ 이글거리는 태양을/ 화산火山 같은 파도를/ 기다리는 내 가슴에/ 불지르는 바다여/ 폭풍을 뚫고 가게 해 다오/ 돛폭이 찢기워도 떠나게 해 다오"(이해인, "바다여 당신은", 민들레의 영토, 가톨릭출판사, 1987, 15-17)

인간이 신과 삶에 대한 저울추, 혹은 균형추를 올바르게 놓기 위해서는 인생의 험난한 파도를 뚫고 한 척의 외로운 돛단배라도 여여하게 흘러갈 수 있는 용기 있는 결단이 필요합니다. 삶이 노래하는 그

한 가운데를 두려움과 공포로 짓눌리면서 멈칫멈칫 들어가지 못하는 것은 삶에 대한 절망, 곧 자기가 자기 자신이 아닌 것에 대한 절망입니다. 자기는 죽을 것 같은 한계상황이 엄습해 오는 그 순간을 대면하지 못하는 유약한 존재입니다. 이 때 요구되는 것이 삶의 돛단배 속에서 흥얼거릴 수 있는 노래입니다. 노래는 나를 나의 바깥과 조우하도록 해주는 나의 목소리와 정서입니다. 슬픔, 기쁨, 분노, 사랑, 공포, 두려움, 좌절, 절망, 포기 등 수많은 기분과 상황, 그리고 감정들이 발생하는 사건들에서 무한자의 직접성, 곧 무한자의 마음과 정신이 우리의 삶을 추동하고 있다는 믿음을 가져야 합니다.

바다의 노래는 그 소리를 통해서 바다의 현실로 나아가는 어부의 마음이 담겨있습니다. 바다와 배가 만나는 그곳에서 소리가 생깁니다. 배는 바다를 타고 넘어가면서 자신의 한계상황을 경험하고 마침내 신을 재촉합니다. 신을 초대하고 신을 환대하기를 원합니다. 삶의 바다는 이보다 더 무색이고 무관심하며 무책임합니다. 그 속에서 인간이 찾아야 할 목소리는 직접성입니다. 인간은 삶의 노래를 통해서 무한자를 만납니다. 삶의 바다가 넘실거리면서 인간에게 위협적으로 다가오지 않는다면 어느 누가 신으로 향하고자 할까요? 삶의 큰 파도를 넘어야만 신에게로 갈 수 있습니다. 파도는 다시 파도를 넘고, 바람은 항상 바람을 부릅니다.

그 때 삶의 바다 한 가운데에 존재하는 무한자를 만납니다. 그리고 인간은 무한자의 품으로 향하고자 하는 마음이 불일 듯 일어납니다. 삶은 눈에 보이지 않지만 버거운 사건이 발생하면 삶을 이겨낼 수 없다는 자괴감에 빠집니다. 하지만 삶을 꿰뚫어보면 그 어려운 삶의 한복판에서 직접적으로 무한자 자신에게로 오라는 손짓을 봅니다. 이처럼 무한자는 인간 삶의 난관들, 고통스러워 포기하고 싶은 그 순간, 저 끝에 서서 비로소 자신의 모습을 보이고 있다는 것을 잊지 말아야 합니다.

(욥 42,1-6.10-17)

우연의 연속성에서 필연을 발견하는 게 삶입니다.

사람들은 자신이 속절없이 세상 바깥으로 내던져졌다고 생각하는 경우가 많이 있습니다. 수많은 삶의 환경을 맞닥뜨리지만 어떤 한 종교를 선택하거나 어느 한 사람을 만난다는 것도 결코 우연이 아닌 것처럼 여겨지는 게 삶입니다. 또한 사람들은 숱한 우연이 반복되면 그것이 마치 필연이라고 믿으며 자신의 삶에 의미를 부여합니다. 인간은 삶 위에 의미를 놓고 싶어 합니다. 필연적 의미를 확인하지 않으면 한시라도 살기 어렵다고 보는 게 맞을 것입니다. 히브리인들이 족보에 강한 집착을 보이는 것도 결코 우연은 아닙니다. 그냥 지금 내가 있는 것이 아니라 자신의 조상을 거슬러 올라가면 반드시 지금 여기에 내가 있어야 할 당위성이 있을 수밖에 없다는 어떤 확실성에 안도를 하게 됩니다. 그렇게 거슬러 올라가 맞닿은 존재, 히브리인들의 그 우연적 필연의 최초의 존재는 바로 무한자입니다.

사람이 태어나 또 다른 사람들 혹은 특별한 사람과 연결된다는 것을 인연이라고 합니다. 어떤 인과 관계에 의해서 만나게 되었다는 말입니다. 그 안에는 수많은 우연성이 존재합니다. 그럼에도 만나지 않아도 되는데 만났다는 것, 관계 형성이 안 될 수도 있는데 관계가 맺어졌다는 것은 참으로 신기한 일입니다. 그래서 필연과 의미를 떠올리지 않을 수가 없습니다. 삶은 그렇게 우연적 필연에 의해서 씨줄과 날줄로 엮어져 갑니다.

그러나 무한자를 믿는 사람들에게는 우연적 필연이라는 말보다 '모든 삶은 필연성이다'라는 신앙고백을 합니다. 물론 우연성보다는 필연성이라고 믿어야 맘이 편합니다. 생을 받아들이기가 훨씬 수월해집니다. 그렇지 않으면 삶이 힘들어집니다. 삶이란 능동성과 수동성이 적절하게 상호작용할 때 그래도 내가 살고 있구나, 하는 확신이 서게 되는 것인데, 그 둘의 조화가 깨지면 비관과 낙관의 양 극단으로 갈 수밖에 없습니다. 신앙을 갖는다는 것은 지나친 비관과 허황된 낙관 사이에서 균형을 이루는 삶을 추구하는 것입니다.

거기에는 인간의 자기 자신의 의지적 선택과 결단이 내포되어 있습니다. 무한자가 모든 것을 계획하시고 이루셨다고 믿으면서 오직 신앙적 기획으로만 치부하지 않고, 자신의 자유로운 선택이 지금의 결과를 생산한 것이라는 건강하고 이성적인 판단도 중요합니다. 자칫 잘된 것도 잘 못된 것도 전부 무한자에게 전가할 수 있기 때문입니다. 룻기의 이야기를 가만히 읽다보면 한 여인의 인생이 오롯이 무한자에 의해서만 구성되었다고 보기 어렵다는 생각을 하게 됩니다. 한 축에는 반드시 그녀의 올바른 선택과 판단이 있었기에 신앙의 좋은 사표가 되었던 것입니다. 아무리 무한자가 좋은 계획을 가지고 있다고 하더라도 사람이 선택과 판단을 잘못하면 무한자와의 관계가 아예 형성될 수 없을 것입니다.

이해인 수녀의 시에서 그런 여백을 발견하곤 합니다. 꽉 채워서 결코 어느 존재도 들어서지 못할 삶이 아니라 비우면서 그 비움의 자리에 초월자가 들어서고 어느 한 사람의 마음이 들어올 수 있도록 가난해지려는 마음말입니다.

"나는 문득/ 외딴 마을의/ 빈집이 되고 싶다/ 누군가 이사오길 기다리며/ 쓸쓸하지만 즐거운 빈집/ 깔끔하고 단정해도/ 까다롭지 않아 넉넉하고/ 하늘과 별이 잘 보이는/ 한 채의 빈집/ 어느 날/ 문을 열고 들어올 주인이/ '음, 마음에 드는데……'/ 하고 나직이 속삭이며 미소지어 줄/ 깨끗하고 아름다운 빈집이 되고 싶다"(이해인, "외딴 마을의 빈집이 되고 싶다", 여행길에서, 박우사, 2001, 36)

삶에서 우연히 찾아오는 마음의 손님, 관계의 손님을 맞이하려면 마음을 다 채워놓고 있으면 안 됩니다. 손님을 맞이할 필연적인 방이 먼저 준비되지 않으면 아무리 좋은 손님이라도 맞이할 수가 없습니다. 마찬가지로 무한자라는 존재도 내 거처 안에서 평생 머물 수 있도록 하기 위해서는 빈 마음이 있어야 합니다. 온전히 비울 수 있으면 좋지만 정 그럴 수 없다면 한쪽 귀퉁이 조그마한 공간이라도 무한자의 자리를 마련해 둔다면 나의 삶이 조금 더 만족스러워지지 않을까요? 삶의 만족을 통한 개인의 이기심 때문이 아닙니다. 반드시 만나야 할 존재라면 그 무한자를 위한 자리가 확보되어야 삶의 필연성으로 인한 낭만적 낙관으로 살 수 있기에 그렇습니다. 사람이란 그만큼 유약하고 미약한 존재입니다.

사람이 머무는 곳이라면 무한자도 함께 있습니다!

족보나 민족성을 강조하는 유대인에게 유독 정체성과 배타성이

심한 것은 언뜻 보면 당연한 것 같습니다. 하지만 이방인 룻이 히브리인의 족보 안에 중요한 인물로 들어온다는 것은 파격입니다. 이것은 달리 해석하면 무한자란 인종, 민족, 종족, 성별을 초월한 존재라는 것을 보여줍니다. 무한자는 자신을 인정하고 받아들이는 사람이라면 자신의 시간과 공간을 함께 공유합니다. 시공간을 함께 공유한다는 것은 사람이 존재하는 곳에 무한자 자신도 존재한다는 것을 뜻합니다. 무한자에 의해서 사람의 정체성과 장소성이 정해지는 것이 아닙니다.

무한자 자신이 사랑하는 사람들 사이에 무한자의 시간과 공간이 존재합니다. 사람들 속에 있는 시간과 공간을 시공간성과 전혀 관계없는 무한자가 함께 합니다. 이해인 수녀는 시간에 대해서 이렇게 적고 있습니다.

> "죽지 않고는 사랑을 증거할 수 없던 예수의 시간. 눈물 없이는 어둠을 기다릴 수 없던 마리아의 시간. 의심하지 않고는 믿을 수 없던 제자들의 시간. 믿고, 기다리고, 사랑하는 사람들의 힘들고 아픈 시간. 이 모든 시간들 속에 거듭거듭 태어나고 성장하는 너와 나의 삶"(이해인, "시간의 얼굴", 시간의 얼굴, 분도출판사, 1989, 103)

신앙도 사람들의 시공간 속에서 피어나고 시들고 합니다. 삶이 그렇듯 신앙도 그런 것입니다. 삶이 시간과 공간을 벗어나지 못하는 것처럼, 신앙도 동일합니다. 모든 사건과 행위, 그리고 삶과 죽음도 시간과 공간 속에서 이루어집니다. 그 유한성의 현실적 삶 속으로 무한자가 함께 하신다는 것은 사람들의 삶이 그만큼의 가치가 있다는 얘기입니다. 공유하고 공감하고 공동과 공통을 통하여 이루는 삶의 연속성은 시공간이 갖는 한계성이나 제한성 만큼이나 상호 구속이 될 수 있습니다. 그럼에도 그 한계와 제한 속에서 무한자가 인간과 함께 있겠다는 것은 대자대비한 사랑이 아니고서는 불가능합니다. 거기에는 히브리인, 이방인이 따로 없습니다. 모두 다 무한자 자신이 사랑하는 사람들만 존재할 뿐입니다. 그런 의미에서 히브리인이 아닌 이방인이 히브리인의 종교와 삶을 온 몸으로 살아내겠다는 것은 대단한 용기요 선택이요 결단이라고 해야 할 것입니다.

시어머니 나오미가 계시는 곳에(morata) 자신도 늘 함께 하겠다는 룻의 애정 어린 마음의 표현은 듣는 이에게 감명을 줍니다. 여기서 라틴어 morata(mora)는 '체류하다', '머물다'는 뜻이기도 하지만 '시간성'도 포함되어 있습니다. 이는 시어머니와 삶을 공유한 공간뿐만 아니라 시간도 함께 나누면서 살아가겠다는 것을 의미합니다. 함께 한다는 것은 시간을 함께 보낸다는 것을 배제할 수 없습니다. 공간이나 장소만 함께 한다고 해서 삶을 공유하는 게 아니라 시간을 함께 해야 삶을 살게 되는 것입니다. 룻은 나오미의 시공간과 세계를 공유하겠다는 각오를 말하고 있습니다. 그뿐만이 아닙니다. "어머님의 겨레가 제 겨레요 어머님의 하느님이 제 하느님이십니다"(populus tuus populus meus et Deus tuus Deus meus)라는 신앙고백은 나오미가 지닌 신앙의 유산까지도 몽땅 함께 하겠다는 것과 다르지 않습니다.

나오미가 있는 곳은 어디든지(ubi) 자신도 마치 동료'처럼', 배우자'처럼' 함께(pariter) 있겠다(fueris)는 이야기는 어떤 관계라도 그리 쉬운 말은 아닙니다. 그와 존재한다는 것은 그의 전존재의 삶의 양식과 내용을 다 수용하고 인정하겠다는 자세가 아니면 안 되기 때문입니다. 라틴어 'fueris'(있다)는 동사 sum의 가정(희망)과 미래를 지칭하는 문법적 의미를 품고 있습니다. 주체(나오미)가 존재한다면 자신도 존재할 수 있을 것이라는 희망적 미래를 표현하는 말입니다.

우리는 '내가 존재하면이라는', 혹은 내가 존재한다는 주체성에 대한 이기적 의식은 강하지만, '타자가 존재하면이라는', 혹은 타자가 존재한다는 타자성에 대한 이타적 의식은 약합니다. 그게 아니라고 반론을 제기할 수도 있습니다. 하지만 적어도 우리가 살아가는 사회나 세계나 점점 더 그렇게 변해가고 있다는 것만은 부인할 수 없을 것 같습니다. 무한자는 룻과 같은 이방인이든 자신을 충심을 다해 믿는 히브리인이든 관계없이 모든 시공간 속에서 더불어 '있다'(존재한다)는 것을 기억해야 합니다. 그럴 때 타자에 대한 자기중심의 신앙인식과 시선도 타자 중심으로 바뀌지 않을까요?

> "내가 게으를 때, 시간은 종종 성을 내며 행복의 문을 잠거 버린다. 번번이 용서를 청하는 부끄러운 나와 화해한 뒤, 슬며시 손을 잡아 주는 시간의 흰 손은 따스하고 부드럽다"(이해인, "시간의 얼굴", 시간의 얼굴, 분도출판사, 1989, 100-101)

무한자의 존재하는 삶의 시간은 종교인이든 비종교인이든 식자이든 무식자이든, 부자이든 빈자이든, 백인이든 흑인이든, 남성이든 여성이든 모두에게 동등하고 평평합니다(equal and flat).

(룻 1,1-18)

삶의 에로스

삶은 타나토스보다 에로스에 더 가깝습니다!

인간은 생에의 의지(Wille zum Leben)가 강한 동물입니다. 그렇다고 해서 다른 동물은 생에의 의지가 약하다는 뜻이 아닙니다. 인간의 죽음에의 의지 반대편에 있는 생에의 의지가 이 세계를 추동시킨 힘이라는 말입니다. 일찌감치 인간의 본성을 '생에의 의지'로 규정한 철학자가 쇼펜하우어(A. Schopenhauer)입니다. 인간에게 있어 자기 보존과 종족보존의 욕망이 본래적인 의지라는 것입니다. 성서를 비롯하여 여러 동서양의 경전들을 가만히 놓고 보면 인간사人間史라는 것이 생에의 의지처럼 읽힐 때가 있습니다. 살려고 하는 욕망, 살기 위해서 몸부림치는 그 본능이 역사를 지배해 온 것처럼 보입니다.

단순히 욕망이나 본능이 역사가 되었다는 것은 아닙니다. 하지만 역사의 어떤 의미와 정신과 더불어 그 시간을 촘촘하게 메워온 것은 인간의 살고자 하는 의지일 수 있다는 것입니다. 생물학적으로 볼 때, 인간의 삶은 출생 후 건강하게 성장해서 짝을 만나 자손을 낳고 사라지는 매우 단순한 여정입니다. 하지만 인간은 자신의 사라짐이 결코 끝이 아니기를 바라는 간절한 염원 같은 것이 있습니다. 태어남과 죽음, 그 한 가운데에 삶을 치열하게 살아내고 싶은 의지는 인간이 지닌 본성입니다. 인간은 정신분석학적으로 보면 이른바 '반복강박'을 지니고 있는지도 모릅니다. 반복강박이란 과거의 불행을 반복하려는 의지 같은 것입니다. 수많은 삶과 죽음을 보아왔던 인간에게 삶을 에로스적인 측면으로 승화시킨다는 것은 쉬운 일은 아닙니다. 왜냐하면 언젠가는 자신이 사라질 것이라는 두려움과 공포가 삶을 지배하고 있기 때문입니다. 죽음을 간접적으로 경험하고 때에 따라서는 매우 아픈 상처와 기억으로 남은 사라진 대상에 대한 상처, 혹은 자신의 트라우마는 반복하고 싶지도 않지만 인간은 여전히 그것을 현재 혹은 현실로 옮겨다 놓는 일을 반복합니다.

그래서 태어남의 의례와 죽음의 의례는 일상과 종교에서 아주 중요한 요소입니다. 그 사이의 삶에 대한 의지, 곧 이행기(transition)처럼 심리적 탯줄을 잘라내는 곳곳의 중간세계는 삶의 또 다른 세계로 진입하기 위한 것입니다. 그것은 삶의 의지, 생의 의지입니다. 무한자는 그와 같은 삶의 이행기를 무사히 건널 수 있도록 인간에게 삶의 의지를 주었습니다. 성性에 눈을 뜨고 자연스럽게 또 다른 존재를 낳을 수 있는 가능성을 열어준 것은 삶의 의지입니다. 생명의 의지입니다. 이해인 수녀는 자신의 기도 일기에서 이렇게 읊조립니다.

> "하늘은 구름을 안고 움직이고 있다. 나는 세월을 안고 움직이고 있다. 내가 살아 있는 날에 항상 하늘이 열려 있다. 살아 있는 모든 것들이 하늘과 함께 움직이고 있다"(이해인, "기도 일기 1. 긴 두레박을 하늘에 대며", 두레박, 분도출판사, 1988, 17)

하늘, 곧 무한자는 삶을 기억하고 이끌어 주는 초월적 존재입니다. 인간의 삶은 짧고 그 생명력은 보잘 것 없습니다. 자신의 생명조차도 보존하기 힘든데 다른 사람의 생명을 기억하는 것은 사치일 수 있습니다. 그러기에 하늘은 늘 인간의 생명에 관심이 많습니다. 무한자는 모든 존재자들이 자신을 향해 있기를 바랍니다. 자신의 영원한 날에 유한한 생명을 가진 존재자들이 모두 다 참여하기를 바라는 마음이 큽니다. 시인이 말하듯이 우리가 살아 있는 것은 하늘이 열려 있기 때문입니다. 하늘이 자신을 닫아 놓고 있으면 세상의 모든 생명은 기억되지 못하고 사라질 것입니다. 기억된다는 것은 살려고 하는 이들의 염원입니다. 그 염원을 알고 있는 하늘은 자신의 영원한 사랑의 의지에 모든 존재자들이 예외 없이 참여하도록 주관합니다. 그리스도인은 그것을 무한자의 은총이라고 합니다. 이해인 수녀는 이렇게 말합니다.

> "지구 위에 살다가 사라져 간 이들의 숱한 이야기를 알고 있는 하늘. 오늘을 살고 있는 이들의 모든 이야기를 또한 기억하는 하늘. 하늘은 그래서 죽음과 삶을 지켜보는 역사의 증인"(이해인, "기도 일기1. 긴 두레박을 하늘에 대며", 두레박, 분도출판사, 1988, 19)

성서에서 '보금자리'로 번역된 라틴어 'requiem'은 '안식처', '쉼', '영면'永眠 등의 뜻을 갖고 있습니다. 인간의 안식과 평화(quies)에 대한 갈망, 그리고 그 궁극적인 완성은 하늘과 늘 맞닿아 있다는 것을 의미합니다. 삶의 진정한 에로스를 성취할 수 있는 곳, 그곳은 무한자의 품이기 때문입니다.

삶의 의지를 완성하기 위한 여정에는 타자의 배려가 필요합니다!

인간은 홀로 살아가기 어렵다고 말하곤 합니다. 이는 인간을 사회적 동물이니 정치적 동물이니 하는 말로 정의를 내리는 견해에 근거한 말입니다. 키르케고르는 외려 모든 인간은 외톨이(단독자)라는 철학적 깨달음으로 일갈했습니다. 생에의 의지에서 생은 삶이고 생명이고 살아 있음입니다. 인간이 있어야 생이 있고 삶이 있는 것입니다. 삶의 최종적 근거와 결과는 인간입니다. 그 인간의 연속성에 의해서 생의 근원이 되는 무한자라는 존재의 추론도 가능해집니다. 무한자의 견딜 수 없는 외로움은 인간의 피조성에서 해소되었습니다. 인간의 존재는 무한자의 외로움을 달래는 존재입니다. 하지만 이것을 마치 무한자를 정신분석적 대상으로서 어떤 '조명효과'(spotlight effect)를 욕망하는 것처럼 해석해서는 안 됩니다.

무한자를 연극무대에 선 주인공처럼 보거나 사춘기를 겪고 있는 소년/소녀들이 생각하듯이 사람들을 자신들을 쳐다보는 관객 정도로 여기는 이른바 '상상 속의 청중'(imaginery audience)으로 치부하는 오해는 하지 말아야 합니다. 다만 어떠한 생명적 배려 없이 인간의 삶은 불가능하다는 것은 분명합니다. 사람들은 서로 자신을 돋보이게 하고 싶어서 안달을 합니다. 경쟁에서 뒤지지 않기 위해서라도 다른 사람들을 짓밟아야 합니다. 모두가 주인공이 되고 싶어하고, 그럼으로써 다른 사람들은 다 나를 우러러 봐주는 관객과 청중으로 간주합니다. 우리는 그런 세상에서 살고 있습니다. 만일 생에의 의지가 모든 사람들이 가진 보편적인 의지라면, 그 본성이 정당하고 이성적이며 신앙적으로 나타나도록 도와주어야 합니다.

그래서 배려(cura)가 필요합니다. 삶을 지속할 수 있도록 나를 위해 마음을 써서 보살피고 도와주는 사람이 있어야 합니다. 그런 사람은 전적으로 타자를 위해서 사심 없는 마음을 품는 존재입니다. 오로지 타자를 위해서 존재하는 사람, 끝까지 타자의 행복을 빌어줄 수 있는 사람, 한결 같은 마음으로 자신의 살붙이처럼 보듬어 주려는 사람, 바로 그런 사람이 요구되는 현실입니다. 그래야 나도 살고 동시에 남도 사는 법입니다. 다만 살기 위해서 아둥바둥하면 같이 죽습니다. 삶의 에로스가 강해지는 것이 아니라, 삶의 타나토스가 더 강해짐으로써 모두가 사라지게 되는 것입니다. 인간은 그렇게 살기 위해서 태어난 존재가 아닙니다. 설령 내 삶이 피폐해진다고 해도 타자가 잘 되기를 바라는 선한 의지를 가진 존재가 인간입니다. 그리스도인이 그것을 증명해내야 합니다. 무한자의 뜻은 삶이고 생명이고 살아 있는 것인데, 그것은 배려를 통해서만 가능합니다.

하지만 그것은 가능성(잠재태)이 아니라 현실(태)이라는 것을 보여주어야 합니다. 나아가 그것은 생의 계보, 생명의 연속성을 위해서라도 무시할 수 없습니다. 내가 살고 나의 자손이 번성할 수 있는 것은 나의 생의 의지만으로 되지 않습니다. 보편적인 생에의 의지를 인정한 사랑의 에로스, 삶의 에로스가 그것을 실현합니다. 그렇다고 "나는 이렇게 되어야 한다"라고 높은 "자아-이상"(ego-ideal)을 설정하라는 것이 아닙니다. 자칫 그것도 병리적 강박이 될 수 있습니다.

"당신을 향한 사랑의 털실을 감다 보면 하루가 갑니다. 잘못 감긴 것 같아 털실을 풀다 보면 또 하루가 갑니다. 감거나 풀거나 변함없는 건 사랑-아무것도 뜨지 못 한 채 또 하루를 보냅니다. 그래도 기쁩니다"(이해

인, “기도 일기 5. 삶의 층계에서 별을 안고”, 두레박, 분도출판사, 50)

이해인 수녀의 자위적自慰的인 글입니다.

배려는 사랑입니다. 하루 또 하루를 그저 하릴없이 보낸다 해도 삶은 사랑을 향해 있고, 삶의 근원인 무한자를 향해 있습니다. 그렇기에 무념으로 하루의 시간을 보낸다 해도 그조차 무한자에 대한 마음 씀, 타자를 위한 마음 씀으로 남을 것입니다. 그것이 어쩌면 유한한 인간이 추구하는 지상의 행복(bene; 지상에서 잘 되는 일, 지상에서 좋은 일)일지 모릅니다.

“나의 슬픔에만 깊이 빠져 이웃을 향한 한가닥의 웃음에도 인색했읍니다. 용서하십시오. 나이 기쁨에만 들떠서 이웃의 슬픔과 비애를 알려고도 아니하고 무심히 지나쳐버렸읍니다. 용서하십시오”(이해인, “기도 일기 2. 하찮은 일도 기도의 샘물에”, 두레박, 분도출판사, 1988, 23)

이웃에 대한 배려가 없었음을 고백하는 시인의 양심성찰이 동감이 됩니다.

라틴어 cura는 ‘조심’, ‘관심’, ‘정성’, ‘돌봄’, ‘노력’, ‘노심초사’ 등 여러 가지 뜻이 있습니다. 누군가 나의 삶을 배려해서 생에의 의지, 그 공통된 의지에 함께 하겠다는 것은 바로 그 배려하는 마음이 담겨 있다는 것을 알아야 합니다. 과거에도 그러한 마음 때문에 내가 살았고, 지금 이 순간에도 내가 살고 있다는 것을 말입니다.

(룻 3,1-5·4,13-17)

기도로 풀어내는 삶

"기도하지 않고는 아무것도 할 수 없음을 다시 절감합니다. 주여, 바쁨 속에도 여유있고 온유하게 살기 위해서는 당신의 도움이 필요합니다. 참으로 사랑하는 사람은 '시간 없다'는 말만을 연발하지 않을 것이며, 남을 쉽게 거절하는 일이 없을 것입니다. 인간이 누군가와 관계를 맺는다는 것은 자신의 시간을 기꺼이 내어줄 준비가 되어 있어야 함을 깨닫습니다. 언제나 너그러운 응답이 요구되는 수도생활, 때로는 힘이 들지만 힘이 들어도 사랑합니다"(이해인, "기도 일기 10. 작은 순례자의 기도", 두레박, 분도출판사, 1988, 66)

기도는 삶을 풀어가는 열쇠입니다!

삶은 우리에게 호락호락하지 않습니다. 그래서인지 자신의 삶이 뜻대로 되지 않았다고 고백하는 사람들이 많이 있습니다. 성서의 이야기들을 읽어보면 사람들의 삶이 결코 순탄하지 않았습니다. 그들의 삶이 잘 풀린 이야기였기 때문에 역사가 되어 기록으로 남겨진 것이 아닙니다. 잘 풀리지 않았던 삶이 무한자로 인해서 잘 풀렸기 때문에 그것이 역사로서 기록되었다고 하는 해석이 맞을 것입니다. 삶의 이야기라는 것이 아주 잘 풀린다면 극적인 삶이 덜 할 것입니다. 무료하다는 말입니다. 인간 현존재는 지나치게 행복하거나 또 너무 불행하지 않기 때문에 삶의 단조로움 속에서도 그나마 살아가는 것입니다.

우리는 태어나고 싶어서 태어난 것은 아니건만 살다보니 온갖 희로애락을 경험하고, 생로병사라는 단순한 생의 과정을 똑같이 체험합니다. 어찌보면 칼 야스퍼스가 한계상황(Grenzsituation)이라고 말한 인생의 조건을 온 몸으로 맞이해야 하는 게 삶입니다. 과거 동일성을 생명으로 여기는 집단에서는 장애, 질병, 인종적 편견, 종교적 배타성과 같은 것들을 매우 이질적인 것으로 여겼습니다. 이 범주에는 수태를 하지 못하는 여성도 마찬가지였습니다. 아이를 낳지 못하는 여성이 겪어야 할 모진 수모와 운명적 속박은 말로 다 설명하기가 어렵습니다. 그만큼 가부장적 사회에서 여성의 지위란 보잘 것이 없었던 것입니다.

성서에서는 이런 상황을 어렵사리 헤쳐나간 인물들이 눈에 띕니다. 그들이 난제를 해결하는 방법은 다름 아닌 기도(oravit; os, 무한자의 현존을 인식하며 말하는 것 혹은 무한자가 앞에서 보고 있는 듯이 말하는 것)였습니다. 기도는 문제 해결을 위한 최선이었습니다. 지금도 여전히 신앙인뿐만 아니라 삶을 살아가는 모든 사람들에게는 자연스러운 일입니다. 자연스럽다는 말에 함정이 있습니다. 삶의 한계상황에 처해 있을 때조차도 우리는 무한자를 찾는 것에 대해 익숙하지 않은 듯이 행동하기 때문입니다. 기도는 삶의 난제를 풀어가는 수단으로 작용하기 위한 것만이 아닙니다. 기도는 매일상이 무한자를 향해 지향을 두고 있다는 것을 의미합니다. 난제를 위한 기도라면 일시적이고 한시적이지만, 그것은 진정한 기도라 할 수 없습니다. 기도는 무한자와 나와의 시선을 항상 마주하는 것이기에 그렇습니다.

시선을 마주하겠다는 것은 나의 바람과 초월자의 바람이 서로 일치하는 그 마음을 잘 읽을 수 있는 가능성이 늘 열려있다는 말입니다. 이해인 수녀의 "다시 드리는 기도"라는 시를 접할 때면, 우리 자신도 기도에 대해서 참 모르고 있구나, 하는 생각을 하게 됩니다. 시인은 이렇게 고백합니다.

"주님,/ 지금껏 살아 오면서/ 당신께는 무엇이든지 그저/ 달라고만 조르며/ 요구가 많았습니다/ (…) 아니 계시다고 외면해 버리기엔/ 너무도 가까운 곳에서/ 저를 부르시는 주님/ 아직도 기도를 모르는 채/ 기도하고 있는 저를 내치지 않고/ 기다려 주시는 주님/ 이제 많은 말은 접어 두고/ 오직 당신의 이름만을/ 끊임없이 부르렵니다/ 제가 좋아하는 노래의 후렴처럼/ 언제라도 쉽게 기억되는/ 당신의 이름이/ 저에겐 가장 단순하고 아름다운/ 기도의 말이 되게 하십시오"(이해인, "다시 드리는 기도", 시간의 얼굴, 분도출판사, 1989, 164)

오죽하면 수도자로 평생을 살아간 시인도 "다시"라는 말을 사용했을까요? 기도는 그만큼 욕망일 수 있는 가능성이 큽니다. 욕심만 투사하고는 기도라 말할 수 없습니다. 그러기에 우리는 기도를 모릅니다. 할 수 있는 것이라곤 '다시' 그리고 '또 다시' 고치고 기억하며 무한자를 향한 마음을 다잡는 것입니다. 다시 기도하고 다시 고쳐서 기도하고 또 다시 망각했던 것을 떠올려 무한자를 향하고 하는 것밖에는 우리가 할 수 있는 것은 없습니다. 우리는 연약하기 짝이 없는 인간이니까요. 시인이 말하듯이 그저 무한자의 이름을 되뇌고 또 되뇌면서 그분을 잊지 않으려고 하는 그 부단함만이 기도를 가능하게 하는 것입니다.

기도는 무한자를 향한나의 삶과 마음의 진솔한 표현입니다!

기도는 나의 몫(partes; pars)을 찾기 위한 통로입니다. 나의 삶에서 배당된 역할과 내가 나아가야 할 방향(pars)을 정확하게 알기 위해서 무한자의 빛에 의해서 내 마음을 비추는 것입니다. 이해인 수녀는 "다시 드리는 기도"에서 이렇게 말을 이어갑니다.

> "바쁜 일손을 멈추고/ 잠시 하늘의 빛을 끌어내려/ 감사하고 싶을 때/ 일상의 밭에 묻혀 있는/ 기쁨의 보석들을 캐어 내며/ 당신을 찬미하고 싶을 때/ 새로운 노래를 부르듯이/ 당신을 부르렵니다/ 주님, 제 삶의 자리에서 누구도 대신 울어 줄 수 없는 슬픔과/ 혼자서만 감당해야 할 몫의 아픔들을/ 원망보다는 유순한 마음으로 받아들이며/ 더 깊이 고독할 줄 알게 해 주십시오/ 당신이 계시기에/ 고독 또한 저를 키우는 산이 됩니다/ 앞으로 살아 갈 모든 날에도/ 끝없이 불러야 할 당신의 이름/ 그 이름을 부르며/ 깊디깊은 마음의 샘에서/ 줄기차게 끌어올리는 신뢰와 사랑이/ 당신께 드리는/ 제 기도의 시작이요 완성이오니/ 주님 이렇게 다시 드리는 저를/ 다시 받아 주십시오"(이해인, "다시 드리는 기도", 시간의 얼굴, 분도출판사, 1989, 164-166)

기도는 간청과 탄원(preces; prex)입니다. 간청과 탄원은 무한자를 향한 자신의 마음을 표현하는 것이지만 그 이전에 무한자를 향한다는 데 의미가 있습니다. 시인이 말하듯이 하늘의 빛을 끌어들여 무한자를 부르는 말로서의 빛은 무한자를 향하도록 합니다. 기도는 나를 향하는 것이 아니라 무한자를 향합니다. 기도는 나를 위한 기도가 아니라 무한자를 위한 기도입니다. 기도의 중심이 무한자를 향할 때 나의 길이 아니라 무한자의 길이 보이기 때문입니다.

따라서 기도는 삶의 올바른 방향을 잡아 길을 나서는 것이요 무한자의 길로 접어드는 것입니다(petitionem, peto). 그 방향을 잡으면서 입 밖으로 말을 내던지지 못하더라도 그 마음에 들어있는 말마디는 이미 무한자의 빛을 통한 말의 구체적인 실현이요 응답으로 무르익고 있습니다. 기도는 찾고 구하는 것입니다. 동시에 그 사람의 마음에 품은 뜻을 완성시킵니다. 나아가 기도하는 사람의 마음에서 기도의 내용이 완전하게 성취되어 무한자의 길이 기도하는 사람에게서 온전하게 나타납니다. 기도의 방향과 마음의 진실한 표현이 무한자를 향해 있는 한 기도의 욕망은 존재할 수 없습니다. 기도는 무한자의 뜻이 기도하는 사람에게서 이루어지도록 하는 것이기 때문입니다.

인간은 살아 있는 한 기도할 수밖에 없습니다. 조금이라도 진실한 삶이 아닌 틈바구니에 어둠이 짙어지지 않도록 기도가 밝은 빛을 비추기 때문입니다.

> "당신은 이제 저를 광야로 데려갈 준비를 하시는 듯합니다. 어떤 인간도, 사물도 당신과의 만남을 방해할 수 없는 빈 들판으로 부르시는 듯합니다. 어떤 것들에 대한 지나친 애착 후의 쓰라림, 공허함, 좋아하는 이들로부터의 무관심과 비난과 오해 같은 것들을 통해 당신은 조금씩 저를 교육하고 계시며 빈손, 빈 마음으로 떠날 것을 요구하십니다. 인간은 진정으로 외로와 보지 않으면 철들지 못하는 존재입니까? 당신을 기쁘게 해 드리는 것이 어떤 것인지 잘은 알지 못하지만 당신을 좀 기쁘게 해 드리고 싶습니다. 영혼이 새처럼 더 자유롭기 위하여는 눈물이 날 만큼

아파야 하는 것입니까? 손에 쥔 보물을 빼앗긴 아이처럼 허전하고 배고픈 것입니까?"(이해인, "기도 일기 3. 담백한 물빛 사랑만이", 분도출판사, 1988, 27)

삶의 경험에서 우러나온 기도는 그 속에 녹아든 감정이나 마음만큼이나 현실감이 있습니다. 추상적인 기도가 아니라 구체적인 기도가 됩니다. 삶의 고통과 고난, 그리고 수모와 따돌림, 심지어 무관심은 사람을 더욱 외롭게 합니다. 기댈 곳은 오직 안식처로서의 무한자뿐입니다. 무한자이어야만 나의 기도가 무한자를 무한자 되게 하고, 그로써 나의 삶의 무게는 무한자로 인해서 가벼워지는 듯합니다. 완전한 해결은 아니어도, 인간의 삶이란 그렇게 조금은 배고픈 듯이 살아야, 조금은 불완전한 듯이 살아야, 조금은 외로운 듯이 살아야 무한자를 향한 기도가 새어나오는 것은 아닐까요?

(삼상 1,4-20)

Laudate Dominum, 삶의 노래를 부르게 하는 존재

삶은 흥얼거리는 소리로 앞으로 나아갑니다!

인생은 시간이 갈수록 노래 부를 일이 적어집니다. 노래란 기쁘고 즐거운 일, 흥에 겨운 일이 있을 때 나오는 소리입니다. 그냥 소리를 낸다고 해서 다 노래가 아닙니다. 나이가 들고 세상 일이 녹록치 않다는 사실을 알게 되면 그만큼 절망감도 커집니다. 실망과 좌절, 혹은 죽음의 근처에까지 다다른 경험을 여러 차례 겪고 나면 입에서 노래가 흘러나오지 않습니다. 물론 가끔은 서글프고 힘겨울 때에 흥얼거리기도 합니다. 하지만 원래 노래란 삶의 여유와 관조, 그리고 삶의 긍정과 자기 성찰에서 나옵니다. 반면에 삶의 부정적 현실에서는 입에서 흥얼거림과 소리를 내어 고저장단의 리듬을 만들어 내기 어렵습니다. 노래는 시간에 대한 인식과 함께 길고 짧음, 높고 낮음이라는 시간성을 나타냄으로써 사람의 마음에 파고 들어 감정을 흔들기 때문입니다. 그래서 아리스토텔레스(Aristoteles)는 '리듬'(rhythmos; rhythm)을 형태(schema; 형식, 모양새), 곧 보유하는 방식, 구조라고 설명합니다. 달리 존재의 원인이나 본질(ousia) 같은 것입니다.

삶에 리듬이 있다는 것은 어떤 것을 발견할 수 있는 원리나 전체를 생각할 수 있는 여지가 생긴다는 것과 다르지 않습니다. 성서에서 다윗이 사울에 의해서 죽을 고비를 넘기고 무한자를 찬양했다는 것은 자신의 기원과 존재의 원리, 구원의 주체를 만났다는 것을 뜻합니다. 그의 입에서 찬양, 곧 흥얼거림이 흘러나왔다는 것이 이를 증명합니다. 그는 노래에만 리듬이 생긴 것이 아니라 삶에도 새로운 리듬을 얻게 되었습니다. 이해인 수녀는 자신의 삶을 이렇게 노래합니다.

> "하늘은/ 별들의 꽃밭/ 별을 보면/ 내 마음/ 뜨겁게 가난해지네/ 내 작은 몸이/ 무거워/ 울고 싶을 때/ 그 넓은 꽃밭에 앉아/ 영혼의 호흡소리/ 음악을 듣네/ 기도는 물/ 마실수록 가득찬 기쁨/ 내일을 약속하는/ 커단 거울 앞에/ 꿇어 앉으면/ 안으로 넘치는 강이/ 바다가 되네/ 길은 멀고 아득하여/ 피리소린 아직도/ 끝나지 않았는데/ 별 뜨고/ 구름 가면/ 세월도 가네/ 오늘은 어제보다/ 죽음이/ 한치 더 가까워도/ 평화로이/ 별을 보며/ 웃어 주는 마음/ 훗날/ 별만이 아는 나의 이야기/ 꽃으로 피게/ 살아서 오늘을 더 높이/ 내 불던 피리/ 찾아야겠네"(이해인, "별을 보면", 민들레의 영토, 가톨릭출판사, 1987, 66-69)

우리가 살아가는 세계 속에 수많은 삶의 질곡이 있다 하더라도 곳곳에는 즐거운 노래가 있습니다. 시인이 말하는 온 우주는 노래하는 꽃밭입니다. 무한자가 창조한 그 세계에는 아름다운 울림과 조화, 그리고 생의 리듬이 존재합니다. 세계에서 잠깐의 숨을 돌린다는 것은 그 순간의 리듬, 곧 무한자의 숨결을 느끼는 시간을 만끽할 수 있다는 것을 의미합니다. 소리를 낼 수 있고 무한자를 향해 말을 할 수 있다는 것은 삶의 리듬을 갈망한다는 것입니다. 무한자의 구원의 소리, 무한자가 인도하는 소리를 내 입을 통해서 말로 표현한다는 것입니다. 세계를 들러보면 그 세계에 속해 있는 이들의 영혼의 소리뿐만 아니라 내게 읊조리며 무한자로부터 들려오는 영혼의 소리가 있습니다.

우리는 생의 마지막에 다윗이 말하는 소리(verba David novissima)에서 무한자를 깊이 신뢰했던 그의 삶의 역사를 알게 됩니다. 그것은 자신의 소리가 아닙니다. 무한자의 이야기, 다윗에게 펼쳤던 무한자의 이야기가 그의 입술을 통해서 리드미컬하게 들릴 뿐입니다. 자신이 인생에서 불렀던 노래들, 말했던 언어들은 자신의 것이 아니라 이 세계의 것이고 무한자의 것이었습니다. 무한자의 삶이었고 무한자의 시간이었습니다. 하루 또 하루를 살아도 그것은 나의 시간이 아니라 무한자의 시간이었고 기도하는 마음의 소리로 살았던 것입니다. 따라서 오늘날 우리도 듣고 말하며 노래해야 할 삶의 리듬은 바로 무한자입니다.

울부짖는 소리가 들린 후에 삶의 노래를 부릅니다!

삶의 근본이자 원리는 무한자를 두려워하는 것(timore; timeo)입니다. 다윗의 유언은 삶의 깨우침에서 비롯됩니다. 신을 경외한다는 것은 신 자신의 약속을 이행하며 삶의 구렁텅이에서 온전한(Cunctam) 구원을 경험한 데서 오는 감정이자 기분입니다. 무한자의 엄밀함과 성실함, 그리고 삶에 지친 이들에게 전체로서의 자신의 구원을 완성한다는 것은, 그가 유한한 인간에게 있어 한 치의 어긋남이 없는 존재로 비춰집니다. 그래서 삶의 노래는 애환이 담긴 처절한 소리가 다 지난 후에 흘러나옵니다. 많은 사람들의 울부짖는 소리가 잦아들 때쯤이면 무한자가 인간을 어떻게 구원하셨는지를 알게 되고, 비로소 그 존재에 대한 찬미의 소리를 흥얼거립니다.

이해인 수녀의 "불망不忘의 날에"라는 시를 보면 우리의 마지막 삶의 모습이 어찌해야 하는지를 일러줍니다.

"1 나의 시력을 앗아간 당신은/ 무서운 빛입니다/ 비밀의 독을 지닌/ 안개처럼 왔다가/ 홀연히 사라지는/ 성가신 당신/ 나의 혼이 사로잡힌/ 이 불면의 밤은/ 당신 탓입니다/ 2 당신을 위하여 꿈을 버립니다/ 당신을 위하여 나를 버립니다/ 어둠의 벼랑 끝에/ 투신하는 나의 별/ 당신을 보기 위해 눈을 감습니다/ 3 굳게 닫힌 내 마음의 빗장을/ 어떻게 열고 오십니까/ 나의 허락도 없이/ 뚜벅뚜벅 나그네로/ 빈 방을 채우러 오시는 당신/ 빗소리에 펄럭이는 촛불 사이로/ 새벽이 묻어오는 백합 향기 사이로/ 나를 부르는 당신/ 4 아직은 보지 않는 당신 때문에/ 나는 눈멀어/ 길을 잃습니다/ 생전에 품지 못할 길고 긴 수수께끼의 당신/ 당신을 향한 불망의 날들에/ 내가 여위어 갑니다"(이해인, "불망不忘의 날에", 내 혼에 불을 놓아, 분도출판사, 1984, 134-137)

인간의 삶은 평생에 걸쳐 누군가에 의해 눈꺼풀이 씌워진 채로 살아갑니다. 그것은 제도, 교육, 사람, 법, 이념과 같이 여러 가지가 있습니다. 그런데 신이야말로 진정으로 내 거짓과 위선, 두려움과 절망, 미움과 질시, 폭력과 죽임의 눈을 완전히 가리는 존재입니다. 하지만 삶의 눈은 더 밝아지고 더 정직해지며 더 사랑스러워집니다. 더 평온해집니다. 우리가 평생 눈을 뜨고 살아갈 수 있는 진실한 까닭입니다. 다윗의 눈을 뜨게 하고 히브리 민족의 지도자로서 살아갈 수 있었던 데에는 다윗 자신의 능력이 아니라 무한자의 눈을 갖기 위해 부단히 애를 썼기 때문입니다.

삶은 다윗이나 이해인 수녀가 그랬던 것처럼, 자신을 버리고 무한자를 취함이요, 무한자의 꿈을 이루기 위해서 자신의 욕망을 뒤로 하는 것입니다. 그러기 위해서는 내 눈이 아니라 무한자의 눈을 갖기 위해 노력해야 합니다. 무한자의 눈이 아니라면 눈을 감아야 합니다. 캄캄한 심연으로 내려가 무한자의 눈으로 자신의 내면이 밝아질 때까지 감고 있어야 합니다. 그럴 때 어둡기만 했던 나의 삶 가운데로 보란 듯이 뚜벅뚜벅 걸어 들어오는 초월자를 만나게 됩니다. 길지 않은 인생을 살면서 눈이 먼 것처럼 살 수는 없습니다. 눈이 멀다 못해 무한자의 향기를 맡지 못하는 존재도 측은합니다. 그렇기 때문에 시인은 "생전에 품지 못할 길고 긴 수수께끼의 당신/ 당신을 향한 불망의 날들에/ 내가 여위어 갑니다"라고 고백합니다.

우리의 인생에서 진정한 삶의 노래는 무엇이어야 할까요? 무한자가 아닌 것에는 눈을 감고 오로지 수수께끼 같은 무한자를 찾아가는 삶, 그 삶을 통해서 만난 무한자를 노래하는 삶이어야 하지 않을까요? 시인의 삶이 무한자를 향한 그리움과 사랑, 그리고 신비를 잊지 않고 찾아가려는 것이었듯이 우리의 삶의 연가戀歌도 그래야 하지 않을까요? 광풍제월光風霽月 같은 무한자에 대한 그 찬가가 마지막 유언이 되어야 하지 않을까요? 오! 영세불망할 당신이여!

(삼하 23,1-7)

삶은 시간이 무르익는 것과 비례합니다!

삶의 시간이 완전히 무르익으면 사람은 자신의 생명을 다하게 됩니다. 죽음의 어느 순간에 접어들어 자신이 지낸 날과 때를 회상하면서 또 다른 시공간을 염원합니다. 인간은 그렇게 어떤 시공간 속에서 자신을 개방하거나 폐쇄합니다. 자신의 삶이 아직 때가 아니라고 생각하기 때문입니다. 지금 주어진 삶의 한계에 대해서 보상을 받고 싶은 욕구가 있는 것도 사실입니다. 그래서 매번 삶의 시간과 공간은 좀 다르기를 바랍니다. 종교에서 날과 때라는 것은 그런 의미가 있습니다. 현재와는 다른 날과 때가 오면, 신은 지금보다 삶을 더 나아지게 할 것이라는 기대입니다. 예레미야는 날이(dies) '다가온다'(veniunt)라는 표현을 쓰고 있는데, 여기서 동사 '온다'는 '성장하다', '발전하다', '생기다'와 같은 의미가 더 있습니다.

어떤 날이 다가온다는 것은 단순히 시간이 오고 있다는 것이 아닙니다. 시간은 단지 수단이고 그 시간에 실려 오는 어떤 것의 새로운 성장, 발전, 산출이 더 중요한 현상입니다. 날이라고 하는 한정된 시간도 기한을 나타내는 것입니다. 한정된 시간은 나의 시간, 나의 삶을 완성하는 시간입니다. 한 해를 마감할 때 지난 1년이라는 시간도 삶의 일부분으로서의 특정한 시간, 한정된 시간입니다. 그 시간을 새롭게 완성하고자 하는 사람들의 수많은 반성과 성찰의 시간도 그래서 의미를 갖습니다. 하물며 인생의 끝자락에서 셈을 해야 하는 시간은 더욱 긴장이 될 수밖에 없습니다. 한 시인은 시간이 '온다' 하지 않고 '간다' 라고 말합니다.

"겨울길을 간다/ 봄 여름 데리고/ 호화롭던 숲/ 가을과 함께/ 서서히 옷을 벗으면/ 텅 빈 해질녘에/ 겨울이 오는 소리/ 문득 창을 열면/ 흰 뉴 덮인 오솔길/ 어둠은 더욱 깊고/ 아는 이 하나 없다/ 별 없는 겨울 숲을/ 혼자서 가니/ 먼 길에 목마른/ 가난의 행복/ 고운 별 하나/ 가슴에 묻고/ 겨울 숲길을 간다"(이해인, "겨울길을 간다", 민들레의 영토, 가톨릭출판사, 1987, 41-43)

시간은 공간과 떼려야 뗄 수 없습니다. 우리는 시간이 간다고 말을 하기도 합니다. 또 공간을 말할 때도 길을 간다고 합니다. 지나가고 다시 지나가는 시공간이 오는 것을 경험하면서 우리는 봄, 여름, 가을, 겨울을 차례로 맞이합니다. 추운 겨울을 맞이하는 것은 시간의 흐름에 의해서 가고 난 이후의 공간의 변화에 의해서 일어나는 현상입니다. 화려하고 호화롭던 시공간은 지나갈 것입니다. 우리는 옆을 지나가는 시공간에서 먼 데서 겨울이 오는 것을 느낍니다.

오솔길이 나오고 어둠이 더 짙게 깔릴수록 우리의 시간은 더욱 촉박하고 공간은 협소해질 것입니다. 그런 시간이 올 때에 우리는 이 세계를 점점 더 낯설게 바라보게 될 것입니다. 무한자와의 시간이 가까이 오면 세계가 이질적으로 느껴지는 게 당연합니다. 이 세계에서 진정코 나 이외에 나 자신을 아는 이가 없으며, 나를 아는 이조차도 나를 알지 못하는 존재처럼 지나갈 것입니다. 무한자는 자신의 시간 속에서 그렇게 나를 비우고 자신을 맞이하기를 바랄 것입니다. 혼자서 고독하게 아름다운 삶의 기억들만을 가슴에 묻고 궁극적인 존재와 완전히 일치된 지복의 시간, 곧 무한자의 시간(dies)만을 향유하기를 원하는 것입니다.

그는 봄과 여름, 그리고 가을을 모두 거두어들이고 자신의 약속한 시간을 위해서 사람들을 겨울의 시간, 겨울의 숲으로 인도할 것입니다. 자신이 '말한 것'은 자신의 '명령한 날'(dicit)입니다. 자신의 말은 약속이지만 어떤 이들에게는 그 날이 오지 않았으면 하는 날, 싫어하는 날(odi)이 될 것입니다. 왜냐하면 지금까지의 시간과 공간은 자신의 것이었지만, 그 날이 오면 더 이상 자신의 것이 아니라 무한자(di)의 것이 되기 때문입니다.

무한자의 시간이 온다는 것은 누군가에게는 봄부터 가을까지 모두를 바쳐야 하는 신의 날이 되는 것을 의미합니다. 반면에 누군가에게는 겨울 숲으로 들어간다 해도 그 가슴에는 따뜻한 봄의 기억으로부터 아름다운 가을에 이르기까지 무한자의 시간 속에서 더 완연하게 무르익은 삶의 시간으로 진입하게 될 것입니다. 시인은 그 날을 '가난의 행복'이라고 명명했고, 무한자는 '약속한 복'(suscitabo verbum bonum, quod locutus)이라고 이름 붙였습니다.

"시간이 어둠 속에 나를 깨운다. 잠 속에 뒹구는 어제의 꿈을 미련없이 털어내고, 신이 나를 기다리는 아침의 숲으로 가자고 한다"(이해인, "시간의 얼굴 13", 시간의 얼굴, 분도출판사, 1989, 102)

시인의 말처럼, 빨리 회복되고 복원되어질(sub+cito=suscitabo) 그 날에 그는 우리를 겨울의 숲이 아니라 아침의 숲으로 인도할 것입니다.

이 세계에서 무한자의 언어들이 실현되면 날과 때가 일치하는 것입니다!

시간에 따라서 언어와 삶은 달라집니다. 시원(arche)의 시원을 거슬러 올라가면 시간 이전의 존재인 초월자를 만나게 됩니다. 모든 소산들에는 시원이 있기 마련이지만, 초월자는 시원 이전의 시원입니다. 삶을 그렇게 시원으로 규정 짓지 않은 존재에게서 발원합니다. 태초에(한 처음에, en arche)라고 할 때 그 처음은 존재 이후에 발생한 시간입니다. 처음이라 규정한 시간은 바로 인간이 규정한 것이지, 신의 존재가 규정되고 한정되는 처음이 아닙니다. 그는 처음을 안고 있었던 존재입니다. 그런 존재가 공평(iudicium)과 정의(iustitiam)를 배태하고, 구원(salvabitur)을 잉태하며, 인간을 위한 복(bonum, 선은 신의 내재성의 표시입니다)을 '말한 바와 같이'(quod locutus) 선험적으로 포태胞胎하고 있는 것입니다.

'말한 바와 같이'(quod locutus)라고 성서는 기록하고 있지만, 이 말(logos)은 이미 신과 함께 있었고, 신 자신이었습니다 자신의 말을 이행하여 복을 준다는 것은 말 자체인 자신을 주는 것입니다. 자신이 자신으로서 인간에게 드러나는 것만큼 행복한 것이 있을 리 만무합니다. 우리는 자신이 드러나는 방식, 신의 행위 방식의 여러 유형으로 정치적 판단과 결정(iudicium), 구원, 정의 등으로 나타난다는 것을 잘 모릅니다. 신이 갖고 있는 속성들과 그 무시간적 기원의 소산으로 자신의 뜻을 펼치는 방편이 올바른 정치, 구원, 정의라고 할 수 있습니다.

"무한자가 말씀하신다"(dicit Dominus)는 확언은 달리 '말로 보여준다'(dico), 무한자가 '이야기한다'는 뜻입니다. 여기에서 파생된 말이 지표(Indicium), 색인(index)입니다. index는 "말로 보여주거나 가리키는 자"를 지칭합니다. 무한자 자신이 말한다는 것은 말로써 자신의 약속을 이미 보여주는 것이고, 그 사건을 가리켜 주는 것입니다. 행복, 정치, 정의, 구원이라는 상호연관성에 나타나는 언어의 의미는 우리의 삶이 그리 될 것을 보여주는 것입니다. 이에 야콥 뵈메(Jakob Böhme)는

> "신의 말씀은 만유의 토대요, 만유의 성질들의 시초이다. 말씀은 신의 말(das Sprechen)이요, 신 안에 거한다. 하지만 말씀이 밖으로 나온 표현(Aussprechen)은 자연이자 성질이다"(G. Agamben, 양창렬 옮김, 사물의 표시, 도서출판 난장, 2014, 65; 110-111)

라고 말합니다.

따라서 우리는 세상(terra)에서 발생하는 모든 사건들에서 무한자의 흔적이 곳곳에 있음을 알아차릴 수 있어야 합니다. 무한자의 시간이 오고 있다는 것은 세상에서 그와 같은 시간이 나타나는 유사성을 띨 때 감지되는 법입니다. 무한자의 시간은 그의 속성으로 완성될 것이고, 우리는 그 속성을 이 땅에서 실현하기 위해 노력해야 합니다. 무한자의 시간이 오고 있음은 무한자의 시간의 속성을 보고 그 도래(유

래, Herkunft, Her-kunft; 이곳으로 내착함(herkommen, 이쪽으로 오다)를 이 세계에서 찾을 수 있을 때 알 수 있습니다.

이해인 수녀의 말마따나 무한자가 갖고 있는 시간의 현현들, 다가오는 모양새들은 이 세상에 남아 있는 삶, 혹은 무한자의 남아 있는 언어들이 있기 때문은 아닐까요? 무한자는 그것을 주기 위해서, 아니면 이미 준 것을 깨닫게 하기 위해서, 그것을 확인하기 위해서 오는 것은 아닐까요? 행복[善]이니, 구원이니, 올바른 정치니, 공평과 의로움이니 하는 신의 말, 신의 속성은 배고픈 이들에게는 여전히 갖지 못한 양식들일지라도 말입니다.

"내 마음의 바다 위에/ 해초처럼 떠다니는/ 푸른 시상詩想들/ 힘껏 건져 올리고 나면/ 이미 퇴색하는 그 빛깔/ 끝내 햇볕을 보지 못하고/ 남아 있는 언어들이/ 하도 많아서/ 나는/ 가난하게 살아도/ 항상 넉넉하구나"(이해인, "내 안에 흐르는 시 2, 시간의 얼굴, 분도출판사, 1989, 51)

감춰진 삶의 언어들이라 할지라도 무심히 하릴없이 부유하는 삶의 언어들이 아닙니다. 버겁다 할지라도 삶의 언어들을 곱씹고, 이상적인 신앙언어들이 삶의 현실이 되도록 애쓰다 보면, 때로 그 빛깔마저 흐릿해지는 경우가 많이 있습니다. 하지만 그 조차도 하나의 현실로 만들어내야 하는 게 신앙인의 운명입니다. 그 언어들이 도래하고 지금 여기의 삶으로 당도하도록 한다면 시간의 복원(회복, apokatastasis)이 이루어집니다. 그러면 언젠가 시간 속에서 남아 있는 언어들은 신의 도래에 의해서 온전하게 복원될 것입니다. 설령 우리가 가난한 시간, 가난한 삶의 연속선상에 있다 하더라도 무한자로부터 파생된 삶의 소중한 언어들, 곧 행복, 선, 올바른 정치, 정의, 구원은 반드시 무한자 자신을 표시(signature)함으로써 우리 인간의 삶은 풍요로워질 것입니다. 그렇기 때문에 그는 남아 있는 삶의 마지막 언어, 남아 있는 신앙언어들을 찾기 위해서 지금 이리로 오고 있는 것입니다.

"기도 안에서 항아리에 가득 채워 둔 나의 시간들. 이웃을 위해 조금씩 그 시간을 꺼내 쓰면 어느새 신(神)이 오시어 내가 쓴 것보다 더 많은 분량을 채워주신다"(이해인, "시간의 얼굴 7", 시간의 얼굴, 분도출판사, 1989, 101)

(렘 33,14-16)

삶은 굴곡진 시간을 곧게 펴는 시간의 연속입니다!

우리는 삶을 맞이하는 어떤 순간에 고르지 않은 나의 시간을 발견할 때가 있습니다. 간혹 그런 시간 속의 평평하지 않은 지점에서 멈칫거리기도 하고 넘어지기도 합니다. 그렇게 시간 속의 굴곡이 생긴 삶은 사람을 괴롭게 합니다. 언어로, 감정으로, 관계로, 표정으로, 돈으로, 혈육이라는 정으로, 나아가 죽음이라는 상실감으로 힘들고 어렵게 합니다. 모두가 유한한 시간 속에서 이루어지는 것들입니다. 그럴 때 우리는 어떤 특사特使 혹은 삶의 문제를 돌봐주는 천사(angelum)를 찾으려고 합니다(quaeritis). 천사라는 존재는 다름 아닌 무한자의 특명을 받은 사자使者입니다. 인간의 힘으로는 한계가 있는 삶에 천사는 특별한 임무를 띠고 개인의 삶에 개입합니다. 그런데 여기서 천사란 무한자의 전언傳言(missus)을 가지고 오는 심부름꾼입니다.

무한자의 심부름꾼은 인간의 삶에 관여해서 삶이 평탄하도록 미리 준비시켜줍니다(praeparabit). 모두의 삶이 평평하고 평탄할 수는 없습니다. 하지만 무한자의 전언 속에는 반드시 모든 인간의 존재와 생명적 존재들은 다 평등하라는 뜻이 포함되어 있습니다. 삶의 질곡과 굴곡이 심한 이유는 그 전언을 잘못 듣거나, 아니면 그 전언을 곡해하여 자기 식대로의 이기적인 마음으로 받아들이기 때문입니다. 전언을 자기 것으로만 해석하면 다른 사람과 평등하게 살 수 없습니다. 무한자의 약속은 그것이 아닙니다. 무한자의 약속은 전언을 가지고 온 사람, 나를 돌봐주려고 하는 사람이 나를 군림하지 않고 마음을 써주는 것입니다. 모름지기 누구에게나 천사가 있습니다. 같이 살기를 바라는 마음을 가진 사람이 있습니다. 하늘이 모든 존재자의 것이듯이 하늘의 뜻을 공평하게 생각하는 사람이 천사입니다.

이해인 수녀는 "나를 부르는 당신"이라는 시를 통해서 우리의 삶을 잘 바라보는 듯합니다.

> "오를 때는 몰랐는데/ 내려와 올려다보면/ 퍽도 높은 산을 내가 넘었구나/ 건널 때는 몰랐는데/ 되건너와 다시 보면/ 퍽도 긴 강을 내가 건넜구나/ 이제는 편히 쉬고만 싶어/ 다시는/ 떠나지 않으렸더니/ 아아, 당신/ 그래도 움직이는 산/ 굽이치는 강/ 나를 부르는/ 당신"(이해인, "나를 부르는 당신", 오늘은 내가 반달로 떠도, 분도출판사, 1986, 61)

삶의 길(viam)을 뒤돌아보면 인생의 오르막길, 내리막길, 강과 산, 그리고 황량한 들판을 걸어왔던 것을 알 수 있습니다. 그럴 때마다 가슴을 쓸어내리면서 안도의 한숨을 내쉬게 됩니다. 길은 단순한 도로, 행로行路를 의미할 수도 있으나, 마음의 길, 삶의 방법이나 사람과의 대화의 길(듣고 말함)까지도 포괄합니다. 그러한 모든 삶의 궤적들을 찬찬히 뜯어보면 때로 무한자의 천사가 나를 이끄시고 보호하셨구나하는 믿음을 갖게 합니다. 그러므로 삶의 한 가운데서 나의 말에 귀를 기울여주고 마음을 나누어 주는 존재가 있다면 그가 바로 무한자가 보낸 특사라고 한다면 억지일까요?

순수한 삶은 가능성(가능태)이 아니라 현실성(현실태)이어야 합니다!

삶을 살아가면서 우리는 한 처음의 그 순박한 시간(sicut diebus pristinis et sicut annis antiquis)을 망각합니다. 삶의 순수성을 잃어버리는 것입니다. 삶이 혼탁하고 산과 강, 그리고 들판이 반복할 때, 우리는 점점 더 세속적이고 현실적인 존재가 됩니다. 마음은 때가 끼고 생각은 타협을 하면서 처음에 순박하고 고결했던(antíquus) 삶을 자꾸 포기합니다. 어쩌면 우리는 강박적으로 순수하고 정결한 삶을 추구해야 할지 모릅니다. 이해인 수녀는 순수함을 위해서 오히려 그 순수함을 버려야 하는 죄인이 될 수 있도록 해달라고 기도합니다.

> "내가 당신의 이름을 부르는/ 밤은 싱싱한 바다/ 별을 삼킨 인어人魚 되어/ 깊은 어둠 속을 헤엄쳐 가면/ 뜨거운 봄향기의 당신이 오십니다/ 고단한 여정에/ 살갗마다 스며든 쓰라림을/ 향유로 씻어내며 크게 하소서/ 안 보이는 밤에는/ 더욱 잘 보이는/ 당신의 얼굴/ 눈멀어야 가까이 볼 수 있다면/ 눈멀게 하소서/ 너무 많이 사랑함도 죄일 수 있다면/ 죄인이게 하소서/ 죽음과 이별하고/ 소리없이 일어서는/ 밤은 눈이 큰 바다/ 순결한 나를 그 바다 위에/ 떠올리게 하소서/ 가느단 빛의 올을 꼬리에 하늘대며/ 수천의 새 아침을 쏟아내게 하소서"(이해인, "밤의 기도"68-70)

우리는 마음을 순수하게 되기 위해서 체로 쳐야 합니다. 깨끗하게 걸러야 합니다(colabit). 부정을 몰아내야(purgabit) 합니다. 우리가 순수하게 된다는 것은 순수 그 자체[純粹有]인 무한자로부터 절대적인

(purgabit=purus+ago) 시간이 도래한다는 것을 깨닫는 것입니다. 순수 자체인 무한자만이 가장 순수한 시간을 통해 순수한 시간을 전달하러 온다는 것이 종말입니다. 삶의 고단한 여정에서 더럽고 추한 시간들을 걷어내고 오로지 무한자의 순수한 시간으로 살라는 것이 시간의 마지막 향기입니다. 시간에는 그러한 강박이 있습니다. 가장 순수한 상태로의 회귀를 갈망하는 시계의 바늘은 원을 그리듯이 반복되는 것이 아니라 시간의 기원이 되는 그 태곳적 시간을 향해 마음이 찾아가는 여정입니다.

그러다 보면 꾸미지 않은 소박하고 순전한 눈으로 자신을 바라보게 될 터이고, 시간 속에서 일어난 모든 일들이 결국 나의 욕망에 의해서 순수하려고 하고, 사랑하려고 하는 의지적힌 행위가 생길 수 있습니다. 시인은 그것조차도 내려놔야 한다는 것입니다. 순수하려고 하는 신앙적 강박, 사랑해야 한다는 강박 없이도 그냥 자연스럽게 순수 자체인 무한자로부터 기원한 시간에서 온 순수성, 순수한 얼굴, 순수한 사랑이 아니면 안 된다는 역설입니다. 오직 '그것뿐인 것'(purus)을 통해서 온 시간, 사랑, 절대 타자의 얼굴, 상대 타자(모든 존재자)의 얼굴을 만나는 것이 진정한 삶입니다.

삶은 출렁이는 바다와 같습니다. 고요한 바다 같지만 그 위에 올라선 돛단배는 변덕스러운 파도에 금방이라도 뒤집힐 것 같습니다. 삶이 그 위에서 순수하게 버틴다는 것이 얼마나 어려운지 잘 압니다. 삶과 죽음의 기로에서 살기 위해서 누군가를 죽여야 하는 선택지는 요동치는 파도와 같은 삶의 현실 속에서 다반사로 일어나는 일들입니다. 그 위에서 무한자의 순수한 시간, '그것뿐인 것'으로서의 다가오는 순수한 시간을 인식하며 나의 순수함을 지켜낼 수 있을까요? 시인은

"밤은 눈이 큰 바다"라고 말합니다. 바다라고 하는 현실도 감당하기 어려울 정도로 거대합니다. 하지만 그보다 더 큰 것은 칠흑 같은 어두움입니다. 현실을 덮어버리는 어두움 속에서는 아무것도 보지 못합니다. 그래도 실날같은 한 줄기 빛에 의존하여 끝없는 아침, 한없이 밝아오는 아침을 맞이하게 해달라는 기도에는 다가오는 무한자를 신뢰하는 마음이 담겨 있습니다.

깜깜하고 암울한 삶이라 할지라도 어두움의 시간을 뚫고 들어오는 무한자의 시간은 그 무엇으로도 비교할 수 없을 만큼 밝고 찬란한 태초의 시간, 기원, 다시 시작할 수 있는 한 처음의 순수한 시간입니다. 우리는 그 시간이 날마다 다가오기를 고대하고 또 고대하면서 지금의 삶의 어두운 시간을 보내고 있습니다. 만일 그렇더라도 괜한 삶의 꾸밈이나 억지스러운 무늬를 만들려고 할 필요가 없습니다. 무한자의 그 자신으로부터 기원하는 순수한 시간을 기다리며, 그 시간의 도래를 통하여 순수한 삶을 살려고 할 때 그분은 기뻐하고 우리를 마음에 들어 할 것입니다. 흡족해 할 것입니다(placebit). 왜냐하면 우리는 지금 순수한 마음을 가지고 온전하게 살지 못하지만, 무한자 자신의 시간을 충실하게 살아내려는 그 순수한 마음이 나날이 새로운 아침을 맞이하게 하는 동기가 될 것이기 때문입니다.

(말 3,1-4)

기쁨, 삶의 흔적

일상 안에 있는 기쁨에서 무한자의 흔적을 봅니다!

많은 사람들이 기쁨을 잃어버리는 삶을 살고 있는 것 같습니다. 기쁨이 다른 감정과 달리 삶의 특별한 감정이요 현상인 듯이 되어버리는 것은 그만큼 삶의 소박함도 잊어가고 있다는 것은 아닐까요? 라틴어 유빌라테(iubilate)는 시골 농부나 목동이 즐거워서 기뻐하는 모습입니다. 흥에 겨워서 노래를 부르는 것입니다. 흥취가 나야 노래도 나오고 춤도 추게 되는 것인데, 삶이 경직되니까 몸도 맘도 굳어지는 것 같습니다. 김홍중은,

> "기쁨은 세계를 번지르르하게 만든다"(김홍중, 은둔기계, 문학동네, 2020, 75)

라고 말합니다. 한 사회학자는 기름기가 빠져서 무미건조해진 인간의 삶을 안타까운 시선으로 보고 있지만, 이해인 수녀는 외려 일상에서 일어나는 삶의 흔적들 안에서 찾아야 할 것들 중에 '웃음'을 들었습니다.

"잠시 물이 안 나오는데도 몹시 걱정이 된다. 빛, 공기, 바람도 그렇듯이

무엇이나 봐야 알게 되는 고마움. 사람이 항상 고마운 마음을 잃지 않고 살 수 있어도 그는 훌륭한 사람이리라. 시장터를 지나 미사에 다녀온 날, 시장터에 묻어 있는 이웃들의 웃음, 한숨, 눈물-삶의 흔적 모두를 사랑하며"(이해인, "기도 일기 7. 일상의 길목에서", 두레박, 분도출판사, 1988, 54)

일상 안에는 사람들의 기쁨, 즐거움, 그리고 눈물 짓는 아픔과 고통이 있습니다. 삶이 그렇듯이 늘 기쁨만 존재하는 것은 아닙니다. 삶의 행복은 순간입니다. 불행은 상대적으로 더 크고 오래, 그리고 자주 있는 것처럼 느껴집니다. 그 일상 안에 무한자가 오고 있습니다. 일상의 어떤 나쁘고 악한 조건들만 쏙 빼놓고 아무것도 없는 진공 상태를 만들기 위해서 오고 있는 것이 아닙니다. 희로애락, 생로병사를 일상으로 여기되 간과하고 있는 일상의 삶을 잘 받아들이게 하기 위해서 오고 있는 것입니다.

일상이 잘 돌아가는 듯하다가도 예외상태가 발생하면 나의 일상이 아닌 듯이 거부하고 싶어집니다. 하지만 소소한 일상으로 들어오는 무한자는 그 속에서 기쁨을 찾고 삶의 흔적, 당신의 흔적을 찾으라고 말합니다. 성서의 작가가 삶의 기쁨을 부자의 기쁨이나 권력자의 기쁨으로 풀이하지 않은 것은 기쁨조차도 소박하고 단순하다는 것을 일러줍니다. 들판에 나가 일하는 농부의 일상, 싱싱한 풀을 먹이기 위해서 양을 데리고 나가는 목동의 일상이란 매우 단조로울 수밖에 없습니다.

거기에다 슬픔, 짜증, 위험과 위기, 감당할 수 없는 불안과 예측할 수 없는 날씨가 그 하루를 괴롭힐 것입니다. 1년의 농사를 망칠 수도 있을 것이고, 야생동물에 양떼가 습격당하는 일도 발생할지 모릅니다. 하지만 그들은 그것만을 생각하지 않습니다. 아니 오히려 그것조차도 일상이라는 것을 알고 있습니다. 담담히 일상을 받아들이고 견뎌내는 것도 우리 인간에게 주어진 기쁨이라는 것을 알기 때문입니다. 환희에 넘쳐 소리를 지르고 하루 또 하루의 일상을 축제라고 생각하는 것은 우리가 살아가는 일상에 무한자가 오고 있기 때문입니다. 일상에 어떤 요소나 조건이 우리를 즐겁고 기쁘게 하는 것이 아니라 바로 이 일상 안에 무한자가 온다고 하는 것, 바로 그것이 기쁨이 되는 것입니다.

조건을 따지자면 한도 끝도 없지만 기쁨의 요소나 가짓수를 세어서 그 많고 적음에 희비가 엇갈려 그 기쁨의 경중을 따지는 것은 기쁨 자체의 근원이 무엇인지를 모르기 때문입니다. 그리스도인은 일상 안에서 긍정적인 기쁨을 찾습니다. 그것은 감각적인 것들이나 이성적인 것들이 될 수도 있습니다. 하지만 그것은 변하는 기쁨들입니다. '변하지 않는 기쁨은 무한자로부터 옵니다.' 그 기쁨의 흔적을 남긴 무한자는 우리의 삶의 여러 현실 속에서도 가장 근원적인 기쁨을 찾아 흔들림이 없는 삶을 살기를 원합니다. 시인 이해인은 어떤 일상에서도 고마움을 잃지 않는 것도 기쁨의 원천이 될 수 있음을 시사하고 있습니다. 일상이 기쁨이 되기 위해서 그 일상을 살고 있는 모든 사람들에게 기쁨의 소식을 전달하는 무한자의 목소리가 그 일상에 흔적으로 남아 있다는 것만 알아도 인간의 긍정과 부정을 초월한 절대적인 기쁨을 향유할 수 있을 것입니다.

삶의 근원적인 기쁨 그 자체는 우리 안에 있습니다!

무한자는 우리와 함께 계십니다(in medio tui). 우리는 무한자가 우리 안에 계신다는 말을 자주 듣습니다. 성서는 일상적인 두려움, 재난, 그리고 고통을 경험하는 삶을 살아가는 사람들 안에 무한자가 존재한다고 말합니다. 우리는 기쁨이 그와는 다른 것이라고 생각합니다. 조건, 요소, 환경과 잘 부합하면 기쁘다고 느끼고 또 그렇게 말을 하지만, 그렇지 않으면 불행 때문에 금방이라도 죽을 것처럼 생각합니다. 우리 안에 기쁨 그 자체가 이미 와 있음을 모르기 때문입니다. 일상 안에 '기쁨'이 있듯이, 우리 안에 '기쁨 그 자체'가 존재합니다. 우리가 발견하느냐 못하느냐의 문제이지, 기쁨이라는 것이 있고 없고의 문제가 아닙니다.

다가오는 기쁨, 그리고 이미 존재하는 기쁨의 차이는 근원적인 기쁨을 어디에다가 놓느냐에 따라 달라집니다.

"당신은 아시지요?/ 달님/ 당신의 밝은 빛/ 남김 없이 내 안에/ 스며들 수 있도록/ 이렇게 얇은 옷을 입었습니다/ 해질녘에야/ 조심스레 문을 여는/ 나의 길고 긴 침묵은/ 그대로 나의 노래인 것을,/ 달님/ 맑고 온유한/ 당신의 그 빛을 마시고 싶어/ 당신의 빛깔로 입었습니다/ 끝없이 차고 기우는 당신의 모습 따라/ 졌다가 다시 피는 나의 기다림을/ 당신은 아시겠지요?/ 달님"(이해인, "달맞이꽃", 시간의 얼굴, 분도출판사, 1989, 60)

이해인 수녀의 애절한 마음을 잘 표현한 시입니다.

우리가 근원적인 삶의 기쁨을 누리기 위해서는 두터운 마음의 장막을 거두고 무한자로부터 오는 기쁨을 받아들일 수 있어야 합니다. 말은 이미 우리에게 당도했습니다. 무한자는 자신의 기쁨으로 우리와 함께 하겠다고 말을 했습니다. 무한자의 입을 통해서 나온 말은 그 자체로 기쁨입니다. 우리에게 들려지는 그 목소리는 기쁨이 생기기 전에 말을 통해서 기쁨이 도착[來到]한 것입니다. 시인이 달빛 그 자체를 남김없이 스며들게 하기 위해서 자신을 무장해제한 것처럼 근원적인 기쁨이 도래하여 삶 곳곳에 무한자의 흔적을 남길 수 있도록 해야 합니다. 설령 우리가 기쁨의 환호성을 올리고 기쁨의 춤을 추지 못하는 침묵으로 일관한다 하더라도 그것이 곧 기쁨의 노래인 것입니다. 기쁨은 내 안에 있고 내 안에 있는 기쁨은 늘 무한자에 의해서 도래하고 당도하려고 합니다. 무한자의 기쁨은 침묵하는 나의 일상에서 모든 것을 회복하려고 합니다. 기쁨은 내 마음속에서 모든 것을 다르게 보게 만들어 일상을 변화시키는 매개체입니다. 내가 기쁨인 것이 아니라 기쁨은 그 절대 존재, 곧 무한자가 필연적으로 기쁨이 되기 때문에 기쁜 것입니다. 그래서 그 존재를 '필연유必然有'라 합니다.

그렇게 근원적 기쁨의 빛깔을 입는 것은 달빛에 물드는 것과 다르지 않습니다. 달빛은 나의 겉마음을 뚫고 속으로 침투해 들어와 하얗게 물들입니다. 달빛이 숨어들어와 자리를 잡으면 그것은 이미 빛이 아니라 달입니다. 빛이 멀리서 비출 뿐이지만, 달이 자리 잡은 것이나 다름이 없습니다. 마찬가지로 기쁨이 그 근원지에서 발생하여 말을 통해서 내 마음에 당도하면 나는 기쁨의 화신이 되며 그 기쁨으로 옷을 입는 것입니다.

무한자는 말을 통해서 기쁨을 확인합니다. 말이 먼저 당도하고 기쁨은 그 뒤에 따라옵니다. 기쁨을 주겠다고 말한 무한자의 소리에는 기쁨이 담겨오지만, 말의 확신 이후에 내 안에서 그 말이 기쁨으로 변하게 됩니다. 궁극적인 무한자 자신의 기쁨을 주겠다고 말한 것을 믿는 이들에게는 그 기쁨을 자신의 마음속에서 발견할 것입니다. 하지만 무한자 말씀의 계시를 통해서 무한자 자신이 기쁨으로 드러내는 것을 깨닫지 못하면 자꾸 외부에서 기쁨을 찾으려고 할 것입니다. 거듭 말하거니와 무한자 바깥에는 기쁨이 없습니다. 우리는 그 기쁨을 일상 안에서 우리와 함께 하고 있는 말씀, 그리고 그 말씀에 실린 확신을 통해서 느끼게 됩니다. 기쁨의 옷은 그렇게 만들어져서 헤지지 않는 삶의 옷이요 무한자의 흔적으로 내 몸과 맘에 남게 되는 것입니다.

(습 3,14-20)

작음과 큼의 차이는 나의 인식의 한계일 뿐입니다!

무한자에게 작은 것 혹은 보잘 것 없는(parvulus; parvus) 게 있을까요? 무한자에게 작다, 크다하는 상대적 판단의 잣대는 존재하지 않습니다. 크다, 작다는 기준은 인간이 정한 기준이지 무한자의 시선에서는 모두 평등하고 평평할 뿐입니다. 만일 그가 어떤 사람은 위대하고 또 다른 어떤 사람은 미천하기 그지없다고 말한다면, 그 안에 상대적 기준이 존재한다고 할 수밖에 없습니다. 어떤 땅은 크고, 반면에 어떤 땅은 작다라는 식의 측량기준을 갖고 있다면 무한자 안에 욕망의 잣대가 존재하는 것입니다. 그렇게 되면 우리는 그를 절대적 존재라고 말할 수 없습니다.

무한자의 눈에는 모두가 사랑스럽습니다. 모두가 소중합니다. 모두가 평등합니다. 어디에서 태어나든, 누구로부터 태어나든 상관없이 다 그의 자녀입니다. 무한자의 구원 범주 속에 있는 존재입니다. 그리스도가 인류사에서 중요한 자리를 차지하고 많은 사람들에게 삶의 구원자로 등극할 수 있었던 것은 그가 상대적 존재의 자리에서 절대적 존재로 높여졌기 때문입니다. 인간으로서는 아무도 관심을 갖지 않을 존재였지만 무한자에 의해서 그는 절대적 존재가 되었습니다. 사람들은 그를 작은 존재, 하잘 것 없는 존재로 여겼지만 무한자는 그를 절대적 존재로 보았습니다. 세계를 바라보는 무한자의 시선은 늘 같지만 인간은 세계, 생명, 삶, 그리고 한 인간조차도 다른 잣대를 가져다 댑니다. 무한자는 그리스도를 통해서 그것을 다시 우리에게 일깨워주고 있습니다. 세계의 다른 모든 생명이 다 동일하지만 유독 작은 동네에서 보잘것없이 태어난 그리스도를 더 높임으로써 인간이 지닌 생각을 반전시킵니다. 그것이 구원입니다.

이해인 수녀가 쓴 구두와 관련된 시에서 새로운 삶의 시선이 생기는 것도 바로 새 것과 낡은 것의 경계가 무너지는 사랑을 보기 때문입니다.

"네가 걸어다닌 수많은 장소를/ 그는 알고 있겠지/ 네가 만난 본 수많은 이들의 모습도/ 아마 기억하고 있겠지/ 나의 말과 행동을 지켜 보던 그는/ 내가 쓴 시간의 증인/ 비스듬히 닮아 버린 뒤축처럼/ 고르지 못해 부끄럽던 나의 날들도/ 그는 알고 있겠지/ 언제나 편안하고 참을성 많던/ 한 켤레의 낡은 구두/ 이제는 더 신을 수 없게 되었어도/ 선뜻 내다 버릴 수가 없다/ 몇 년 동안의 나와 함께 다니며/ 슬픔에도 기쁨에도 정들었던 친구/ 묵묵히 나의 삶을 받쳐 준/ 고마운 그를"(이해인, "낡은 구두", 시간의 얼굴, 분도출판사, 1989, 45)

현재의 구원은 과거의 시간(temporibus antiquis)들이 켜켜이 쌓인 후에 나타난 것입니다. 지나간 시간 없이 지금의 구원이란 존재하지 않습니다. 구원은 과거를 버리고 현재의 새 시간을 취하는 것이 아니라 과거를 안고 현재에 살며 아직 오지 않는 현재를 열어가는 희망입니다. 그래서 구원은 과거에 대한 감사이기도 합니다. 구원은 쌓인 때처럼 지나간 시간을 현재의 시간 속에서 확인하고 결코 과거의 미안한 시간을 반복하지 않겠다는 마음입니다. 이미 닳아버린 구두에 대한 미련보다는 현재의 나를 지탱해줬던 구두의 시간과 나의 시간의 중첩된 삶의 경험에 대한 뒤돌아 봄, 그리고 그 과거의 시간을 묵묵히 참아주었던 구두의 아픔과 상처에 대한 미안함이 훨씬 더 크다는 것을 시인은 잘 알고 있는 것입니다.

헌 구두라고 하찮게 여기지 않고 그 구두 속에서 면면히 흐르고 있는 삶의 시간과 자신의 작은 발을 고이 감싸주었던 구두는 결코 새 구두와 비교할 수 없을 만큼 소중한 기억의 산물입니다. 헌 구두와 새 구두의 차이를 논하는 것은 그것을 신고 벗었던 주인의 마음 자세에 따라서 달라집니다. 그야말로 헌신짝처럼 더 이상 아무 쓸데도 없는 신발이 아닙니다. 주인의 좋고 나빴던 마음과 함께 했던 기억입니다. 새 구두는 다시 주인의 과거의 시간을 또 다른 작은 공간에 담아내고 성큼성큼 걸어갈 것입니다. 주인에게 있어 과거의 구두와 현재의 구두는 절대적인 마음을 함께 했던 존재자라 할 것입니다. 상대적 가치를 지니고 있는 게 아닙니다. 버린다고 해서 과거가 사라지는 것은 아닙니다. 새로운 구두 속에 함께 담겨서 새로운 미래의 희망을 싣고 가기 때문입니다. 그래서 낡은 구두는 새로운 구두를 잉태한다고 말을 해도 지나친 말은 아닐 것입니다.

다시 말해서 상대적 존재라고 함부로 말했던 그 판단 안에 무한자는 절대적 존재가 탄생하도록 하셨으며, 그로 인해 인간의 판단기준을 바꾸게 한다는 말입니다. 그것이 무한자가 생각하는 구원의 셈법입니다.

삶은 사소한 곳에서 새롭게 피어납니다!

사람들은 삶이 거창하기를 기대합니다. 나이가 어릴수록 그런 꿈을 먹고 자랍니다. 하지만 한 해 두 해 시간이 지날수록 기대한 삶의 크기가 점점 더 작아집니다. 삶이 작아지면 이내 실망과 절망을 하고 생에 대한 큰 계획을 삼갑니다. 기실 삶의 큰 기획이란 정신적인 측면보다 물질적 욕망에 비중을 두는 경우가 많이 있습니다. 물질적 욕망의 크기를 채우기 위해서 얼마나 많은 고통이 뒤따라야 하는지, 그 고통을 누군가가 대신해야 한다는 사실을 까마득히 잊어버리고 삶의 가시적 계획을 수립합니다. 그게 가장 빠른 길이라고 판단하기 때문입니다.

무한자는 거창하다 혹은 사소하다는 삶의 기준이 없습니다. 삶은 오히려 사소하고 고통스런 현실 속에서 더 의미가 있습니다. 무한자의 기준에서 보면 인간의 거창하다는 삶보다 작고 소박한 삶이 더 장대한 계획이라고 생각할 것입니다. 왜냐하면 사소하고 고통스러운 것(곳)은 반드시 나의 원인이라기보다 구조적인 경우가 더 많이 때문입니다. 무한자가 인류의 구원자가 탄생하도록 한 곳은 거대한 도시나 잘 단장된 호화 주택이 아닙니다. 사람들의 시선이 미치지 않는 곳, 고통을 동반해야 하고 불편을 감수해야 하는 장소, 가장 작은 존재에게서(exte) 나타납니다.

모든 사람들에게 삶은 다 소중합니다. 가치가 있습니다. 하나하나 생각해보면 그곳에서 새로운 삶의 구원이 싹틉니다. 엄청나게 위대한 곳(것)에서 새로운 삶의 구원이 발생하지 않습니다. 거기가 어디든 그곳에서 깨닫고 일어난 사람이 많은 사람들을 즐겁게 하며 돌보는 법입니다(pascet). 진흙에서 피어난 연꽃처럼 작고 소박하며 주목받지 못한 곳에서 고통 받는 삶의 순간에 사람들을 변화시키기(convertentur) 위해서 분연히 일어섭니다. 그는 사람들로 하여금 모이게 하고 삶을 다른 시각으로 보도록 인도합니다(cum+verto). 작고 소박한 곳(것)에서 일어난 사람의 마음에 가장 크게 심어진 삶의 목적, 다함께 이루어야 할 궁극적인 삶의 끝 지점은 평화(pax)입니다.

이해인 수녀의 가을편지 중에는 이런 기도시가 있습니다.

> "당신과의 거리를 다시 확인하는 아침 미사에서 나팔꽃으로 피워 올리는 기도.〈나의 사랑이 티없이 단순하게 하십시오. 풀숲에 앉은 민들레 한 송이처럼 숨어 피게 하십시오.〉"(이해인, "가을편지 25", 오늘은 내가 반달로 떠도, 분도출판사, 1986, 21)

삶이 작고 소박하며 보잘 것 없다는 것은 그 삶이 숨어 있기 때문입니다. 숨어서 피기만을 기다리는 한 송이 민들레처럼 마음만 조바심을 냅니다. 모두가 외면하는 삶일지도 모른다는 불안함이 숨게 만드는 것입니다. 하지만 숨어 있는 삶, 은폐된 삶 안에서 아름답게 피어나려는 꽃이 있습니다. 무한자가 보시기에 모든 인간의 삶이란 그렇게 아름답게 피어나는 한 송이 꽃입니다. 그 가능성과 용기를 그리스도를 통해서 보여준 것입니다.

다만 시인이 말하는 것처럼 우리가 해야 할 일은 "거리를 다시 확인하는" 일입니다. 우리 안에서, 너 안에서(ex te) 평화의 사도가 될 가능성, 삶의 구원의 씨앗을 발견할 가능성, 사람들을 변화시킬 가능성을 볼 수 있도록 무한자와의 거리를 좁히고 또 좁혀서 일치를 시키는 삶이 되어야 합니다. 그 삶의 거리가 점점 좁혀지며, 그 거리와 시간을 타고 오는 무한자를 인식한다면 그 순간에 은폐된 내 삶은 더 이상 보잘 것 없는 삶이 되지 않을 것입니다.

(미 5,1-4a)

인간의 삶은 서로 섬김입니다!

어느 누구에게나 삶은 공평하게 단 한 번뿐입니다. 두 번 사는 삶이 아니니 그만큼 소중하고 후회스러울 때가 많습니다. 여러 번 산다면 지난 삶을 되돌아보며 교정이나 수정을 할 텐데 그럴 수 없기 때문입니다. 그래서 하루 또 하루를 살아갈 때 신중에 신중을 기하고 늘 처음이자 마지막이 될 삶이라는 인식을 해야 합니다. 삶이란 늘 실수하면서 배워가는 것이라고는 하지만 배움만으로는 짧은 인생입니다. 배움은 늘 처음이듯이 그 어려움과 설렘을 갖고 삶의 이치를 터득하면서 가능한 한 실수를 줄여가며 살아야 합니다. 종교적 삶은 말할 것도 없습니다. 종교적 삶을 지향한다는 것은 다른 사람보다 더 삶을 충실하게 살아가겠다는 의지입니다. 그러므로 종교를 갖지 않은 사람에 비해서 종교인들은 더 엄격하고 성실하게 살아야 합니다. 그 이유는 간단합니다. 종교인은 신을 상정하든 안 하든 어떤 초월적 존재나 내재적 초월성에 입각하여 삶을 다르게 살려는 깊은 성성(聖性)을 품고 있기 때문입니다.

만일 누군가 깊은 신앙심을 가지고 그 신심에 따라서 사는 사람을 만나면, 삶이 특별해 보입니다. 그저 스쳐지나가는 삶을 사는 것이 아니라 어떤 목적과 과제를 반드시 이루고 그 심오하고 거룩한 지향성을 가지고 살아가는 것임을 알 수 있습니다. 삶의 무의미성과 우연성을 넘어서 어떤 필연성에 의해서 추동되는 삶을 사는 듯이 살기에 그 종교인의 삶은 남달라 보입니다. 그래서 비종교인은 그러한 삶을 통해서 자신의 삶을 곧추 세우게 되는 것입니다. 히브리 민족의 제사장이나 예언자들은 바로 그와 같이 특별한 직무나 임무를 띠고 태어난 사람들입니다. 그들은 자신들의 행복하고 즐거운 삶이 아니라 다른 사람들의 행복과 즐거움, 그리고 평화와 사랑을 위해서 스스로 고통스럽고 힘든 삶을 걸어갔습니다.

이처럼 이해인 수녀도 수도자로서의 삶을 이렇게 표현합니다.

> "너무 작아/ 손에 쥘 수도 없는 연필 한 개가/ 누군가 쓰다 남은 이 초라한 토막이/ 왜 이리 정다울까/ 욕심 없으면/ 바보되는 이 세상에/ 몽땅 주기만 하고/ 아프게 잘려 왔구나/ 댓가를 바라지 않는/ 깨끗한 순명을/ 본받고 싶다/ 헤픈 말을 버리고/ 진실만 표현하며/ 너처럼 묵묵히 살고 싶다/ 묵묵히 아프고 싶다"(이해인, "몽당연필", 오늘은 내가 반달로 떠도, 분도출판사, 1986, 80)

삶이 유일회성이라 해도 단순히 소진하는 삶이 되어서는 안 됩니다. 또한 그냥 막 살자는 허무주의로 치달아서도 안 됩니다. 모름지기 삶이란 이 세상에 내가 태어나서 모든 생명을 돌보고(ministrabat) 섬기며 봉사하기 위한 것입니다. 시인이 인생살이를 몽당연필로 비유한 것처럼, 우리의 삶이란 이기적 삶이 아니라 이타적 삶 혹은 타자 지향적 삶이라고 말해도 될 것입니다. 신앙생활을 한다는 것은 나의 구원만을 위한 것이 아니라 공동 구원을 위한 것입니다. 고대 히브리인들

중에 남달리 무한자에 의해서 간택된 제사장이나 예언자들의 삶은 공적인 삶이기에 자신을 통째로 내어주는 삶일 수밖에 없었습니다. 자신의 이익이 아니라 공동체의 선을 위해서 그리한 것입니다. 그들은 진실한 말을 해야 하는 사명자로서 한번 밖에 없는 삶을 묵묵히 타자를 위해서 견뎌내야 하는 거룩한 순명의 삶을 살아갔습니다.

거룩한 그리스도인의 삶이라는 말은, 가톨릭 신학자 베른하르트 헤링(B. Häring)의 논법을 빌려서 풀이한다면, 말에 의해서 창조된 우리 인간은 이미 하나의 말이기에 그 말의 현현을 바로 삶으로 보여주어야 함을 뜻합니다. 따라서 말은 창조자 자신이지만 창조의 말과 초월자의 목소리를 삶으로 살아야 하는 몫은 특별한 사람들에게만 부여된 것이 아니라 우리 모두에게 요청된 것임을 알아야 합니다.

날마다 처음 사는 삶이라 생각하십시오!

우리 자신의 삶에 대해서 관대하게 생각한 적이 있는지 모르겠습니다. 수많은 사람들의 틈바구니 속에서 살아남기 위해서 경쟁해야 하고, 그러다 보면 자기 자신의 못난 모습만 보입니다. 자기 자신에 대한 평가에 대해서도 좋은 점수를 주기 어렵습니다. 게다가 나에 대한 다른 사람의 점수는 박하기 짝이 없습니다. 생산적이지 못한 사람들은 더욱 그렇습니다. 그런 사람들은 이 세상에서 쓸모없는 존재로 취급되기 십상입니다. 무한자는 인간을 창조할 때에 그럴 생각이 추호도 없었을 텐데 사람은 자기 자신이나 다른 사람들을 너무 쉽게 단죄해버립니다. 무엇이든 처음부터 잘하는 사람은 드뭅니다. 거의 없습니다. 좀 독특한 사람은 천재라고 합니다. 어설픈 삶을 살아가는 우리 모두는 저마다 평범한 초보에 지나지 않습니다. 초보가 초보에게 바보라고 하고 못났다고 하는 것처럼 바보는 없을 것입니다. 처음 삶을 살아간다고 할 때 자신의 망막을 비롯한 온갖 감각기관에 의해서 느껴진 세상을 순수하게 생각했을 것입니다. 하지만 시간이 지나면 삶에도, 생각에도, 마음에도 때가 끼기 마련입니다. 순수함을 점점 잃어갑니다.

우리는 언제 그랬냐는 듯이 삶에 대한 가치와 궁극적인 목적을 상실하고 단지 살아가는 혹은 그저 살아지는 삶을 살게 됩니다. 대부분의 삶이란 그렇습니다. 하지만 이해인 수녀는 삶을 그렇게 간단하고 무심하게 살지 말라고 일러줍니다.

> "떨어진 단추를/ 제 자리에 달고 있는/ 나의 손등 위에/ 배시시 웃고 있는 고운 햇살/ 오늘이라는 새 옷 위에/ 나는 어떤 모양의 단추를 달까/ 산다는 일은/ 끊임없이 새 옷을 갈아 입어도/ 떨어진 단추를 제 자리에 달 듯/ 평범한 일들의 연속이지/ 탄탄한 실을 바늘에 꿰어/ 하나의 단추를 달 듯/ 제 자리를 찾으며 살아야겠네/ 보는 이 없어도/ 함부로 살아버릴 수 없는/ 나의 삶을 확인하며/ 단추를 다는 이 시간/ 그리 낯설던 행복이/ 가까이 웃고 있네"(이해인, "단추를 달듯", 오늘은 내가 반달로 떠도, 분도출판사, 1986, 82-83)

요즈음은 단추를 단다는 말조차도 어색해진 시대가 되었습니다. 단추를 달 일이 거의 없는 좋은 제품의 의복이 생산되기 때문입니다. 과거 어머니들의 일상은 자식들 옷에 떨어진 단추를 달기 위해서도 분주했습니다. 그렇게 단추 다는 일이 소소한 일상이지만 단추 하나 깔끔하게 달아놓으면 말쑥한 옷차림이 됩니다. 일상의 삶이란 그렇게 폼 나는 일입니다. 단추가 떨어진 옷은 금방 표가 나고 이빨 빠진 사람처럼 영 모양이 나지 않습니다. 일상의 삶이란 반복의 연속이지만 단 하루라도 소홀히 할 수 없는 날입니다. 하루 또 하루가 연속적으로 이루어지는 사람의 일상이 역사가 됩니다. 시인의 말처럼 단추가 제 자리를 찾아야 바늘에 꿰어 하나의 온전한 옷을 만들어내듯이 일상은 제 자리를 찾는 게 중요합니다.

제 자리를 찾지 못하면 엉뚱한 곳에 단추가 달리고 옷은 뒤틀리며 불편합니다. 자기 옷이 아닌 것처럼 느껴집니다. 단추를 달기 전에 그 단추가 있어야 할 곳을 정확하게 찾는 것이 먼저입니다. 삶의 모든 순간순간들은 어느 하나도 가볍게 치부될 수 있는 것이 아닙니다. 처음이라고 해서 두려워할 것도 아니고, 여러 번 경험을 해보았다고 해서 미리 지레짐작할 수 있는 것도 아닙니다. 오늘의 경험은 지나가버린 어제나 아직 오지 않은 미래의 경험과는 또 다릅니다. 시공간 속에서 나의 몸이 초월적 세계로 진입하는 그 유한한 시간이 다가오는 것을 점점 빠르게 알아차리기 때문입니다.

그럴 때 사람들의 인식, 사람들의 정신은 아일랜드 출신의 성공회 주교이자 철학자였던 조지 버클리(G. Berkley)가 말한 좀 더 큰 정신(신)을 지향할 것입니다. 그는 "존재는 지각되는 것이다"(Esse est percipi)라고 말했습니다. 오직 우리가 지각되는 것만이 실체라는 것입니다. 사물은 오로지 우리의 감각 속에서만 존재할 뿐인데, 그 때 단 하나의 존재만이 지속됩니다. 그것이 신이라고 주장했습니다. 극단적인 경험주의자이자 주관적 관념론자 버클리가 말하듯이 비록 우리의 감각에 나타나지 않는다고 해서 고운 햇살, 단추, 새 옷, 행복 등이 존재하지 않는다고 단정 지을 수는 없을 것입니다. 일상에서 모든 사람들과 사물들이 쉬 나타났다가 사라진다고 해도 그것을 무심코 아무것도 없다고 말할 수 없습니다. 그것을 가능하게 하고 단 한 번의 유일회성의 삶을 살게 하는 큰 정신, 곧 신이 그 일관성을 갖게 하기 때문입니다. 나의 삶의 근거요 영속성을 가능하게 하는 그 존재로 인해서 다시 오늘의 삶이 새롭게 느껴집니다. 모든 사람들과 사물들의 관계조차도 예사롭지 않은 것이 됩니다. 그러므로 시간이 지날수록 그 삶의 단순한 진리와 존재 그 자체를 늘 처음처럼 새롭게 깨닫는 나날이 되어야 할 것입니다.

(삼상 2,18-20·26)